北京外国语大学"双一流"建设项目"'一带一路'国家法律文本翻译与研究"
（项目编号:2020SYLZDXM028）成果

顾　问：李连宁　黄　进

**编辑委员会**
主　任：王定华
副主任：许传玺
委　员：米　良　孙晓萌　王文华　薛庆国　穆宏燕
　　　　金京善　佟加蒙　李丽秋　顾佳赟

主　编：米　良
副主编：顾佳赟
编　辑：闫　冬　张燕龙　付聪聪　朱文珊　刘春一
　　　　陶文文　黄　琳　周肇敏

【第三卷】

Ascertainment of
"Belt and Road"
countries law

米良 主编

厦门大学出版社
XIAMEN UNIVERSITY PRESS
国家一级出版社
全国百佳图书出版单位

**图书在版编目（CIP）数据**

"一带一路"法律查明. 第 3 卷 / 米良主编. -- 厦
门：厦门大学出版社，2023.8
ISBN 978-7-5615-9054-6

Ⅰ. ①一… Ⅱ. ①米… Ⅲ. ①法律－研究－世界
Ⅳ. ①D910.4

中国版本图书馆CIP数据核字(2023)第129260号

出 版 人　郑文礼
责任编辑　李　宁
美术编辑　李嘉彬
技术编辑　许克华

出版发行　厦门大学出版社
社　　　址　厦门市软件园二期望海路 39 号
邮政编码　361008
总　　　机　0592-2181111　0592-2181406(传真)
营销中心　0592-2184458　0592-2181365
网　　　址　http://www.xmupress.com
邮　　　箱　xmup@xmupress.com
印　　　刷　厦门市竞成印刷有限公司

开本　787 mm×1 092 mm　1/16
印张　21
插页　2
字数　400 千字
版次　2023 年 8 月第 1 版
印次　2023 年 8 月第 1 次印刷
定价　88.00 元

厦门大学出版社
**微信二维码**

厦门大学出版社
**微博二维码**

# 卷首语

长期以来，"一带一路"国家经济社会发展相对滞后，我国许多法学家认为这些国家的法治化程度也相对较低，其法律制度、理念没有太高的参考价值，故鲜有学者对此关注并研究。进入 21 世纪后，随着我国与亚非国家经贸关系的发展，我国法学家开始关注这些国家的法律，并逐步开展研究。2013 年，习近平总书记提出"一带一路"倡议后，我国法学家高度重视并深入研究"一带一路"国家法律制度，由此拉开"一带一路"国家法律研究的序幕。

查明"一带一路"国家法律是研究其法律制度的重要基础性问题，对我国法学研究和促进我国与"一带一路"国家的民商事交往具有重要意义。首先，可以帮助我们全面、系统、直观地了解这些国家的法律，为系统研究奠定基础，进而深入研究一系列相关的法律问题，如"一带一路"国家法律的起源、演进与发展，法律制度的体系、形式、内容、本质，法学理论体系和制度体系，法律制度的相互比较，全球化对这些国家法律制度的影响，"一带一路"背景下我国与这些国家的法律合作等。其次，可以帮助我们解决我国与"一带一路"沿线国家民商事关系中出现的争议，使国家间的关系更加顺畅。"一带一路"沿线国家的法律千差万别，法官不可能通晓所有规定。当我国法院审理涉及"一带一路"国家的民商事案件时，若依照我国冲突规范的指引应当适用"一带一路"某国法律，则须通过一定的方式和途径查明该国法律，帮助法官确定和证明该国法律关于这一特定问题的规定，从而使其作出公正的裁决。

目前，在我国法院审理的涉及"一带一路"国家的民商事案件中，根据《中华人民共和国涉外民事关系法律适用法》的规定需查明该国法律时，大多数案件均未能查明该国法律，导致最后依照法院地法即我国法作出判决，这严重影响了我们对外开放的水平。查明"一带一路"国家法律任重道远。

为我国学者研究"一带一路"国家法律提供基础，为我国法院审理涉及"一带一路"国家的民商事案件提供权威文本,是"一带一路"法律查明系列丛书的目的和初心。依托北京外国语大学 101 个语种几乎涵盖"一带一路"所有国家的语种优势,以及北京外国语大学法学院国际法的特色优势,我们组织校内外专家,搜集、翻译"一带一路"国家的现行法律文件,付梓成书。

2023 年 2 月,中共中央办公厅、国务院办公厅印发了《关于加强新时代法学教育和法学理论研究的意见》。《意见》明确"加快培养具有国际视野,精通国际法、国别法的涉外法治紧缺人才",这为我们进一步研究"一带一路"国家法律带来机遇,也给我们提供了动力,增强了信心。"春来芳草依旧绿,时到梅花自然红。"我们将继续总结经验,不断完善,提高质量,为服务国家战略作出努力。

2023 年 5 月 6 日

# 目 录

## 三、民商法、经济法

# 一、行政法

# 越南社会主义共和国户籍法<sup>*</sup>

根据《越南社会主义共和国宪法》，国会颁布《越南社会主义共和国户籍法》。

## 第一章　总则

**第一条　适用范围**

1. 本法对户籍工作作出规定：户籍登记的权利、义务、原则、权限和手续，户籍数据库和国家户籍管理。

2. 处理国籍和收养事宜的权限和手续，除本法另有规定外，应符合《越南国籍法》和《收养法》的规定。

**第二条　户籍和户籍登记**

1. 户籍是指本法第 3 条规定的用以确定该人从出生到死亡时身份信息的总称。

2. 户籍登记是指国家权力机构确认或记录个人户籍状况，为国家保护个人权利、利益，实现居民管理奠定法理基础。

**第三条　户籍登记内容**

1. 在户口册中登记下列户籍信息：

（a）出生；

（b）婚姻状况；

（c）监护情况；

（d）收养关系；

（đ）户籍变更、更正，民族重新确认，补充户籍信息；

（e）死亡。

2. 根据权力机构的规定在户籍册中登记个人户籍变更信息：

（a）国籍变更；

（b）确认亲子关系；

---

* 译者：杜雪森，北京外国语大学亚洲学院助教。

（c）重新确认性别；

（d）收养和终止收养；

（đ）离婚，取消非法婚姻，事实婚姻；

（e）承认监护人；

（g）宣告失踪、死亡或限制民事行为能力。

3.将越南公民在国外权力机构登记的出生、结婚、离婚、取消婚姻、监护关系、亲子关系、收养关系、户籍变更、死亡等信息记录到户籍册中。

4.依照法律规定在户籍册中确认或登记其他户籍信息。

**第四条　词语解释**

本法中的一些词语解释如下：

1.户籍登记机构为乡、坊、镇人民委员会（以下简称"乡级人民委员会"），县、郡、镇、省辖市人民委员会和与之相当的行政单位（以下简称"县级人民委员会"），越南的国外外交代表机构和领事代表机构（以下简称"代表机构"）。

2.户籍数据库是指登记和留存在户籍册和电子户籍数据库中的个人户籍信息集合。

3.户籍册是指编制完成后保存在户籍登记机构中用以确认或记录本法第3条规定的户籍信息的纸册。

4.电子户籍数据库是指户籍登记工作信息化而形成的部门数据库。

5.户籍数据库管理机构包括法律赋予权限的户籍登记机构、司法部、外交部和其他机构。

6.出生证是指在进行出生登记时由国家权力机构颁发给个人的文件，其内容包括本法第14条第1款所规定的个人基本信息。

7.结婚证是指在结婚登记时国家权力机构颁发给男女双方的文件，其内容包括本法第17条第2款所规定的基本信息。

8.在进行出生登记时，根据父母的协商结果或习惯，个人的籍贯在出生时跟随父亲或母亲的籍贯记录在出生证中。

9.户籍摘录是指国家权力机构颁发的用以证明在户籍登记机构登记的个人户籍信息的文本，该文本在户籍信息登记后颁发，其副本包括由户籍数据库印发的户籍摘录副本和经原件证实过的户籍摘录副本。

10.户籍变更是指个人按照民法规定以正当理由请求国家权力机构在已登记的出生信息中变更个人或父母的户籍信息。

11.民族重新确认是指国家权力机构按照民法规定登记重新确认过的个人民族信息。

12. 户籍更正是指在户籍登记有误的情况下,国家权力机构修正户籍信息。

13. 户籍补充是指国家权力机构更新在个人登记时遗漏的户籍信息。

**第五条　户籍登记原则**

1. 尊重和保障个人权利。

2. 个人所有的户籍信息必须登记完整、及时、真实、客观和准确,遇到不符合法律规定的户籍登记条件的情况,户籍登记机构负责人可以文件为证拒绝办理登记,并说明理由。

3. 对于本法没有规定处理期限的户籍事宜可以当日办理。若在接受档案 15 小时后不能及时解决,则在次工作日内给予答复。

4. 每项户籍信息只能在本法规定的具有权限的户籍登记机构登记。

个人可以在常住地、暂住地或目前所在地的户籍登记机构进行户籍登记。个人不在常住地登记的情况下,已经登记过个人户籍的县级人民委员会、乡级人民委员会、地方代表机构有责任向个人常住地的乡级人民委员会上报户籍登记情况。

5. 登记入户籍册的所有户籍信息必须及时更新完善到电子户籍数据库中。

6. 户籍数据库中的出生、结婚、离婚、死亡、户籍变更、更正及补充、性别、民族等个人信息是全国人口数据库中的首要信息。

7. 保证户籍登记过程公开、明白。

**第六条　个人户籍登记的权利和义务**

1. 越南公民、在越南常住的无国籍人士有权利和义务进行户籍登记。

除越南作为成员国而签署的国际条约另有规定的情形外,此规定也适用于常住在越南的外国公民。

2. 结婚、确认收养关系时,各方必须亲自到户籍登记机构办理。

对于其他的户籍登记事宜或者户籍摘录副本颁发,本人可以亲自或委托他人办理。司法部部长对委托他人办理作具体规定。

3. 未成年人、已成年而丧失民事行为能力的人依法通过代表人进行户籍登记或申请户籍摘录副本。

**第七条　户籍登记权限**

1. 乡级人民委员会在下列情形中进行户籍登记:

(a) 必须就本法第 3 条第 1 款第 (a) 项、第 (b) 项、第 (c) 项、第 (d) 项和第 (e) 项规定的事项为居住在国内的越南公民登记户籍。

(b) 为未满 14 岁者办理户籍变更、更正,为居住在国内的越南公民补充户籍信息。

（c）按照本法第3条第2款和第4款中的规定办理户籍。

（d）出生在越南的孩子，其父母一方是常住边界地区的越南公民，另一方是常住边界地区的越南邻国公民，为其办理出生登记；常住于边界地区的越南公民和常住于边界地区的越南邻国公民结婚、确认收养关系，为其办理登记；为长期居住在越南的外国公民办理死亡登记。

2. 除本条第1款第（d）项中规定的情形外，县级人民委员会在下列情形中进行户籍登记：

（a）本法第3条第1款规定的户籍登记事宜涉及国外因素；

（b）年满14周岁以上且居住在国内的越南公民，为其办理户籍变更、更正登记，确定民族信息；

（c）依据本法第3条第3款的规定办理户籍事宜。

3. 代表机构依据本法第3条为居住在国内的越南公民办理户籍事宜。

4. 政府依据本条第1款第（d）项的规定办理出生、结婚、收养关系确认、死亡等登记手续。

### 第八条 保证户籍登记的权利和义务

1. 国家有相关政策、措施为个人办理户籍登记的权利和义务创造条件。

2. 国家为户籍登记和管理工作提供财政、物质、人力和信息技术发展投资支持。

### 第九条 户籍登记申请及其接受方法

1. 当办理户籍登记和申请户籍摘录副本时，个人需亲自向户籍登记机构提交档案，或通过邮政寄送、网络户籍登记系统提交户籍登记机构。

2. 当办理户籍登记手续、从户籍数据库中印发户籍摘录副本时，除通过邮政寄到户籍登记机构须附带身份证复印件外，个人需向户籍登记机构出示身份证。

3. 对于有办理期限规定的户籍登记事宜，档案接受者必须写下接受证明；档案不齐全、不合格的，必须按文件规定指导其进行户籍补充、完善，指导文件必须内容完整、说明补充证明。

若个人所提交的档案不符合户籍登记机构的要求，接受人应指导其到权力机构提交档案。

### 第十条 对国外证明的领事合法化

除越南是国际条约的签署国而免除领事合法化外，由国外权力机构颁发、公证或确认的用以在越南办理户籍登记的证明必须依照法律规定领事合法化。

### 第十一条　户籍办理手续费

1. 下列情形免除户籍登记手续费：

（a）为家庭成员有功于革命事业者、家庭贫困者、残疾人办理户籍登记；

（b）为居住在国内的越南公民按期登记出生、死亡、监护和婚姻状况信息。

2. 个人要求登记除本条第 1 款规定以外的户籍信息和申请户籍摘录副本时须交付手续费。

财政部对收费权限、收付费额度、管理制度和手续费使用作具体规定。

### 第十二条　禁止行为

1. 严禁个人进行以下行为：

（a）在户籍登记时，提供与事实不符的信息和材料，作假证明或使用假证明、他人的证明；

（b）强迫、威胁、阻碍他人办理户籍登记；

（c）非法干涉户籍登记工作；

（d）作不符合事实的担保和证明以办理户籍登记；

（đ）弄虚作假，篡改户籍证明或者户籍数据库中的信息；

（e）贿赂、收买、答允物质或精神利益以办理户籍登记；

（g）以任何形式牟利，享受国家优待政策而利用户籍登记，或逃避户籍登记义务；

（h）个人有权按照《婚姻家庭法》的规定为本人或亲人办理户籍登记；

（i）非法登录户籍数据库，盗取、破坏户籍数据库中的信息。

2. 违反本条第 1 款第（a）项、第（d）项、第（đ）项、第（g）项的规定而颁发的户籍证明无效，必须收回和销毁。

3. 个人在实施本条第 1 款规定的行为时，依据法律规定，视违反性质和程度处以行政处罚或追究刑事责任。

违反本条第 1 款规定的干部和公务员，除处以上述处罚外，还须按照干部和公务员的法律规定处以纪律处分。

# 第二章　乡级人民委员会的户籍登记

## 第一节　出生登记

### 第十三条　出生登记权限

在父母亲一方居住地的乡级人民委员会办理出生登记。

### 第十四条　出生登记内容

1.出生登记内容包括：

（a）被登记出生者的个人信息：姓、垫字、名、性别、出生年月日、出生地、籍贯、民族、国籍；

（b）被登记出生者的父母信息：姓、垫字、名、性别、出生年份、民族、国籍、居住地；

（c）被登记出生者的身份证号。

2.被登记出生者国籍、民族、姓氏的确定依据《越南国籍法》和《民法》的规定进行。

3.本条第1款规定的出生登记内容是个人的基本户籍信息，被记录到户籍册、出生证、电子户籍数据库和全国人口数据库中，与出生信息有关的个人档案和证明必须与本人的出生登记信息相符合。

政府对被登记出生者身份证号的颁发作出规定。

### 第十五条　出生登记责任

1.自婴儿出生起60天内，父亲或母亲有责任为其办理出生登记；若父亲或母亲不能为其办理出生登记，养育孩子的爷爷、奶奶或其他亲人、个人、组织有责任为其办理出生登记。

2.司法-户籍办理人员应在规定期限内检查、督促地方婴儿的出生登记事宜，必要情况下可办理流动出生登记。

### 第十六条　出生登记手续

1.办理出生登记者需向户籍登记机构提交固定模板的表单和出生证明，没有出生证明就提交出生作证人开具的文本，若没有作证人就必须有出生保证书；给弃婴办理出生登记必须有权力机构开具的弃婴确认证明；为由代孕产下的婴儿办理出生登记必须有按照法律规定开具的代孕证明。

2.按照本条第1款的规定收齐证明后，若出生信息完整、符合规定，司法-户籍办理人员依照本法第14条第1款的规定将出生信息登记到户籍册、电子户籍数据库和全国人口数据库中以获取身份证号。

司法-户籍工作人员与办理出生登记者共同在户籍册上签字，乡级人民委员会主席为被登记出生者颁发出生证。

3.政府对为弃婴、尚未确认父母的婴儿、由代孕产下的婴儿办理出生登记和为弃婴、尚未确认父母的婴儿确定籍贯等事宜作出具体规定。

## 第二节 结婚登记

**第十七条 结婚登记权限和结婚证内容**

1. 男女双方中一方居住所在地的乡级人民委员会办理结婚登记。

2. 结婚证必须具备下列信息：

（a）姓、垫字、名、出生年月日、民族、国籍、居住地、男女双方的身份证信息；

（b）登记结婚的年月日；

（c）男女双方的签字或手印，户籍登记机构的确认。

**第十八条 结婚登记手续**

1. 男女双方按照规定模板向户籍登记机构提交结婚登记表，结婚登记时两人需在场。

2. 按照本条第 1 款的规定收齐证明后，若满足《婚姻家庭法》规定的结婚条件，司法－户籍办理人员把结婚信息记入户籍册，并与男女双方在上面签字。男女双方共同在结婚证上签字，司法－户籍办理人员通知乡级人民委员会主席向男女双方颁发结婚证。

需要核对男女双方结婚条件的情况，办理期限不超过 5 个工作日。

## 第三节 监护人登记

**第十九条 监护登记和终止监护的权限**

被监护人或监护人居住地的乡级人民委员会办理监护登记。

办理监护登记的乡级人民委员会办理终止监护。

**第二十条 指定监护登记手续**

1. 申请监护登记者依照《民法》规定向户籍登记机构提交固定模板的监护登记表和指定监护人申请。

2. 依据本条第 1 款，自收齐证明之日起 3 个工作日内，若根据法律规定符合条件，由司法－户籍工作人员将其记入户籍册，并与监护登记人共同在上面签字，上报乡级人民委员会主席为其颁发摘录。

**第二十一条 当然监护登记**

1. 申请监护登记人依照《民法》规定向户籍登记机构提交固定模板的监护登记表和当然监护条件证明表。当多人同时满足当然监护人的条件时，需另提交指定一个当然监护人的协议。

2. 当然监护人的登记程序依照本法第 20 条第 2 款的规定进行。

**第二十二条 终止监护登记**

1. 申请登记终止监护者依照《民法》规定向户籍登记机构提交固定模板的监护登记

表和终止监护证明。

2. 依据本条第 1 款的规定，自收齐证明之日起 2 个工作日内，若终止监护符合法律规定的条件，则司法－户籍工作人员将其登记到户籍册中，并与终止监护登记人一同在上面签字，上报乡级人民委员会主席为其颁发摘录。

**第二十三条 变更监护登记**

当依照《民法》申请变更监护人，另有他人符合监护人的条件时，各方首先办理终止监护手续，然后根据本节中的规定登记新的监护人。

## 第四节 收养关系登记

**第二十四条 登记收养关系权限**

1. 申请登记收养关系者需向户籍登记机构提交固定模板的表单和父子或母子关系证明，登记时，各方的子女都必须在场。

2. 依据本条第 1 款的规定，自收齐证明之日起 3 个工作日内，若收养关系正当且无争议，司法－户籍办理人员将其记入户籍册，并与登记人一同在上面签字，上报乡级人民委员会主席为其颁发摘录。

必须出示证明的情况，延长期限不超过 5 个工作日。

**第二十五条 （缺）**

## 第五节 户籍变更、更正、补充登记

**第二十六条 户籍变更范围**

1. 按照民法规定有相关依据时，在已登记的出生信息中变更个人的姓、垫字和名。

2. 按照收养法规定被收养时，在已登记的出生信息中变更父母信息。

**第二十七条 户籍变更、更正、补充登记权限**

此前登记户籍或个人居住地的乡级人民委员会有权为未满 14 岁者变更、更正户籍，为在国内居住的越南公民补充户籍。

**第二十八条 户籍变更、更正登记手续**

1. 申请户籍变更、更正登记者向户籍登记机构提交固定模板的表单和相关证明。

2. 依据本条第 1 款的规定，自收齐证明之日起 3 个工作日内，若户籍变更、更正有据可依，符合民法和相关法律的规定，则司法－户籍工作人员将其记入户籍册，并与申请登记人一同在上面签字，上报乡级人民委员会主席为其颁发摘录。

若户籍变更、更正与出生证、结婚证相关联，则司法－户籍工作人员将其一并记入出生证、结婚证。

3. 若不在此前登记户籍地登记户籍变更、更正，乡级人民委员会必须以证明和户籍摘录副本上报此前户籍登记地的人民委员会将其记入户籍册。

若此前的户籍登记地是代表机构，乡级人民委员会必须以证明和户籍摘录副本上报外交部，让其转达代表机构将信息记入户籍册。

**第二十九条　户籍补充手续**

1. 申请户籍补充者向户籍登记机构提交固定模板的表单和相关证明。

2. 依据本条第 1 款的规定，收齐证明后，若户籍补充申请正当，则司法－户籍工作人员将补充内容记入户籍册的相应章节，并与申请人一同在上面签字，上报乡级人民委员会主席为其颁发摘录。

若需将户籍补充信息记入出生证、结婚证，司法－户籍工作人员可将其记入相应位置并在上面盖章。

## 第六节　按照权力机构的判决和规定在户籍册中登记户籍变更信息

**第三十条　户籍变更的通报责任**

1. 依照本法第 3 条第 2 款的规定，自户籍变更的判决和决定具有法律效力之日起 5 个工作日内，人民法庭、国家权力机构有责任以文件附带判决摘录、规定副本的形式通报个人户籍登记地的人民委员会将其记入户籍册；若户籍登记地是代表机构，则上报外交部，让其转告代表机构将其记入户籍册。

2. 国籍变更通报依照国籍法的规定进行。

**第三十一条　依照国家权力机构的判决和规定在户籍册中记录户籍变更的手续**

依照本法第 30 条的规定，接到通报后，司法－户籍工作人员按照人民法庭、国家权力机构的判决和规定将变更内容登记到户籍册中。

## 第七节　死亡登记

**第三十二条　死亡登记权限**

死者最后居住地的乡级人民委员会办理死亡登记。不确定死者最后居住地的情况，由死者死亡地或尸体发现地的乡级人民委员会办理死亡登记。

**第三十三条　死亡登记期限和责任**

1. 自死亡之日起 15 日内，死者的妻子、丈夫或孩子、父母、其他亲人有责任为其登记死亡；若死者没有亲人，由相关机构、组织、个人的代表为其登记死亡。

2. 司法－户籍工作人员时常检查死亡登记情况，督促为死者登记死亡。若不能确定死亡登记责任人，由司法－户籍工作人员为其登记死亡。

### 第三十四条 死亡登记手续

1. 死亡登记责任人向户籍登记机构提交固定模板的表单和死亡通知书或代替死亡通知书的其他证明。

2. 依照本条第 1 款的规定,收齐证明后,若死亡登记申请属实,司法－户籍工作人员将死亡登记内容记入户籍册,与申请死亡登记者一同在上面签字,上报乡级人民委员会主席为其颁发摘录。

司法－户籍工作人员在电子户籍数据库中锁定死者的户籍信息。

## 第三章 县级人民委员会的户籍登记

## 第一节 出生登记

### 第三十五条 出生登记权限

在下列情形中,父母亲一方居住地的县级人民委员会为新生儿办理出生登记:

1. 新生儿在越南出生:

(a)父母一方是越南公民,另一方是外国人或无国籍人士;

(b)父母一方是居住在国内的越南公民,另一方是定居在国外的越南公民;

(c)父母是定居在国外的越南公民;

(d)父母是外国人或无国籍人士。

2. 新生儿出生在国外,且没有返回越南居住地办理出生登记:

(a)父母都是越南公民;

(b)父母一方是越南公民。

### 第三十六条 出生登记手续

1. 依据本法第 16 条第 1 款的规定,申请出生登记者向户籍登记机构提交证明,父母一方或双方是外国人则必须提交关于孩子国籍选择的协议。

若父母为孩子选择外国国籍,协议必须经过属于外国公民一方的外国国家权力机构认证。

2. 依照本条第 1 款的规定,收齐证明后,若出生登记信息完整、符合规定,户籍工作人员按照本法第 14 条的规定将出生信息记入户籍册;依照本法第 14 条第 1 款第(c)项的规定,若新生儿是外国国籍则不将其出生信息记入户籍册。

户籍工作人员与申请出生登记者一同在户籍册上签字,司法办上报县级人民委员会主席为其颁发出生证。

3.政府对本法第 35 条第 2 款中的出生登记手续作出规定。

## 第二节　结婚登记

**第三十七条　结婚登记权限**

1.越南公民居住地的县级人民委员会办理以下结婚登记:越南公民与外国人结婚、居住在国内的越南公民与定居在国外的越南公民结婚、定居在国外的越南公民之间结婚、同时具有外国国籍的越南公民与越南公民或外国人结婚。

2.居住在越南的外国人在越南申请结婚登记,由一方居住地的县级人民委员会办理结婚登记。

**第三十八条　结婚登记手续**

1.男女双方向户籍登记机构提交固定模板的表单和越南或国外权威医疗机构开具的本人没有患精神疾病而导致无认识能力和行为能力的确认证明。

外国人、定居在国外的越南公民必须另附婚姻状况证明、护照副本或代替护照的有效证明。

2.依照本条第 1 款的规定,自收齐证明之日起 15 日内,户籍工作人员有确认责任。根据法律规定,若满足结婚条件,由司法办报告县级人民委员会办理。

3.办理结婚登记时,男女双方必须到人民委员会驻地现场,户籍工作人员询问男女双方意见,若双方自愿结婚则将结婚信息记入户籍册,并与男女双方在上面签字。男女双方一同在结婚证上签字。

县级人民委员会主席为男女双方颁发结婚证。

4.政府对以下事宜作了规定:在结婚登记档案中补充证明;在办理结婚登记时询问和确认结婚目的;为保障各方的权利和利益,给在国外权力机构与外国人登记结婚的越南公民颁发婚姻状况证明。

## 第三节　监护登记

**第三十九条　监护登记和终止监护权限**

被监护人或监护人居住地的县级人民委员会为一同居住在越南的越南公民和外国人办理监护登记。

办理监护登记的县级人民委员会办理终止监护。

**第四十条　指定监护登记手续**

1.申请监护登记者依照《民法》规定向户籍登记机构提交固定模板的监护登记表和指定监护人申请。

2. 依据本条第 1 款的规定，自收齐证明之日起 5 个工作日内，户籍工作人员进行确认，若根据法律规定符合条件，则将其记入户籍册，并与监护登记人共同在上面签字，司法办上报县级人民委员会主席为申请人颁发摘录。

### 第四十一条　当然监护登记

共同居住在越南的越南公民和外国人之间的当然监护登记手续适用本法第 21 条的规定。

### 第四十二条　监护终止、变更登记手续

越南公民和外国人之间的监护终止、变更登记手续适用本法第 22 条和第 23 条的规定。

## 第四节　收养关系登记

### 第四十三条　收养关系登记权限

被收养者居住地的县级人民委员会办理以下收养登记：越南公民与外国人之间的收养关系、居住在国内的越南公民与定居在国外的越南公民之间的收养关系、定居在国外的越南公民之间的收养关系、同时具有外国国籍的越南公民与越南公民或外国人之间的收养关系、一方或双方常住在越南的外国人之间的收养关系。

### 第四十四条　收养关系登记手续

1. 申请登记收养关系者向户籍登记机构提交固定模板的表单和能证明父子或母子关系的证明、物品或其他证据。登记越南公民与外国人之间或外国人之间的收养关系必须附加能够证明身份的护照副本或能够代替护照的有效证件。

2. 依照本条第 1 款的规定，自收齐证明之日起 15 日内，户籍工作人员进行确认，将收养关系在县级人民委员会驻地连续公示 7 天，同时把文件发到被收养者常住地的乡级人民委员会，提议其在乡级人民委员会驻地连续公示 7 天。

3. 司法办上报和提议县级人民委员会主席对登记收养关系作出规定，若满足条件，由县级人民委员会主席办理。

4. 登记收养关系时，各方都必须在场，户籍工作人员将收养关系信息登记到户籍册中，与各方一同在上面签字，县级人民委员会主席为各方颁发摘录。

## 第五节　户籍变更、更正、补充与民族重新确认

### 第四十五条　户籍变更范围

户籍变更范围适用本法第 26 条的规定。

第四十六条 户籍变更、更正、补充与民族重新确认办理权限

1. 对于已经在越南权力机构登记过户籍的外国人,此前户籍登记地或本人居住地的县级人民委员会有权办理户籍变更、更正和补充业务。

2. 定居在国外的越南人此前登记户籍的县级人民委员会有权办理户籍变更、更正、补充与民族重新确认。

3. 个人居住地或此前登记户籍的县级人民委员会有权为满 14 岁及以上居住在国内的越南公民办理户籍变更、更正,同时具有民族重新确认办理权限。

第四十七条 户籍变更、更正、补充与民族重新确认办理手续

1. 户籍变更、更正办理手续适用本法第 28 条的规定。

申请民族确认必须依照法律规定提交证明,办理手续依照本法第 28 条的规定进行。

2. 补充户籍信息的办理手续适用本法第 29 条的规定。

## 第六节 在户籍册中登记国外权力机构为越南公民办理的户籍信息

第四十八条 在户籍册中登记国外权力机构为越南公民办理的户籍信息的权限

1. 越南公民居住地的县级人民委员会将国外权力机构办理的出生、结婚、监护关系、收养关系、户籍变更登记到户籍册中。

2. 此前的结婚登记地或被备注地的县级人民委员会在户籍册中登记个人在国外办理的离婚、取消婚姻业务。

3. 依照本法第 33 条第 1 款的规定,死亡登记责任人居住地的县级人民委员会在户籍册中登记国外权力机构办理的个人离婚、取消婚姻业务。

第四十九条 在户籍册中登记出生、监护关系、收养关系、亲子关系、户籍变更、死亡的手续

1. 申请在户籍册中登记出生、监护关系、收养关系、亲子关系、户籍变更、死亡等信息,必须向户籍登记机构提交固定模板的表单以及能够说明这些事宜已在国外权力机构办理的证明副本。

2. 依照本条第 1 款的规定,收齐证明后,户籍工作人员进行检查,若符合规定,则将这些信息登记到户籍册中,司法办上报县级人民委员会主席为申请人颁发摘录。

需必须确认的情况,处理期限不超过 3 个工作日。

第五十条 在户籍册中登记结婚、离婚和取消婚姻的手续

1. 申请在户籍册中登记结婚、离婚和取消婚姻等信息,必须向户籍登记机构提交固定模板的表单以及能够说明这些事宜已在国外权力机构办理的证明副本。

2. 依照本条第 1 款的规定, 自收齐档案之日起 12 日内, 若满足法律规定的条件, 户籍工作人员将这些信息登记到户籍册中, 司法办上报县级人民委员会主席为申请人颁发摘录。

3. 政府对各机构实施本条例的程序、手续和时间作了具体规定。

## 第七节　死亡登记

### 第五十一条　死亡登记权限

1. 死者最后居住地的县级人民委员会为定居在越南国内的外国人或越南公民办理死亡登记。

2. 依照本条第 1 款的规定, 不确定死者最后居住地的情况, 由死者死亡地或尸体发现地的县级人民委员会办理死亡登记。

### 第五十二条　死亡登记手续

1. 死亡登记申请人向户籍登记机构提交固定模板的表单和死亡通知书或代替死亡通知书的其他证明。

2. 依照本条第 1 款的规定, 收齐证明后, 若死亡登记申请属实, 司法－户籍工作人员在户籍册中登记死亡信息, 与死亡登记申请人一同在上面签字, 司法办上报县级人民委员会主席为其颁发摘录。

需要确认的情况, 处理期限不超过 3 个工作日。

3. 登记死亡后, 县级人民委员会必须以文件附带户籍摘录的形式上报外交部, 外交部再通报死者公民身份所属国的权力机构。

若死者是定居在国外的越南公民, 则户籍工作人员在电子户籍数据库中锁定死者的户籍信息。

# 第四章　代表机构户籍登记

### 第五十三条　居住在国外的越南公民登记户籍

1. 依照本法第 3 条的规定, 若登记事宜不违反接收国的法律和越南作为成员国签署的国际条约, 代表机构为居住在国外的越南公民办理户籍登记。

2. 根据本法的规定, 外交部配合司法部, 为居住在国外的越南公民将登记户籍的权限、手续以及申请户籍摘录等事宜传达到代表机构。

### 第五十四条　代表机构的户籍工作人员

1. 指定参赞、领事的代表机构为居住在国外的越南公民办理户籍登记。

2. 负责户籍工作的参赞、领事除了要符合其职位的条件和要求外，在办理户籍登记业务前，还必须进行户籍登记的业务培训。

### 第五十五条　外交部编制户籍册

外交部编制户籍册以完整记录、更新、统一管理居住在国外的越南公民在代表机构登记的户籍信息，及作为颁发户籍摘录副本的根据。

### 第五十六条　代表机构的上报责任

为居住在国外的越南公民登记户籍后，代表机构有责任以文件附带户籍摘录副本的形式上报外交部将其登记到户籍册中，及时更新电子户籍数据库中的信息。

# 第五章　户籍数据库、颁发户籍摘录

## 第一节　户籍数据库

### 第五十七条　户籍数据库

1. 户籍数据库是国家财产，保存了所有人的户籍信息，是保障个人合法权利和利益的基础，为信息查询、管理，制定国家社会经济发展政策提供服务。

2. 户籍数据库包括户籍册和电子户籍数据库，是颁发户籍摘录的根据。

### 第五十八条　户籍册

1. 户籍册是在电子户籍数据库中编辑、更新、调整个人户籍信息的法理根据。

每种户籍信息必须登记到一份册子中，每一页都必须盖上骑缝章；依照法律规定，户籍册被永久保存。

2. 封锁户籍册在每年的最后一天进行，封锁时必须清楚记录已登记户籍的总页数和信息总量，由户籍登记机构负责人签字、盖章。

在登记户籍时提交的证明、物品或其他证据必须按照相关保存法律的规定进行保存管理。

3. 户籍登记机构有责任保存管理户籍册、证明、物品或其他与户籍登记相关的证据。

### 第五十九条　电子户籍数据库

1. 编制电子户籍数据库以保存、更新、管理、查询户籍信息，服务在线户籍登记需求，为全国人口数据库提供、传送个人的基本户籍信息。

2. 政府对以下事宜作出规定：各部门、各部级机构与各级人民委员会在管理、使用电子户籍数据库时相互配合，在线登记户籍的手续、程序，电子户籍数据库与全国人口数据库之间的信息对接、交换。

### 第六十条  更新、调整电子户籍数据库中的个人户籍信息

1. 个人户籍信息登记到户籍册中后，必须及时、完整、准确地登记到电子户籍数据库中；户籍登记机构对电子户籍数据库中更新的所有户籍信息负责。

2. 若电子户籍数据库、全国人口数据库中的信息与户籍册中的信息有出入，必须作出调整以符合户籍册中的信息。

### 第六十一条  户籍数据库管理与使用原则

1. 根据法律规定，户籍数据库被秘密保存管理以保障其安全性，只有具有权限的机构、组织和个人才能接触和使用。

2. 户籍数据库的管理机构有责任对户籍数据库中的个人信息保密。

## 第二节  颁发户籍摘录

### 第六十二条  登记户籍时颁发户籍摘录原件

1. 登记户籍时，除了出生登记和结婚登记，户籍登记机构为户籍登记申请人颁发1本户籍摘录原件。

2. 户籍摘录原件能够以副本证实。

### 第六十三条  为已登记的户籍信息颁发户籍摘录副本

流动人口有权要求户籍数据库的管理机构为已登记的户籍信息颁发户籍摘录副本。

### 第六十四条  颁发户籍摘录副本手续

1. 本人直接申请颁发户籍摘录副本或通过代表人向户籍数据库的管理机构提交固定模板的表单。

若拥有权限的机构、组织提议颁发个人户籍摘录副本，需向户籍数据库的管理机构提交理由清晰的申请文件。

2. 在接到申请后，若满足条件，由户籍数据库的管理机构为申请人颁发户籍摘录副本。

# 第六章  国家对户籍及户籍工作人员的管理责任

## 第一节  国家的户籍管理责任

### 第六十五条  政府责任

1. 政府统一管理国家户籍，司法部协助政府管理国家户籍。

2. 国家户籍的管理内容包括：

（a）颁布或呈递给权力机构户籍登记和管理的法律规范文本，并组织实施；

（b）在登记和管理户籍的过程中运用信息技术，建立和管理电子户籍数据库；

（c）清查投诉、告发事件，处理在登记和管理户籍过程中的违法行为；

（d）户籍统计；

（đ）户籍国际合作。

### 第六十六条　司法部的责任

司法部管理国家户籍，具有以下任务和权限：

1. 对国内的户籍工作人员进行登记，管理工作的规定、指导、培训。

2. 颁发、指导使用和管理户籍册、出生证、结婚证、户籍摘录和其他户籍样表，对流动人口登记出生、结婚、死亡的条件和程序作出具体规定。

3. 建立和统一管理电子户籍数据库，指导地方机构管理、使用户籍登记与管理软件、电子户籍数据库，为全国人口数据库提供个人的基本户籍信息。

4. 每年综合户籍情况，分析、评价、统计后报告给政府。

### 第六十七条　外交部的责任

1. 外交部与司法部配合进行代表机构的国家户籍管理工作，具有以下任务和权力：

（a）规定、指导、清查各代表机构的户籍登记和管理工作；

（b）为参赞、领事组织户籍业务培训；

（c）编制户籍册以管理在代表机构登记的越南公民户籍信息；

（d）更新、使用电子户籍数据库，依照法律规定颁发户籍摘录副本；

（đ）按照政府规定，综合户籍情况，统计代表机构的户籍信息，上报司法部。

2. 代表机构对居住在国外的越南公民进行国家户籍管理，具有以下任务和权限：

（a）按照相关户籍法律、领事法律和国际条约的规定，为居住在国外的越南公民办理户籍登记。

（b）为参赞和领事分配在代表机构的户籍登记和管理任务。

（c）按照规定管理、使用户籍册和户籍样表。

（d）按照规定管理、更新和使用电子户籍数据库，颁发户籍摘录副本。

（đ）向外交部上报户籍登记内容，以便更新到户籍数据库中。

（e）按照规定综合户籍情况，进行户籍统计，上报外交部。

（g）保存与户籍登记相关的证明、物品或其他证据。

（h）按照权限处理投诉、告发事件以及在户籍工作中出现的违法行为。

依照本条第2款第（a）项、第（c）项、第（d）项、第（đ）项、第（e）项、第（g）项的规定，负责户籍工作的参赞、领事有责任协助代表机构履行任务，行使权力。

#### 第六十八条　公安部的责任

公安部主管,配合司法部、外交部和各部门履行、行使以下任务和权力:

1. 按照法律规定,保证全国人口数据库与电子户籍数据库的连通;

2. 保证电子户籍数据库中的信息安全;

3. 履行与户籍工作相关的其他任务。

#### 第六十九条　省人民委员会、中央直辖市的责任

1. 省人民委员会、中央直辖市(以下简称"省级人民委员会")负责地方的国家户籍管理工作,具有以下任务和权限:

(a)指导户籍登记和管理工作的组织实施;

(b)组织宣传、普及相关户籍法律;

(c)根据政府的规定,对县级、乡级的户籍工作人员分配作出规定,为户籍登记和管理工作提供物质保障;

(d)按照规定管理、更新和使用电子户籍数据库;

(đ)依照权限清查、处理投诉、告发事件以及在户籍工作中出现的违法行为;

(e)除非法结婚外,收回、销毁由县级人民委员会颁发的违反本法规定的户籍证明;

(g)为户籍工作人员定期组织户籍业务培训;

(h)按照规定综合户籍情况,进行户籍统计,上报司法部。

2. 司法厅协助省级人民委员会履行本条第1款第(a)项、第(b)项、第(d)项、第(đ)项、第(g)项、第(h)项赋予的任务和权限。

3. 户籍登记、管理工作以及在户籍登记、管理工作中由于管理疏漏而出现的违法行为,由省级人民委员会主席承担责任。

#### 第七十条　县级人民委员会的责任

1. 县级人民委员会负责地方的国家户籍管理工作,具有以下任务和权限:

(a)按照本法规定进行户籍登记;

(b)指导、检查乡级人民委员会的户籍登记和管理工作;

(c)组织宣传、普及相关户籍法律规定;

(d)按照规定管理、使用户籍册和户籍样表;

(đ)根据省级人民委员会的规定,分配户籍工作人员;

(e)按照规定管理、更新和使用电子户籍数据库,颁发户籍摘录副本;

(g)依照权限清查、处理投诉、告发事件以及在户籍工作中出现的违法行为;

(h)除非法结婚外,收回、销毁由乡级人民委员会颁发的违反本法规定的户籍证明;

（i）按照政府规定，综合户籍情况，进行户籍统计，上报省级人民委员会；

（k）保存户籍册和户籍登记档案。

2. 司法办协助县级人民委员会履行本条第1款第（a）项、第（b）项、第（c）项、第（d）项、第（e）项、第（g）项、第（i）项、第（k）项赋予的任务和权限。

3. 依照本法第71条的规定，对于没有设立乡级行政单位的县级行政单位，除了履行县级人民委员会的户籍登记和管理的任务和权限外，还要履行乡级人民委员会的户籍登记和管理的任务和权限。

4. 户籍登记、管理工作以及在户籍登记、管理工作中由于管理疏漏而出现的违法行为，由县级人民委员会主席承担责任。

### 第七十一条　乡级人民委员会的责任

1. 乡级人民委员会负责地方的国家户籍管理工作，具有以下任务和权限：

（a）按照本法规定进行户籍登记；

（b）根据上级人民委员会的规定，分配司法－户籍工作人员办理户籍登记；

（c）宣传、普及相关户籍法律；

（d）按照规定管理、使用户籍册和户籍样表；

（đ）按照规定管理、更新和使用电子户籍数据库，颁发户籍摘录副本；

（e）按照政府规定，综合户籍情况，进行户籍统计，上报县级人民委员会；

（g）保存户籍册和户籍登记档案；

（h）依照权限处理投诉、告发事件以及在户籍工作中出现的违法行为。

2. 乡级人民委员会主席时常指导、督促出生、死亡登记事宜，对户籍登记、管理工作以及在户籍登记、管理工作中由于管理疏漏而出现的违法行为承担责任。

乡级司法－户籍工作人员履行本条第1款第（a）项、第（c）项、第（d）项、第（đ）项、第（e）项、第（g）项赋予的任务和权限。

## 第二节　户籍工作人员

### 第七十二条　户籍工作人员

1. 户籍工作人员包括乡级司法－户籍工作人员、隶属县级人民委员会的司法办户籍工作人员、代表机构中负责户籍工作的参赞和领事。

2. 乡级司法－户籍工作人员需达到以下标准：

（a）具有中级法律专业毕业以上学历，已进行过户籍业务培训；

（b）字迹清晰，具有符合工作要求的计算机水平。

3.司法办的户籍工作人员必须具有法律学士学位以上学历,已进行过户籍业务培训。

4.在代表机构负责户籍工作的参赞、领事必须进行过户籍业务培训。

### 第七十三条 户籍工作人员的任务和权限

1.在户籍工作中,乡级司法－户籍工作人员具有以下任务和权限:

(a)遵守本法的规定以及与户籍相关的其他法律规定。

(b)在乡级人民委员会之前承担责任,且承担户籍登记的法律责任。

(c)宣传、普及、动员人民遵守户籍法律的规定。

(d)协助乡级人民委员会及时、准确、客观、真实地登记户籍,在电子户籍数据库中将已登记的户籍信息更新完整。

(đ)主动进行审查工作,以便及时登记管辖范围的出生、死亡信息。

对于居民分散、出行条件艰苦、距离乡级人民委员会驻地较远的管辖地区,司法－户籍工作人员上报乡级人民委员会,由后者组织对出生、结婚、死亡等进行流动登记。

(e)经常提升法律知识水平以提高户籍登记业务能力,参加由人民委员会或上级司法机构组织的各种业务专门培训。

(g)主动报告、提议同级人民委员会配合各机构和组织审查、确认户籍信息;在进行户籍登记时,要求各机构、组织、个人提供验证信息;配合公安机构,共同为全国人口数据库提供个人的基本户籍信息。

2.根据自身任务和权限,本条第1款的规定也适用于司法办的户籍工作人员、在代表机构负责户籍工作的参赞和领事。

### 第七十四条 户籍工作人员的禁止行为

1.进行户籍登记和管理时横行霸道、打官腔、勒索、拖延、制造麻烦、收受贿赂。

2.进行户籍登记时收取比规定额度高的户籍手续费。

3.违反本法规定制定手续和证明,故意延长户籍登记期限。

4.删除、修改、弄错户籍数据库中的信息。

5.违反本法规定登记、颁发证明。

6.泄露通过登记户籍而得知的个人隐私。

7.按照法律规定,违反本条规定的户籍工作人员根据违反的性质和程度可处以纪律处分或追究刑事责任。

# 第七章　实施条款

**第七十五条　在本法生效之前编制和颁发的户籍册和户籍证明的价值**

1. 在本法生效之前保留下来的户籍册仍然能够作为证明个人户籍信息，查询、颁发户籍摘录，开具婚姻状况确认表的根据。

2. 在本法生效之前按照相关户籍法律规定颁发给个人的户籍证明仍具有使用价值。

**第七十六条　转交条款**

1. 在本法生效之前受理而没有办理完的户籍登记档案，按照接收时的户籍法律规定继续办理。

2. 政府对重新登记在本法生效之前办理的出生、死亡、结婚等作出具体规定。

3. 政府对以下工作进行指导：

为确保本法赋予的任务和权力得以履行和行使而进行的户籍业务审查和培训、户籍工作人员队伍健全等工作；规定出生、结婚登记手续；向越南公民颁发婚姻状况证明；全国人口数据库建设完成前过渡时期的户籍册制作、管理和使用制度，最迟至 2020 年 1 月 1 日，必须依照本法在全国统一实施。

**第七十七条　实施效力**

1. 本法自 2016 年 1 月 1 日起生效。

2. 具有权限的政府、机构对本法中的条款作出具体规定。

2014 年 11 月 20 日，第十三届越南社会主义共和国国会第八次会议通过本法。

# 越南社会主义共和国边防法<sup>*</sup>

根据《越南社会主义共和国宪法》，国会现颁行《越南社会主义共和国边防法》。

## 第一章　总则

**第一条　适用范围**

该边防法规定了各机关、组织和个人在边防方面的政策、原则、任务、活动、力量、保障和责任。

**第二条　概念界定**

在本边防法中，下列概念界定如下：

1.边防是各民族合力保卫祖国独立、主权、统一和领土完整，保障边境地区安全、秩序和社会稳定的全部活动及措施。

2.全民边防事业是依据全民、全面、独立、自主、自强的原则，在政治、精神和各项力量的根基之上建立起来的国家边防力量。

3.全民边防态势是根据国家边防战略，组织、部署、调配必要的力量和资源，执行边防任务的工作。

4.边境带是由各边境省份的人民委员会规定的，陆上国界线内 100 米至 1000 米的领土范围；特殊情况下边境带由政府总理划定。

5.边防官兵包括边防部队编制下的士官、职业军人、国防员工、下士官、士兵。

**第三条　国家边防政策**

1.贯彻独立、主权、统一和领土完整的政策，与接壤国家共同建设和平、友好、合作、发展、长期稳定的边界，拓展国际合作及国防、安全、边防、民间方面的对外活动。

2.在尊重彼此独立、主权、统一、领土完整和合法利益的基础上，依照越南宪法、法律和越南社会主义共和国加入的国际公约的规定，以和平方式解决国家边界问题。

---

<sub>*</sub>　译者：张元元，北京外国语大学亚洲学院助教。

3. 以合法、适当的措施,维护祖国的独立、主权、统一和领土完整。

4. 贯彻民族大团结的方针,建设以人民为主体、人民武装为核心的强大而广泛的国家边防力量。

5. 巩固、加强国防和安全,将投资边境、推进边境建设现代化,发展边境地区的经济、文化、社会、科技和对外交流摆在优先位置。

6. 动员各机关、组织和个人的力量开展边防工作。

7. 鼓励和支持各机关、组织和个人在自愿、不违反越南法律和国际法的基础上,为开展边防工作提供物质和精神支持。

**第四条　开展边防工作的原则**

1. 遵守越南宪法、法律和越南社会主义共和国加入的国际公约的规定,尊重各国的独立、主权、领土完整和国界。

2. 在越南共产党各方面的绝对、直接领导下,实行国家集中统一管理。

3. 发挥全民和政治体制的团结力量,依靠人民,接受人民监督。

4. 将国防、安定与经济社会相结合;将开展边防工作与建设和巩固政治体制,发展经济、文化、社会、科技和对外活动相结合。

**第五条　边防工作**

1. 制定、实施国家边防战略和计划。

2. 管理和保卫主权、统一、领土完整和国界,建设、管理和保卫边境地区的国家界标、边界线标志、边境和口岸设施以及边境地区的其他设施。

3. 保卫国家和民族利益,保卫和平、安全、秩序和社会稳定、经济、文化、社会、自然资源和环境,确保在边境和口岸地区的执法工作的开展。

4. 将社会经济发展与加强和巩固边境地区的国防、安全和对外活动的开展相结合。

5. 在全民国防中建设全民边防事业和全民边防态势,将其与人民安定事业和人民安定态势相结合;在边境地区建立省、县级的防守区,构筑民事防守;预防、打击、应对和克服突发事件、自然灾害、气候变化、流行病;在边境地区开展搜救和救援工作。

6. 在边防,边防对外活动、人民对外交流,建设和平友好、合作发展、长治久安的边境等方面开展国际合作。

7. 做好战斗准备,打击侵略战争和武装冲突。

**第六条　开展边防工作的力量**

1. 边境、口岸地区的各机关、组织、单位的人民武装力量。

2. 本条第1款规定的人民武装力量的领导、指挥和管理机关。

第七条 关于各机关、组织和公民参与、配合和协助人民武装力量开展边防工作的职责、制度和政策

1. 各机关、组织和公民有责任参与、配合和协助人民武装力量开展边防工作。

2. 边境地区公民有责任参与全民边防事业、全民边防态势和保护主权、领土、国界，维护边境和口岸地区安全、秩序和社会稳定的活动。

3. 对参与、配合、协助人民武装力量开展边防工作并有贡献的机关、组织和公民予以表彰；如财产受到损害将予以赔偿；如个人名誉受到损害将予以恢复；如公民受伤或牺牲，公民本人或其家人享受法律规定的赔偿政策。

第八条 边防严禁的各项行为

1. 侵犯国家主权和领土、破坏边境和口岸地区的安全、秩序和社会稳定的行为。

2. 利用或允许他人利用越南边境地区进行反对或干涉他国活动的行为，在边境关系中威胁使用或使用武力的行为。

3. 冒充开展边防工作的机关、组织或人员；反对、阻挠边防工作人员开展工作，报复、威胁边防工作人员，侵犯其生命、健康、名誉、尊严的行为。

4. 买通、贿赂、引诱或强迫边防工作人员，使其违反法律规定的行为。

5. 利用、滥用开展边防工作的过程违反法律、侵害国家利益和机关、组织和个人的合法权益的行为。

6. 开展边防工作过程中的性别、职业、民族、种族、国籍、信仰、宗教、受教育程度方面的歧视行为。

7. 制作、使用、买卖、交换、运输、传播有关国家主权、领土、边界的虚假信息和图像的行为。

# 第二章 边防的基本活动

第九条 全民边防事业、全民边防态势

1. 建设全民边防事业的基本内容包括：

（a）制定和组织实施保卫国家边界、防守区和民事防守的战略以及边境地区的各项边防计划；

（b）建立和巩固边境地区的政治体制；

（c）建设政治、精神、军事、安全、对外活动、经济、文化、社会、科技等方面的力量储备，以满足边防任务的要求；

（d）培养稳定而强大的全民国家边防力量，建设革命化、正规化、精锐化、循序渐进

的现代化边防部队，部分要素直接迈向现代化；

（d）开展全民参与保护国家主权、领土和边境，维护边境和口岸地区安全、秩序和社会稳定的运动。

2.建设全民边防态势的基本内容包括：

（a）根据边境地区建设工作、社会经济发展、国防安全等的需要，建设基础设施体系，布局居民点；

（b）建立稳固和系统的防御工程，根据边防任务的需要组织和分配力量；

（c）协调各机关、组织和个人的团结力量，促进合力，及时处理边境地区的各类情况；

（d）组织人民参与边防工作开展。

**第十条　边防工作的协调开展**

1.边防工作协调开展的范围规定如下：

（a）国防部主持或协调各部委、部级机关和省级地方政府开展国界的管理和保卫工作，维护边境和口岸地区的安全、秩序和社会稳定；

（b）各部、部级机关在权责范围内，主持或协调国防部、省级地方政府、有关机构和组织开展边防工作；

（c）边境地区的省级地方政府在权责范围内，主持或协调各部委、部级和地方政府、有关机构和组织开展边防工作；

（d）边境地区的县级、社级地方政府在权责范围内，主持或协调有关地方政府、机构和组织开展边防工作。

2.边防工作协调开展的原则包括：

（a）基于法律规定的边防工作开展力量的职能、权力和活动范围，不妨碍各机关、组织和个人的合法活动。

（b）依法进行集中统一调配。

（c）主动、灵活、保密、及时、高效，由单位首长负责。

（d）在同一地区，发现与多个机关、组织或力量的权责范围有关的违法行为时，首先发现的机关、组织或力量必须依照法律规定的权限进行处理；案件不属于其管辖范围的，应当作初步处理，将卷宗、人员、赃物、船只、车辆等移送主管的机关、组织或者力量处理。接收机关、组织或力量有责任告知移交案件的机关、组织或者力量案件调查及处理结果。

3.边防工作协调开展的内容包括：

（a）信息和资料的交换，向有关部门提出制定边防政策和法律方面的建议；

（b）巡视、检查、控制和处理与国防、安全、秩序和社会稳定有关的情况，预防、打击犯罪行为，预防、打击、应对和克服突发事故、自然灾害、气候变化、流行病，在边境和口岸地区进行搜救和救援；

（c）在边境地区建设形成强大的全民边防事业和全民边防态势；

（d）建设核心、专职的边防力量；

（đ）对边防工作开展力量进行专业技能的培养和培训；

（e）在边境地区宣传和普及法律知识；

（g）开展其他与边防工作相关的协调活动。

4. 对于各部委、部级机关和地方政府在边防工作开展中的具体协调事宜，中央政府有决定权。

对于边防部队与国防部下属的其他力量在开展边防工作中的具体协调事宜，国防部部长有决定权。

### 第十一条　限制或者暂停在边境带、边界地区的活动及在口岸和边界小道的跨境活动

1. 限制或暂停的情形包括：

（a）发生边界或领土争议，武装冲突，外敌入侵，其他威胁国家主权、领土或边界的活动；

（b）暴乱、恐怖主义活动、绑架、抓捕有武器的罪犯；

（c）防止火灾、洪水等自然灾害和流行病跨境侵袭、传播；

（d）应接壤国家中央政府、地方政府或边境管理和保卫力量的要求或通知，限制或暂停跨境活动。

2. 受限制或暂停的区域活动包括：

（a）边境带内：出入边境带，有疫情以及火灾、洪水等自然灾害风险的地区；集市、礼会，生产、经营，工程建设和自然资源的勘探和开发活动。

（b）边界地区内：出入边界地区，有疫情以及火灾、洪水等自然灾害风险的地区；展览会和节日仪式，生产、经营，工程建设和自然资源的勘探和开发活动。

（c）在国际性口岸、主要口岸或双边性口岸、限制性口岸、边境小道的跨境活动。

3. 决定限制或中止边境带和边界地区活动的规定如下：

（a）边防站站长有权决定在其管理的边境带内限制或暂停活动，时限不超过12小时，并应立即报告省边防部队指挥部指挥长，同时通知当地的外事机关和所在地的县级、社级地方政府。

（b）省边防部队指挥部指挥长有权决定在其管理的边界地区限制或暂停活动，时

限不超过 24 小时，并应立即报告省人民委员会、边防部队司令，立即通知外交部和省公安厅。

24 小时时限过后，省边防部队指挥部指挥长认为需要继续限制、暂停边界地区活动的，应在 24 小时内提请省级人民委员会决定继续限制或者暂停，并立即通知外交部和省公安厅。

（c）实行本款第（a）项、第（b）项规定的活动的限制或暂停及取消限制或暂停，必须通知边境地区的机关、组织和个人，通知接壤国家的边境管理和保卫力量。

4. 关于决定限制或暂停在口岸和边界小道的跨境活动的规定如下：

（a）边防站站长有权决定限制或暂停限制性口岸和边境小道的跨境活动，时限不超过 6 个小时，并应立即报告省边防部队指挥部指挥长；立即报告县级和社级地方政府，通知边境地区的机关、组织和个人以及接壤国家的边境管理和保卫力量。省边防部队指挥部指挥长有权决定限制或暂停限制性口岸和边境小道的跨境活动，时限不超过 12 小时，并应立即报告省人民委员会、边防部队司令，通知接壤国家的边境管理和保卫力量。

（b）省边防部队指挥部指挥长有权决定限制或暂停主要口岸或双边性口岸的跨境活动，时限不超过 6 个小时，并应立即报告省人民委员会、边防部队司令；通知县级和社级地方政府、边境地区的机关和组织，以及接壤国家的边境管理和保卫力量。

（c）省人民委员会主席应省边防部队指挥部指挥长的提议，有权限制或暂停主要口岸或双边性口岸的跨境活动，时限不超过 24 小时，并应立即报告给政府总理；通知接壤国家的地方政府。

（d）政府总理应国防部、公安部和外交部的提议，有权决定限制或暂停国际性口岸的跨境活动。外交部负责通知接壤国家的外交机构。

5. 限制或暂停跨境活动时限满前，认为有必要继续限制或暂停的，则延长限制或暂停跨境活动的实施方法如下：

（a）边防站站长有权决定限制或暂停限制性口岸和边境小道的跨境活动，时限不超过 6 个小时。

（b）省边防部队指挥部指挥长有权决定限制或暂停主要口岸或双边性口岸的跨境活动，时限不超过 6 个小时；有权决定限制或暂停限制性口岸和边境小道的跨境活动，时限不超过 12 个小时。

（c）省人民委员会主席有权决定限制或暂停主要口岸或双边性口岸的跨境活动，时限不超过 24 个小时。

（d）延期必须立即报告直属上级，经直属上级批准后方可作出决定，并应通知边境地区的机关、组织和个人；依照本条第3款、第4款的规定，通知当地外事机关、国家外交部。

6. 提前终止限制或暂停的，负责人员应立即通知有关机关，通过大众媒介进行通告；通知边界管理和保卫力量以及接壤国家的地方政府。

7. 职权范围涉及本条规定的人员应当根据实际情况作出决定，并对自己的决定承担法律责任。

**第十二条 边防国际合作**

1. 边防国际合作的内容包括：

（a）建立和发展边境关系，与接壤国家和其他国家的地方政府、人民和职能力量建立和扩大友好关系，发展与相关国际组织的关系。

（b）签署和执行有关边防的国际条约和国际协定，依法建立和实施双边和多边边防合作机制。

（c）谈判、解决有关边境和口岸的问题和案件，开展边境巡逻；依法管理出入境、出入口活动和其他边境往来活动，预防和打击犯罪违法行为。

（d）阻止一切损害越南与其他国家边境关系的行为。

（đ）预防、抗击、应对和克服突发事件、自然灾害、气候变化、流行病，进行搜救和救援。

（e）进行边防相关的专业技能培养、培训、经验交流，进行设备、技术、工艺的转交以加强开展边防工作的能力。

2. 边防国际合作的形式包括：

（a）签署国际条约或国际协定；

（b）会谈、合作交流；

（c）交换和共享信息；

（d）越南法律和越南社会主义共和国加入的国际条约规定的其他合作形式。

# 第三章 边防部队力量

**第十三条 边防部队的战略地位和职能**

1. 边防部队是人民武装力量，是越南人民军队的组成部分，是管理和保卫国家边界和边境地区的核心力量。

2. 边防部队有建议国防部部长依职权发布有关边防的命令，或向党和国家提出有关边防政策和法律的建议的职能；依法承担国防、安全和对外交流工作，依法主持和协调各机关、组织开展维护边境、口岸地区安全、秩序和社会稳定的工作的主要责任。

**第十四条　边防部队的职责**

1. 收集信息，分析、评估和预测情况以开展边防工作，并就国防部、党和国家颁布和指导实施边防政策和法律提出建议。

2. 就国家边境管理与保卫，边境、口岸地区安全、秩序与社会稳定的维护，边防部队建设等向国防部提出建议。

3. 管理和保卫国家边界、国界界标、标志物、边界和口岸工程，组织检查边防法执行情况。

4. 维护安全、秩序和社会稳定，预防、侦查、制止和打击敌对势力的阴谋活动，预防和打击犯罪违法行为，保护边境机关、组织和个人在边境和口岸地区的合法权益。

5. 在国防部管理的边境口岸开展出入境管理工作，依法管理边境往来活动。

6. 开展边防和边防对外交流方面的国际合作，依法解决边境和口岸地区的事件。

7. 宣传、普及法律知识，动员人民群众贯彻党的方针、主张和遵守国家的政策、法律。

8. 做好战斗准备，打击边境地区的武装冲突和侵略战争。

9. 在边境地区构建全民边防事业和全民边防态势工作中，提出建议，发挥核心作用，参与边境省、县级的防守区建设和民事防守。

10. 依法使用人力及民事手段开展边防工作。

11. 参与和巩固国防、安全相关的基层政治制度建设、人口安置和稳定、基层基础设施建设、社会经济发展、边境地区民族宗教政策实施等工作。

12. 参与突发事件、自然灾害、气候变化和流行病的预防、抗击、应对和补救，在边境地区进行搜救和救援。

**第十五条　边防部队的权限**

1. 调配和使用各类力量、交通工具和技术装备开展边防工作，依据本边防法第19条、第20条规定采取相应措施管理和保卫国界。

2. 巡逻、检查、管理和保卫国家边界、国界界标、标志物、边界和口岸工程；签发、修改、补充和取消国家边境管理和保卫领域的手续和其他文书；对在边境和口岸地区有违法迹象的设备进行检查和控制，并依法处理。

3. 依法打击、预防、查处边境口岸地区的违法行为。

4. 依据本边防法第11条规定限制或者暂停边境带和边界地区的活动、口岸和边界小道的跨境活动。

5. 依据本边防法第17条的规定使用武器、爆炸物和执法工具。

6. 依照本边防法第 18 条的规定调用人员、船只、车辆及民用技术设备。

7. 有权从边境向内地追捕、关押违法人员，扣押其违法交通工具；配合各部力量追缉、抓捕逃往内地的违法人员；根据越南法律和越南社会主义共和国加入的国际条约的规定，追缉和逮捕从越南内陆水域或越南领海逃逸到越南领海范围以外的违法人员，扣押其违法交通工具。

8. 根据越南法律和越南社会主义共和国加入的国际条约的规定，在管理和保护国界和边境口岸，预防和打击违反越南法律和越南社会主义共和国加入的国际条约的行为的过程中，与接壤国家、其他国家和国际组织的职能部门协调合作。

**第十六条　边防部队的活动范围**

1. 在国防部管理的口岸、边界地区及内陆地区开展活动，履行法律规定的职责、任务和权限。

2. 在以人道主义，和平，搜救、救援，出入境检查，保障安全、秩序和社会稳定，预防和打击违法行为为目的的前提下，可依据越南法律和越南社会主义共和国加入的国际条约的规定，在边境地区以外活动。

**第十七条　武器、爆炸物和执法工具的使用**

1. 边防官兵执行任务时，应按照武器、爆炸物、执法工具管理和使用法使用武器、爆炸物和执法工具。

2. 除根据武器、爆炸物、执法工具管理和使用法开军用枪的情况外，在打击违法犯罪行为，保障治安、社会秩序与稳定的过程中，有下列情形之一的，边防官兵可以向海上和边境河流上的船只开枪以拦截船只。船只为外交代表机关、外国领事机构、国际组织代表处所有或船只上载有乘客或人质的情况除外。

（a）驾驶船只的人员攻击执法人员或直接威胁执法人员的生命；

（b）明确得知载有犯罪分子、非法武器和爆炸物、反动文件、国家机密、毒品、国宝的船舶故意逃逸；

（c）根据越南社会主义共和国加入的国际条约或越南法律关于刑事故意逃逸的规定，船只上有人员实施海盗或持械抢劫行为的。

3. 符合本条第 2 款规定的开军用枪的情况，边防官兵在开枪前，必须以行动、命令、言语或空中射击予以警告；有组织地执行任务的情况下，边防官兵必须服从主管人员的命令。

**第十八条　人力、船只、车辆及民用技术设备的调用**

1. 遇有紧急情况，如抓捕和扣押违法人员、船只、车辆，搜救和救助受害者，应对和处置严重环境事件,边防官兵可调用越南各机关、组织和公民的人力、船只、车辆及民用技术设备。

2.本条第1款规定的调用,必须与调用的人力、船只、车辆及民用技术设备的实际情况相符合,并在紧急情况结束后立即予以返还。

被调用的人力或者财产遭受损害的,有权享受本法第7条第3款规定的制度、政策和赔偿;进行调用的官兵所在的单位,应当依法进行补偿。

3.越南各机关、组织和公民有责任响应边防部队的调用。

4.遇有紧急情况,如抓捕和扣押违法人员、船只、车辆,搜救和救助受害者,应对和处置严重的环境事件,边防官兵可以要求在边境地区活动的外国组织和公民提供援助和支持。

**第十九条 国家边境的管理和保卫形式**

1.边境管理和保卫的形式包括:

(a)边境管理和保卫的平时形式,适用于边境地区主权、领土、安全、治安和社会秩序稳定的情况。

(b)边境管理和保卫的强化形式,适用于以下情况:边境、口岸地区或边境两侧发生重大政治、经济、文化和社会事件;边境部分地区治安、社会秩序与稳定形势复杂;边境地区或接壤国的边境地区正在开展军事或治安演习;发生自然灾害、突发事故、流行病,开展抢险救灾或进行抓捕活动且违法人员有可能越过国界;当接壤国家边境管理和保卫力量提出要求时。

(c)边境管理和保卫的战时形式,适用于国防紧急状态、戒严和战争状态下的边境依法管理和保卫。

2.决定改变边境管理保卫形式的权限规定如下:

(a)边防部队司令有权决定是否应用本条第1款第(a)项和第(b)项规定的边境管理和保卫形式,立即报告国防部并为自己的决定承担法律责任。

(b)国防部部长有权决定是否应用本条第1款第(c)项规定的边境管理和保卫形式。

3.国防部部长有权决定本条第1款第(a)项和第(b)项规定的细节。

**第二十条 国家边境的管理和保卫措施**

1.管理和保卫边境的措施包括:

(a)动员群众;

(b)法律措施;

(c)外交措施;

（ｄ）经济措施；

（đ）科学-技术措施；

（ｅ）专业措施；

（ｇ）武装行动。

2. 本条第 1 款所规定措施在实施中的内容、条件、权限、顺序、程序和责任，都由法律规定。

### 第二十一条　边防部队的组织架构

1. 边防部队的组织架构包括：

（ａ）边防部队司令部；

（ｂ）省边防部队指挥部及边防部队司令部的直属单位；

（ｃ）边防站、口岸边防指挥委员会、边防海队。

2. 本条具体内容由政府规定。

### 第二十二条　边防部队装备

1. 边防部队配备军用和民用装备、武器、爆炸物、执法工具、交通工具和专业的技术装备，以履行职能、完成任务和运用权力。

2. 边防部队的专业技术装备和交通工具的管理、使用和清单由政府规定。

### 第二十三条　传统节日、国际名称及边防部队印章

1. 每年的 3 月 3 日是边防部队的传统节日，即全民边防日。

2. 越南边防部队的国际名称为 Vietnam Border Guard。

3. 边防部队在履行职能、完成任务和运用权力时使用印有国徽形象的印章。

### 第二十四条　边防部队的制服、颜色、旗帜、徽章和交通工具识别标志

1. 边防部队官兵的军徽、军衔标志、旗帜、徽章、军服及礼服，由政府决定。

2. 依照国防部的规定，边防部队的船只、飞机、车辆和其他交通工具，有自己的颜色、旗帜、徽章和其他识别标志。执行任务时，边防部队的船只必须悬挂越南国旗和边防部队军旗。

## 第四章　边防保障及关于边防工作开展力量的制度和政策

### 第二十五条　人力资源保障

1. 越南公民是建设、管理和保卫国界和边境地区的人力资源。国家制定计划为开展边防工作的力量选拔、培训和培养人力资源，优先选拔边境地区的居民。

2. 边防官兵接受政治、专业技能、法律、外语、民族语言等与其工作、权限有关的必要

知识的培训、训练和培养。

3.优先和鼓励边境地区少数民族、有才干的人长期在边防部队服役。

**第二十六条 财政保障**

国家根据财政政策相关法律,保障边防工作的财政资金;为边防工作调动财政资源;优先推进基础设施、边界和口岸工程,建设开展边防工作的核心和专门力量。

**第二十七条 关于边防任务执行力量的制度和政策**

1.在边境地区开展边防工作的人员,享受法律规定的优惠制度和政策。

2.边防官兵享受政府规定的与其工作性质和业务范围相适应的优惠政策和具体制度。

# 第五章 边防机关和组织的职责

**第二十八条 中央政府的责任**

1.政府对边防实行国家统一管理。

2.国家对边防的管理内容包括:

(a)颁布、组织实施边防相关的战略、政策和法规,构建全民边防事业、全民边防态势,建设开展边防工作的核心和专门力量;

(b)组织和指导边防工作的开展;

(c)开展边防方面的国际合作和对外交流;

(d)检查、处理违法行为,处理边防相关的投诉、控告,开展边防相关的小结、总结、竞赛和表彰;

(đ)宣传、普及边防相关法律。

**第二十九条 国防部的职责**

1.国防部向中央政府负责,贯彻国家对边防的管理方针,履行下列职责:

(a)主持并协调外交部、公安部做好边境管理和保卫工作;

(b)依法主持并协调各部委、部级机关和地方政府开展维护边境、口岸地区安全、秩序和社会稳定的工作;

(c)在职责范围内,指导各部委、部级机关和地方政府建立全民边防事业和全民边防态势,落实全民边防日政策;

(d)指导各部委、部级机关和国界所在地的地方政府管理和保卫国界和边境地区;

(đ)建立边防部队以满足边防需求;

(e)与部委、部级机关和地方政府配合建设国界和边境地区。

2. 管理、保卫国界和边境地区的各力量的职责和权限由国防部部长决定。

**第三十条　外交部的职责**

外交部在职权范围内，主持并协调国防部、公安部、其他有关部门和地方政府开展下列工作：

1. 提出管理国界的方针、政策和措施；

2. 开展对边防对外活动的国家管理，在边防对外工作中指导核心和专门力量；

3. 指导国界所在地省人民委员会开展对国界的国家管理；

4. 依据政府总理的指示、指导，根据自身权限处理各部、各业和各地方的活动中出现的与管理和保卫国界相关的问题；

5. 培训、指导核心和专门力量开展边防工作，处理与边界和外国人相关的事件。

**第三十一条　公安部的职责**

1. 公安部有责任在职权范围内配合国防部、外交部开展边防工作。

2. 主持并协调国防部、外交部、有关机关和国界所在地地方政府开展下列工作：

（a）结合边境地区的全民国防和全民边防事业，建设和巩固人民安定事业；

（b）开展国家出入境管理，依职权编写、颁布或报请有关职能部门编写、颁布出入境政策和法律。

3. 配合国防部、外交部、有关部门和国界所在地地方政府维护安全、秩序和社会稳定，开展执法活动，处理边境地区的军事、国防事件。

4. 配合国防部培训、培养、指导执行国家安全相关法律、维护社会安全与秩序的核心和专门力量，交流与开展边防工作有关的信息。

5. 指导各级公安机关配合国防部、外交部和地方政府开展边防工作。

**第三十二条　各部、部级机关的职责**

1. 各部委、部级机关在职权范围内，配合国防部、外交部、公安部开展国家对边境的管理工作。

2. 依职权颁布或报请职能部门颁布、组织实施边防法律。

3. 参与建设稳固的全民边防事业和全民边防态势。

**第三十三条　各级人民议会和人民委员会的职责**

1. 国界所在地各级人民议会在其职权范围内有下列职责：

（a）决定各项方针、措施，调动各项资源，确保边防工作的开展符合国家保卫边界的战略，建设稳固的全民边防事业和全民边防态势。

（b）决定地方财政政策，为开展边防工作和建设地方的核心和专门力量提供保障；

对长期在边境地区工作的边防官兵实行优先保障住房、居住用地等政策。

（c）监督本地区边防法律的实施。

2. 国界所在地各级人民委员会在其职权范围内，开展国家对边境的管理工作，履行下列职责：

（a）进行财政预算并提交同级人民议会，为开展边防工作和建设地方的核心和专门力量提供保障。

（b）集中和调动各项资源，建设政治、经济、文化、社会、科技、国防、安全、外交等方面都稳固的边境地区；在当地建设强大的全民边防事业和全民边防态势；落实全民边防日政策；执行军队后方的各项政策。

（c）妥善安置居民，建设基础设施，把经济、文化、社会、科技发展与巩固和加强边境地区的国防、安全和对外交流相结合。

（d）主持并配合同级越南祖国阵线委员会、有关机关和组织，组织群众运动参与管理和保卫国界，维护边境地区的安全、社会秩序和稳定的工作。

（d）建设和平、友好、合作、发展的边境地区。

3. 国界所在地的各级人民议会和人民委员会在其职权范围内有下列职责：

（a）各级人民议会决定方针、措施、财政预算，监督和调动各项资源以确保边防工作的开展。

（b）各级人民委员会参与并配合各机关、组织开展边防工作，构筑强大的全民边防事业和全民边防态势；宣传、普及边防法律；参与发展边境地区经济、文化、社会、科学、技术和对外交流的各项项目的实施；落实全民边防日政策；执行军队后方的各项政策。

**第三十四条　越南祖国阵线及其成员组织的职责**

越南祖国阵线及其成员组织在其职责和权限范围内，配合有关机关和组织宣传和动员人民遵守边防法律，监督边防相关法律的实施。

# 第六章　执行条款

**第三十五条　将第 06/2003/QH11 号国家边界法第 21 条修改、补充如下：**

第 21 条

1. 因国防、安全或特殊原因，或应有关国家要求或通知，可限制或暂停人员、交通工具、货物跨境，包括无害通过越南领海。

2. 在边境带、边境地区限制活动，在口岸和陆地边境小道限制或暂停跨境活动，应符合越南边防法的规定。

3. 本条第 1 款规定的限制或暂停活动的决定权，除本条第 2 款规定的情况外，归中央政府所有。限制或暂停活动的决定必须通知地方政府和有关国家的职能部门。

**第三十六条　执行效力**

1. 本边防法自 2022 年 1 月 1 日起施行。

2. 第 02/1997/PL-UBTVQH9 号边防部队法令自本边防法生效之日起失效。

本边防法于 2020 年 11 月 11 日由越南社会主义共和国第十四届国会第十次会议通过。

国会主席

阮氏金银

# 越南社会主义共和国网络安全法[*]

国会根据《越南社会主义共和国宪法》颁布《网络安全法》。

## 第一章 总 则

**第一条 调整范围**

本法规定了在网络空间维护国家安全、保障社会治安的活动以及有关机构、组织、个人的责任。

**第二条 词语解释**

在本法中,下列词语解释如下:

1. 网络安全,是网络空间活动不危害国家安全、社会治安和机构、组织、个人合法权益的保障。

2. 网络安全保护,是指防范、发现、阻止、处理侵犯网络安全的行为。

3. 网络空间,是信息技术基础设施的连接网络,包括电信网络、互联网、计算机网络、信息系统、信息处理和控制系统、数据库;是人们进行不受空间和时间限制的社会行为的地方。

4. 国家网络空间,是由政府建立、管理和监督的网络空间。

5. 国家网络空间基础设施,是指在国家网络空间创建、传输、收集、处理、存储和交换信息的物理、技术设施系统,包括:

(1)传输系统,包括国内传输系统、国际连接传输系统、卫星系统以及电信网络服务、互联网服务、网络空间增值服务供应商的传输系统。

(2)核心服务系统,包括国家信息分流和导航系统、国家域名解析系统(DNS)、国家认证系统(PKI/CA)和电信网络服务、互联网服务、网络空间增值服务供应商的互联网链接、访问服务供应系统。

(3)信息技术服务和应用,包括在线服务,连接重要机构、组织、经济和金融集团的

---

[*] 译者:陶文文,北京外国语大学亚洲学院博士生。

管理和调度服务网络的信息技术应用,国家数据库。

在线服务包括电子政务、电子商务、网站、在线论坛、社交网络、博客。

(4)智慧城市的信息技术包括基础设施、物联网、虚拟系统、云计算、大数据系统、快速数据系统和人工智能系统。

6.国际网络连接端口,是指越南与其他国家、地区之间进行网络信号传输和接收的地方。

7.网络犯罪,是利用网络空间、信息技术或电子手段实施《刑法》所规定的犯罪行为。

8.网络攻击,是利用网络空间、信息技术或电子手段破坏、中断电信网络、互联网、计算机网络,信息系统、信息处理和控制系统、数据库、电子手段运行的行为。

9.网络恐怖主义,是利用网络空间、信息技术或电子手段进行恐怖主义、恐怖主义融资的行为。

10.网络间谍行为,是故意绕过警告、访问码、密码、防火墙,利用他人的管理权限或其他方式,非法侵占、收集电信网络、互联网、计算机网络、信息系统、信息管理和控制系统、数据库和机构、组织、个人电子手段上的信息和信息资源的行为。

11.数字账户,是用于认证、验证、授权使用网络空间应用程序和服务的信息。

12.网络安全威胁危机,是网络空间出现侵犯国家安全、严重危害社会治安以及机构、组织、个人合法权益的威胁信号的情况。

13.网络安全事故,是在网络空间发生的侵犯国家安全、社会治安以及机构、组织、个人合法权益的突发事件。

14.网络安全危险情况,是在网络空间发生的严重侵犯国家安全和对社会治安以及机构、组织、个人合法权益造成特别严重危害的事件。

第三条　国家网络安全政策

1.优先保护国防、安全、经济社会发展、科学技术、对外网络的安全。

2.建设健康的网络空间,不危害国家安全、社会治安,不损害机构、组织、个人的合法权益。

3.优先打造网络安全保护专职力量;增强网络安全保护力量,提高组织、个人参与网络安全保护的能力;优先投资科技研发,保障网络安全。

4.鼓励组织、个人参与网络安全保护、处理网络安全威胁危机,并为组织、个人参与网络安全保护、处理网络安全威胁危机创造条件;研发网络安全保护技术、产品、服务和应用程序;配合职能部门进行网络安全保护。

5.加强网络安全国际合作。

**第四条　网络安全保护原则**

1. 遵守宪法和法律,保障国家利益以及机构、组织、个人的合法权益。

2. 由越南共产党领导、国家统一管理,调动政治系统和全民的综合力量,发挥网络安全保护专职力量的核心作用。

3. 将保护网络安全和国家安全重要信息系统的任务与发展经济社会、保障人权和公民权以及为机构、组织、个人的网络空间活动创造条件的任务紧密结合起来。

4. 积极防范、发现、制止、打击、阻止一切利用网络空间侵犯国家安全、社会治安以及机构、组织、个人合法权益的活动,随时做好制止网络安全威胁危机的准备。

5. 开展国家网络基础设施的网络安全保护活动,采取措施保护国家安全重要信息系统。

6. 国家安全重要信息系统在投入运行和使用前,应当审核、认定其满足网络安全条件;在使用过程中,应当经常检查和监督网络安全并及时应对、解决网络安全事故。

7. 必须及时、严正处理一切违反网络安全法律的行为。

**第五条　网络安全保护措施**

1. 网络安全保护措施包括:

(1)网络安全评估。

(2)网络安全条件评估。

(3)网络安全检查。

(4)网络安全监控。

(5)应对、解决网络安全事故。

(6)网络安全保护斗争。

(7)阻止和要求暂停、停止提供网络信息,依法停止、暂停建立、提供、使用电信网络、互联网和生产、使用无线电发射机、收发机的活动。

(8)要求删除、访问删除网络空间中侵犯国家安全、社会治安以及机构、组织、个人合法权益的非法信息或虚假信息。

(9)收集与侵犯国家安全、社会治安以及机构、组织和个人网络合法权益活动有关的电子数据。

(10)封锁、限制信息系统的运行;依法停止、暂停信息系统运行,或要求信息系统停止运行、撤销域名。

(11)根据《刑事诉讼法》的规定立案、调查、起诉和审判。

(12)国家安全法、行政处罚法所规定的其他措施。

2. 采取网络安全保护措施的程序和手续由政府规定，但本条第1款第（11）项、第（12）项规定的措施除外。

**第六条　国家网络空间保护**

国家采取措施保护国家网络空间，防范、处理在网络空间侵害国家安全、社会治安以及机构、组织、个人合法权益的行为。

**第七条　网络安全国际合作**

1. 网络安全国际合作在尊重独立、主权和领土完整、互不干涉内政、平等互利的基础上开展。

2. 网络安全国际合作的内容包括：

（1）研究和分析网络安全趋势；

（2）建立促进越南组织、个人与外国组织、个人以及国际组织在网络安全活动方面的合作机制和政策；

（3）分享信息和经验，提供网络安全保护的培训、设备和技术支持；

（4）防范、打击网络犯罪和侵犯网络安全的行为，防止网络安全威胁危机；

（5）网络安全人力资源的咨询、培训和开发；

（6）组织有关网络安全的国际会议、研讨会和论坛；

（7）签署和实施有关网络安全的国际条约和国际协议；

（8）实施有关网络安全的国际合作项目和方案；

（9）其他与网络安全有关的国际合作活动。

3. 公安部向政府负责，主持并配合开展网络安全国际合作，但国防部的国际合作活动除外。

国防部向政府负责，在其管理范围内开展网络安全国际合作。

外交部有责任配合公安部、国防部进行网络安全国际合作活动。

涉及多个部委职责的网络安全国际合作的情形由政府决定。

4. 其他部委和地方在开展网络安全国际合作活动前，必须有公安部的书面参加意见，但国防部的国际合作活动除外。

**第八条　网络安全禁止行为**

1. 禁止利用网络空间进行下列行为：

（1）本法第18条第1款规定的行为；

（2）组织、运作、勾结、教唆、贿赂、欺骗、引诱、培训、训练人员反对越南社会主义共和国的；

（3）歪曲历史、否认革命成就、破坏民族大团结、冒犯宗教、歧视性别和种族的；

（4）发布不实信息引起群众恐慌，损害经济社会活动，妨碍国家机构或公务人员的活动，侵犯其他机构、组织、个人合法权益的；

（5）进行卖淫、社会弊端、人口贩卖活动，发布淫秽、颓废、犯罪信息，破坏民族淳风美俗、社会公德、社会健康的；

（6）教唆、引诱、煽动他人犯罪的。

2. 进行网络攻击、网络恐怖主义、网络间谍、网络犯罪，造成国家安全重要信息系统发生事故、中断、停滞、瘫痪、故障和被攻击、被入侵、被侵占控制权、被破坏。

3. 生产、启用工具、手段、软件或用行动阻碍、扰乱电信网络、互联网、计算机网络、信息系统、信息处理和控制系统、电子手段的运行，传播损害电信网络、互联网、计算机网络、信息系统、信息处理和控制系统、电子手段运行的计算机程序，非法入侵他人的电信网络、计算机网络、信息系统、信息处理和控制系统、数据库和电子手段。

4. 对抗或者阻碍网络安全保护专职力量的活动，非法攻击、解除网络安全保护措施使其失效。

5. 利用或滥用网络安全保护活动侵犯国家主权、利益、安全、社会治安以及机构、组织、个人的合法权益。

6. 其他违反本法规定的行为。

**第九条　网络安全违法行为的处理**

有违反本法规定行为的，根据违法行为的性质和情节轻重，依法予以纪律处分、行政处罚或者追究刑事责任，如造成损失的则依法赔偿。

# 第二章　国家安全重要信息系统的网络安全保护

**第十条　国家安全重要信息系统**

1. 国家安全重要信息系统是指发生事故、入侵、侵占控制权、故障、中断、停止、瘫痪、攻击或破坏时将严重侵害网络安全的信息系统。

2. 国家安全重要信息系统包括：

（1）军事、安全、外交和机要信息系统；

（2）存储和处理国家机密信息的信息系统；

（3）用于存储、保存具有特别重要价值的实物、材料的信息系统；

（4）用于保存对人类和生态环境特别危险的物资和物质的信息系统；

（5）用于保存、制造、管理对国家安全特别重要的物质基础的信息系统；

（6）为中央机构、组织的活动提供服务的重要信息系统；

（7）属于能源、金融、银行、电信、交通运输、自然资源与环境、化工、医疗、文化和新闻领域的国家信息系统；

（8）国家安全重要相关工程、国家安全重要目标中的自动化控制和监测系统。

3. 政府总理颁布和修改、补充国家安全重要信息系统名录。

4. 政府规定公安部、国防部、信息通信部、政府机要局、各职能部委在审定、评估、检查、监督、应对和解决国家安全重要信息系统事故时进行配合。

**第十一条　国家安全重要信息系统的网络安全审定**

1. 网络安全审定，是指对与网络安全有关的内容进行审查和评估，为建立或升级信息系统的决定提供依据的活动。

2. 国家安全重要信息系统的网络安全审定对象包括：

（1）信息系统投资建设项目审批前的前期可行性研究报告、设计施工档案；

（2）审批前的信息系统升级项目。

3. 国家安全重要信息系统的网络安全审定内容包括：

（1）设计应当遵守网络安全的法规和条件；

（2）符合保护、应对和解决事故的方案以及网络安全保护的人员安排。

4. 国家安全重要信息系统的网络安全审定权限规定如下：

（1）公安部网络安全保护专职力量对国家安全重要信息系统进行网络安全审定，但本款第（2）项、第（3）项规定的情况除外；

（2）国防部网络安全保护专职力量对军事信息系统进行网络安全审定；

（3）政府机要局对其下属的机要信息系统进行网络安全审定。

**第十二条　国家安全重要信息系统的网络安全条件评估**

1. 网络安全条件评估，是指在信息系统投入运行和使用前，审查其是否满足网络安全条件的活动。

2. 国家安全重要信息系统应当满足下列条件：

（1）具备保护网络安全的规定、规程和方案，系统运行、管理人员；

（2）能够保障系统组件的设备、硬件、软件的网络安全；

（3）具备监控和保护网络安全的技术措施，自动控制和监控系统、物联网、虚拟系统、云计算、大数据系统、快速数据系统、人工智能系统的保护措施；

（4）具备物理安全的保护措施，包括特殊隔离、防数据泄露、防接收、出入监管。

3. 国家安全重要信息系统的网络安全条件评估权限规定如下：

（1）公安部网络安全保护专职力量对国家安全重要信息系统的网络安全条件进行评估、认定，但本款第（2）项、第（3）项规定的情况除外；

（2）国防部网络安全保护专职力量对军事信息系统的网络安全条件进行评估、认定；

（3）政府机要局对其下属的机要信息系统的网络安全条件进行评估、认定。

4. 国家安全重要信息系统经认定满足网络安全条件后，方可投入运行和使用。

5. 政府对本条第2款作详细规定。

**第十三条 国家安全重要信息系统的网络安全检查**

1. 网络安全检查，是指确定信息系统、信息系统基础设施或信息系统中存储、处理和传输的信息的网络安全现状，以预防、发现、处理网络安全威胁危机，并提出保障信息系统正常运行的方案、措施的活动。

2. 国家安全重要信息系统的网络安全检查应当在下列情况下进行：

（1）在信息系统中启用电子手段和网络信息安全服务时；

（2）当信息系统的现状发生变化时；

（3）年度定期检查；

（4）发生网络安全事故或侵犯网络安全行为时的突发检查，应国家对网络安全的管理要求，网络安全保护专职力量建议排除保密漏洞和缺口的期限届满时。

3. 国家安全重要信息系统的网络安全检查对象包括：

（1）信息系统中使用的硬件、软件和数字化设备系统；

（2）网络安全保护的规定和措施；

（3）信息系统中存储、处理和传输的信息；

（4）信息系统主管对网络安全事故的应对和解决方案；

（5）保护国家机密和防范、打击国家机密经技术渠道泄露、遗失的措施；

（6）从事网络安全保护的人员。

4. 国家安全重要信息系统主管在本条第2款第（1）项、第（2）项、第（3）项规定的情况下，有责任对其管理的信息系统的网络安全进行检查；每年10月前将检查结果以书面形式通知公安部网络安全保护专职力量，或将对军事信息系统的检查结果通知国防部网络安全保护专职力量。

5. 对国家安全重要信息系统的网络安全突发检查，规定如下：

（1）在检查前发生网络安全事故、侵犯网络安全行为的，网络安全保护专职力量应至少提前12小时以书面形式告知信息系统主管；国家对网络安全有管理要求，或网络安全保护专职力量建议排除保密漏洞和缺口的期限届满时,应至少提前72小时以书面形式告知信息系统主管。

(2)网络安全保护专职力量应在自检查完成之日起30日内通报检查结果,发现保密漏洞和缺口的,则应向信息系统主管提出要求,或应信息系统主管建议指导或参与解决。

(3)公安部网络安全保护专职力量对国家安全重要信息系统进行突发检查,但由国防部管理的军事信息系统、政府机要局下属的机要信息系统及其为保护国家机密提供的密码产品除外。

国防部网络安全保护专职力量对军事信息系统进行网络安全突发检查。

政府机要局对其下属的机要信息系统及其为保护国家机密所提供的密码产品进行网络安全突发检查。

(4)国家安全重要信息系统主管有责任配合网络安全保护专职力量进行网络安全突发检查。

6.网络安全检查结果依法保密。

**第十四条 国家安全重要信息系统的网络安全监管**

1.网络安全监管,是指收集和分析情况,确定网络安全威胁、网络安全事故、保密漏洞和缺口、恶意代码、恶意硬件等情况,以进行警报、解决和处理的活动。

2.国家安全重要信息系统主管主持、配合职权网络安全保护专职力量对管理范围内的信息系统进行经常性的网络安全监管;建立网络安全威胁、网络安全事故、保密漏洞和缺口、恶意代码、恶意硬件的自我预警和预警接收机制,并提出紧急应对和解决方案。

3.网络安全保护专职力量对其管理的国家重要安全信息系统进行网络安全监管;对国家安全重要信息系统发生的网络安全威胁危机、网络安全事故、保密漏洞和缺口、恶意代码、恶意硬件进行警报并配合信息系统主管解决、处理风险。

**第十五条 国家安全重要信息系统网络安全事故的应对和解决**

1.国家安全重要信息系统网络安全事故的应对和解决活动包括:

(1)发现和确定网络安全事故;

(2)保护现场,收集证据;

(3)封锁、控制网络安全事故的发生范围,限制网络安全事故造成的损失;

(4)确定救急目标、对象和范围;

(5)核实、分析、评估网络安全事故并进行分类;

(6)制定网络安全事故的应对和解决方案;

(7)核实原因,追溯根源;

（8）依法查处。

2．国家安全重要信息系统主管为其管理的信息系统制定网络安全事故的应对和解决方案；在网络安全事故发生时实施方案并及时向职权网络安全保护专职力量报告。

3．国家安全重要信息系统网络安全事故的应对和解决，应按如下规定调度：

（1）公安部网络安全保护专职力量主持、调度对国家安全重要信息系统网络安全事故的应对和解决，但本款第（2）项、第（3）项规定的情况除外；应要求参加应对和解决国家安全重要信息系统的网络安全事故；发现网络攻击、网络安全事故时通知信息系统主管。

（2）国防部网络安全保护专职力量主持、调度对军事信息系统网络安全事故的应对和解决。

（3）政府机要局主持、调度对其下属机要信息系统网络安全事故的应对和解决。

4．机构、组织和个人有责任应主持、调配单位的要求，参与应对和解决国家安全重要信息系统的网络安全事故。

# 第三章　侵犯网络安全行为的预防和处理

**第十六条　预防和处理含有反越南社会主义共和国宣传，煽动骚乱、破坏安全、扰乱公共秩序，侮辱、诬蔑，违反经济管理秩序内容的网络空间信息**

1．含有反越南社会主义共和国宣传内容的网络空间信息包括：

（1）宣传歪曲、诽谤人民政府的；

（2）心理战，煽动不同民族、宗教和各国人民之间的侵略、分裂和仇恨战争的；

（3）冒犯民族、国旗、国徽、国歌、伟人、领袖、名人和民族英雄的。

2．含有煽动骚乱、破坏安全、扰乱公共秩序的网络空间信息包括：

（1）号召、动员、教唆、威胁、分裂、进行武装活动或使用暴力反对人民政府的；

（2）号召、动员、教唆、威胁、引诱群众聚众闹事，反抗公务人员、阻挠机构和组织活动，造成治安不稳定的。

3．含有侮辱、污蔑内容的网络空间信息包括：

（1）严重侵犯他人名誉、信誉和人格的；

（2）侵犯其他机构、组织和个人的名誉、信誉、人格或损害其合法权益的伪造、虚假信息。

4．含有违反经济管理秩序内容的网络空间信息包括：

（1）关于产品、货物、货币、债券、证券、公债、支票和其他有价票据的伪造、虚假信息；

（2）金融、银行、电子商务、电子支付、货币交易、融资、多层次营销、证券等领域的伪造、虚假信息。

5. 含有引起群众恐慌，损害经济社会活动，妨碍国家机构或公务人员的活动，侵犯其他机构、组织和个人合法权益的网络空间信息。

6. 信息系统主管有责任应网络安全保护专职力量的要求，采取管理和技术措施预防、发现、阻止、删除在其管理范围内含有本条第1款、第2款、第3款、第4款、第5款规定内容的信息。

7. 网络安全保护专职力量和职权机构采取本法第5条第1款第（7）项、第（8）项、第（10）项规定的措施处理含有本条第1款、第2款、第3款、第4款、第5款规定内容的网络空间信息。

8. 电信网络、互联网服务、网络空间增值服务的供应商和信息系统主管，有责任配合职能机构处理含有本条第1款、第2款、第3款、第4款、第5款规定内容的网络空间信息。

9. 组织和个人在网络空间编撰、发布、散布含有本条第1款、第2款、第3款、第4款、第5款规定内容的信息的，应当按网络安全保护专职力量要求清除信息，并依法承担责任。

**第十七条　防范和打击网络间谍，保护属于国家机密、工作机密、商业机密、个人隐私、家庭和私人生活隐私的网络空间信息**

1. 网络间谍行为，侵犯网络空间的国家机密、工作机密、商业机密、个人隐私、家庭和私人生活隐私的行为，包括：

（1）侵占、交易、扣留、故意泄露国家机密、工作机密、商业机密、个人隐私、家庭和私人生活隐私信息，影响机构、组织和个人的名誉、信誉、人格和合法权益的；

（2）故意删除、损坏、遗失、更改在网络空间上传输和存储的国家机密、工作机密、商业机密、个人隐私、家庭和私人生活隐私信息的；

（3）故意更改、取消或停用为保护国家机密、工作机密、商业机密、个人隐私、家庭和私人生活隐私信息而制定和使用的技术措施的；

（4）违反法律规定在网络空间上传国家机密、工作机密、商业机密、个人隐私、家庭和私人生活隐私信息的；

（5）故意对谈话内容进行非法窃听、录音和录像的；

（6）故意侵犯国家机密、工作机密、商业机密、个人隐私、家庭和私人生活隐私的其他行为。

2. 信息系统主管具有以下职责：

（1）检查网络安全，发现、清除恶意代码和恶意硬件，解决保密漏洞和缺口；发现、阻止、处理非法入侵活动或威胁网络安全的其他危机。

（2）开展管理和技术措施，预防、发现和制止在信息系统上进行网络间谍、侵犯国家机密、工作机密、商业机密、个人隐私、家庭和私人生活隐私的行为，并及时删除与该行为有关的信息。

（3）配合、执行网络安全保护专职力量对防范、打击网络间谍、保护信息系统上的国家机密、工作机密、商业机密、个人隐私、家庭和私人生活隐私信息的要求。

3. 编写、储存国家机密信息、文件的机构，有责任根据国家机密保护法的规定，保护在计算机和其他设备上编写、存储或在网络空间交换的国家机密。

4. 除本条第5款、第6款的规定外，公安部具有以下职责：

（1）对国家安全重要信息系统进行网络安全检查，发现、清除恶意代码和恶意硬件，修复保密漏洞和缺口，发现、阻止和处理非法入侵活动；

（2）通信设备、产品、服务和数字设备、电子设备在国家安全重要信息系统中启用前，应当对其进行网络安全检查；

（3）对国家安全重要信息系统进行网络安全监管，发现和处理非法收集国家机密信息的活动；

（4）发现和处理在网络空间非法发布、存储和交换国家机密信息和文件的行为；

（5）根据职能和分配的任务参加研究、生产存储和传输国家机密信息、文件的产品和网络空间信息编码产品；

（6）监察、检查国家机构对网络空间国家机密的保护工作和国家安全重要信息系统主管的网络安全保护工作；

（7）根据本法第30条第2款的规定，组织培训、训练，以提高网络安全保护专职力量对于保护网络空间国家机密、防范和打击网络攻击、保护网络安全的意识和知识。

5. 国防部有责任执行本条第4款第（1）项、第（2）项、第（3）项、第（4）项、第（5）项、第（6）项对军事信息系统规定的内容。

6. 政府机要局有责任组织执行法律规定，对在网络空间上存储、传输的国家机密信息进行密码保护。

**第十八条　防范和打击利用网络空间、信息技术和电子手段违反国家安全法、社会治安法的行为**

1. 利用网络空间、信息技术、电子手段违反国家安全法、社会治安法的行为包括：

（1）在网络空间发布、散布含有本法第16条第1款、第2款、第3款、第4款、第5款规定的内容和第17条规定行为的信息的；

（2）侵占网络空间财产，通过互联网组织赌博、参与赌博，盗窃互联网国际电信费用，侵犯网络空间版权和知识产权的；

（3）伪造机构、组织和个人网站，非法伪造、流通、窃取、交易、收集、交换他人信用卡、银行账户信息，非法发行、提供、使用支付手段的；

（4）宣传、推广、销售法律规定的禁用商品和服务的；

（5）引导他人实施违法行为的；

（6）利用网络空间、信息技术或电子手段违反国家安全法律、社会治安的其他行为。

2. 网络安全保护专职力量有责任防范和打击利用网络空间、信息技术和电子手段违反国家安全法、社会治安法的行为。

### 第十九条　防范和打击网络攻击

1. 网络攻击行为及其相关行为包括：

（1）散布危害电信网络、互联网、计算机网络、信息系统、信息处理和控制系统、数据库和电子手段的计算机程序的；

（2）非法阻碍、扰乱、中断、终止、阻止电信网络、互联网、计算机网络、信息系统、信息处理和控制系统、电子手段的数据传输，致其故障的；

（3）入侵、破坏、侵占在电信网络、互联网、计算机网络、信息处理和控制系统、数据库、电子手段上存储和传输的数据的；

（4）入侵、制造或开发保密漏洞、缺口和系统服务以侵占信息、获取非法利益的；

（5）生产、买卖、交换、赠送具有对电信网络、互联网、计算机网络、信息系统、信息处理和控制系统、数据库和电子手段进行网络攻击性能的工具、设备和软件，以用于非法目的的；

（6）影响电信网络、互联网、计算机网络、信息系统、信息处理和控制系统、数据库和电子手段正常运行的其他行为。

2. 信息系统主管有责任对其管理的信息系统采取技术措施，防范和阻止本条第1款第（1）项、第（2）项、第（3）项、第（4）项、第（6）项规定的行为。

3. 发生侵犯或威胁侵犯国家主权、利益和安全，严重破坏社会治安的网络攻击时，网络安全保护专职力量应当主持、配合信息系统主管、有关组织和个人，采取措施确定网络攻击来源、收集证据；要求电信网络、互联网和网络空间增值服务供应商拦截、过滤信息，制止、排除网络攻击，并充分地、及时地提供相关信息和文件。

4.防范和打击网络攻击的责任规定如下：

（1）公安部主持、配合有关部委预防、发现、处理本条第1款所规定的侵犯或威胁侵犯国家主权、利益和安全，对全国社会治安造成严重危害的行为，但本款第（2）项、第（3）项规定的情况除外；

（2）国防部主持、配合有关部委预防、发现和处理本条第1款对军事信息系统规定的行为；

（3）政府机要局主持、配合有关部委预防、发现和处理本条第1款对政府机要局信息系统规定的行为。

**第二十条　预防和打击网络恐怖主义**

1.国家职权机构有责任依照本法、《网络信息安全法》第29条、反恐怖主义法律的规定采取措施处理网络恐怖主义。

2.信息系统主管应当经常核查、检查其管理的信息系统，以消除网络恐怖主义危机。

3.机构、组织和个人发现网络恐怖主义迹象和行为时，应当及时通知网络安全保护专职力量。通知信息接收机构有责任充分接收有关网络恐怖主义的信息，并及时通知网络安全保护专职力量。

4.公安部主持、配合有关部委，预防、打击网络恐怖主义，采取措施取缔网络恐怖主义源头，处理网络恐怖主义，最大限度地降低其对信息系统造成的后果，但本条第5款、第6款规定的情况除外。

5.国防部主持、配合有关部委，预防、打击网络恐怖主义，采取措施处理针对军事信息系统的网络恐怖主义。

6.政府机要局主持、配合有关部委，预防和打击网络恐怖主义，采取措施处理针对其下属机密信息系统的网络恐怖主义。

**第二十一条　网络安全危险情况的防范和处理**

1.网络安全的危险情况包括：

（1）网络空间出现煽动性信息，存在引发骚乱、扰乱治安及恐怖主义的风险；

（2）攻击国家安全重要信息系统；

（3）大规模、高强度攻击多个信息系统；

（4）意图破坏国家安全重要项目和重要目标的网络攻击；

（5）严重侵犯国家主权、利益和安全，严重损害社会治安以及机构、组织、个人合法权益的网络攻击。

2. 防范网络安全危险情况的责任规定如下：

（1）网络安全保护专职力量配合国家安全重要信息系统主管开展专业技术解决方案，以预防、发现和处理网络安全危险情况；

（2）电信、互联网、信息技术企业和电信网络、互联网、网络空间上增值服务供应商以及有关机构、组织、个人，有责任配合公安部网络安全保护专职力量预防、发现和处理网络安全危险情况。

3. 处理网络安全危险情况的措施包括：

（1）立即开展网络安全的防范和紧急应对方案，阻止、消除或减轻网络安全危险情况造成的损害；

（2）通知有关机构、组织和个人；

（3）收集相关信息，持续跟踪、监管网络安全的危险情况；

（4）分析和评估信息，预测网络安全危险情况造成损害的可能性、影响范围和程度；

（5）停止提供具体区域的网络信息或断开国际网络连接端口；

（6）部署力量和手段制止、消除网络安全危险情况；

（7）国家安全法规定的其他措施。

4. 处理网络安全危险情况的规定如下：

（1）发现网络安全危险情况时，机构、组织和个人应当及时通知网络安全保护专职力量，并立即采取本条第3款第（1）项、第（2）项规定的措施。

（2）政府总理审查、决定，或授权公安部部长审查、决定、处理全国或各地或具体目标的网络安全危险情况。

政府总理审查、决定，或授权国防部部长审查、决定和处理军事信息系统和政府机要局下属的机密信息系统的网络安全危险情况。

（3）网络安全保护专职力量主持、配合有关机构、组织和个人采取本条第3款规定的措施处理网络安全危险情况。

（4）有关机构、组织和个人有责任配合网络安全保护专职力量采取措施阻止和处理网络安全危险情况。

### 第二十二条　网络安全保护斗争

1. 网络安全保护斗争，是指网络安全保护专职力量在网络空间开展维护国家安全、社会治安的有组织的活动。

2. 网络安全保护斗争的内容包括：

（1）掌握国家安全保护活动的相关情况；

（2）防范和打击对国家安全重要信息系统的攻击，保护其稳定运行；

（3）取缔、限制利用网络空间危害国家安全或严重危害社会治安的活动；

（4）为保护国家安全、保障社会治安，主动进攻、停用网络空间目标。

3.公安部主持、配合有关部委实行网络安全保护斗争。

# 第四章　网络安全保护活动

**第二十三条　在中央和地方国家机构、政治组织开展网络安全保护活动**

1.开展网络安全保护活动的内容包括：

（1）建立和完善使用内部计算机网络和连接互联网的计算机网络的规章制度，信息系统网络安全的保障方案，网络安全事故的应对和解决方案；

（2）采用和开展方案、措施和技术，保护管理范围内的信息系统和在信息系统中存储、编写、传输的信息和文件的网络安全；

（3）为干部、公务员、事业单位人员、劳动者组织网络安全知识培训，提高网络安全保护专职力量的网络安全保护能力；

（4）保护公共服务供应，提供、交换、收集机构、组织和个人信息，内部和与其他机构共享信息等活动，以及政府规定的其他活动的网络安全；

（5）投资、建设符合保障信息系统网络安全保护活动开展条件的物质基础设施；

（6）检查信息系统的网络安全，防范和打击网络安全违法行为，应对和排除网络安全事故。

2.机构、组织负责人有责任在其管理范围内开展网络安全保护活动。

**第二十四条　国家安全重要信息系统名录以外的机构、组织的信息系统的网络安全检查**

1.在以下情况下，对未列入国家安全重要信息系统名录的机构、组织的信息系统进行网络安全检查：

（1）存在侵犯国家安全或严重危害社会治安等违反网络安全法的行为的；

（2）应信息系统主管的建议。

2.网络安全检查的对象包括：

（1）信息系统中使用的硬件、软件和数字设备系统；

（2）信息系统中存储、处理和传输的信息；

（3）保护国家机密和防范、打击通过技术手段泄露和遗失国家机密的措施。

3.信息系统主管在发现其管理的信息系统存在网络安全违法行为时，有责任通知公安部网络安全保护专职力量。

4. 公安部网络安全保护专职力量对本条第 1 款规定的机构、组织的信息系统进行网络安全检查。

5. 网络安全保护专职力量在进行检查前,应至少提前 12 小时以书面形式通知信息系统主管。

网络安全保护专职力量应当在自检查完成之日起 30 日内通报检查结果,如发现保密漏洞和缺口,则应当向信息系统主管提出要求,应信息系统主管的建议指导或参与整改。

6. 网络安全检查结果依法保密。

7. 本条规定的网络安全检查的程序和手续,由政府规定。

**第二十五条 国家网络空间基础设施和国际网络接口的网络安全保护**

1. 国家网络空间基础设施和国际网络接口的网络安全保护,应当确保网络安全保护要求与经济社会发展要求的紧密结合;鼓励在越南境内设立国际接口;鼓励组织、个人参与投资建设国家网络空间基础设施。

2. 管理和开发国家网络空间基础设施、国际网络接口的机构、组织和个人具有以下职责:

(1)保护其管理的网络安全;接受国家职权机构对网络安全保护的管理、监督、检查,并执行其要求。

(2)根据建议,为国家职权机构执行网络安全保护任务创造条件并采取必要的专业措施。

**第二十六条 保障网络空间的信息安全**

1. 机构、组织和个人的网站、电子门户或社交网络官网不得提供、发布和传播含有本法第 16 条第 1 款、第 2 款、第 3 款、第 4 款、第 5 款规定内容及其他含有侵犯国家安全内容的信息。

2. 在越南提供电信网络、互联网、网络空间增值服务的国内外企业具有以下责任:

(1)在用户注册数字账户时验证信息;对用户信息和账户保密;应书面要求,向公安部网络安全保护专职力量提供用户信息,为查处网络安全违法行为服务。

(2)自公安部网络安全保护专职力量或信息通信部职权机构提出要求起 24 小时内,制止共享和删除本法第 16 条第 1 款、第 2 款、第 3 款、第 4 款、第 5 款规定的服务信息或由机构、组织直接管理的信息系统,保存系统日志,为在政府规定的时间内查处网络安全违法行为提供服务。

(3)应公安部网络安全保护专职力量或信息通信部职权机构要求,不向或停止向在网络空间上发布含有本法第 16 条第 1 款、第 2 款、第 3 款、第 4 款、第 5 款内容信息的组织、个人提供电信网络、互联网服务和增值业务。

3. 在越南网络空间提供电信网络、互联网、网络空间增值服务的国内外企业，应当在政府规定的时间内，将其所收集、开发、分析、处理的个人信息数据、用户关系数据、越南用户创建数据存储在越南。

本条所规定的外国企业必须在越南设立分支机构或代表处。

4. 政府对本条第 3 款作详细规定。

**第二十七条　网络安全的研究与发展**

1. 网络安全的研究、发展内容包括：

（1）建立网络安全保护的软件和设备系统；

（2）验证网络安全保护的软件和设备是否符合标准以及限制保密漏洞、缺口和恶意软件的方法；

（3）检查所提供的硬件和软件是否正确执行功能的方法；

（4）保护国家机密、工作机密、商业机密、个人隐私、家庭和私人生活隐私的方法，网络空间信息传输保密能力；

（5）确定网络空间传输的信息的来源；

（6）解决威胁网络安全的危机；

（7）建立网络靶场和网络安全试验环境；

（8）提高网络安全意识和技能的技术举措；

（9）网络安全预报；

（10）研究网络安全理论的实践和发展。

2. 有关机构、组织和个人有权研究和发展网络安全。

**第二十八条　提高网络安全的自主能力**

1. 国家鼓励和创造条件，以提高机构、组织和个人的网络安全自主能力，提高生产、检查、评估和鉴定数字设备、网络服务、网络应用的能力。

2. 政府应采取以下措施，提高机构、组织和个人在网络安全方面的自主能力：

（1）促进技术、产品、服务、应用的转让、研究、掌握和发展，保护网络安全；

（2）推进与网络安全相关的新技术和先进技术的应用；

（3）组织网络安全人员的培训、提升和使用；

（4）强化经营环境，改善竞争条件，帮助企业研究、生产保护网络安全的产品、服务和应用。

**第二十九条　网络空间的未成年人保护**

1. 参与网络空间活动的未成年人有权受到保护，享有获取信息、参与社会和娱乐消遣活动、保守个人生活隐私的权利及其他权利。

2. 信息系统主管和电信网络、互联网、网络空间增值服务供应商，有责任监管信息系统和企业业务的信息内容，以免伤害未成年人、侵害未成年人及其权利；禁止共享并且删除含有伤害未成年人、侵害未成年人及其权利内容的信息；及时通报并配合公安部网络安全保护专职力量进行处理。

3. 参与网络空间活动的机构、组织和个人有责任根据本法及未成年人法的规定，配合职权机构保障未成年人在网络空间的权利，禁止含有危害未成年人内容的信息。

4. 机构、组织、家长、教师、监护人和其他有关人员有责任按照未成年人法的规定，保障未成年人权利，保护参与网络空间活动的未成年人。

5. 网络安全保护专职力量和职能机构有责任采取措施，以防范、发现、制止和严正处理利用网络空间危害未成年人、侵犯未成年人及其权利的行为。

# 第五章　保障网络安全保护活动

**第三十条　网络安全保护专职力量**

1. 网络安全保护专职力量由公安部、国防部部署。

2. 在直接管理国家安全重要信息系统的部委、省级人民委员会、机构和组织中部署网络安全保护专职力量。

3. 可以调动组织、个人参与网络安全保护。

**第三十一条　网络安全保护的人员保障**

1. 具备网络安全、网络信息安全、信息技术知识的越南公民是网络安全保护的基础和主要人力资源。

2. 国家具有建设和发展网络安全保护人力资源的项目和计划。

3. 发生网络安全、网络恐怖主义、网络攻击、网络安全事故或威胁网络安全危机等危险情况时，国家职权机构有权决定调动网络安全保护人员。

调动网络安全保护人员的权限、职责、程序和手续应按《国家安全法》《国防法》《人民公安法》及其他有关法律的规定执行。

**第三十二条　网络安全保护专职力量的招募、培训和发展**

1. 满足道德素养、健康和网络安全、网络信息安全、信息技术水平和知识的标准且有意向的越南公民，可被招募加入网络安全保护专职力量。

2. 优先培养和发展高质量网络安全保护专职力量。

3. 优先发展符合国际标准的网络安全培训机构，鼓励国家领域和私人领域、国内和国外之间进行网络安全的联合与合作。

**第三十三条　网络安全知识和业务的教育和培养**

1. 网络安全知识的教育和培养内容应当按照国防安全教育法的规定，纳入学校国防安全教育课程和国防安全知识培养项目。

2. 公安部主持、配合有关部委，为网络安全保护专职力量和参与网络安全保护的公务员、事业单位人员、劳动者组织网络安全业务培训。

国防部、政府机要局为其管理对象组织网络安全业务培训。

**第三十四条　网络安全知识的普及**

1. 国家具有在全国范围内普及网络安全知识、鼓励国家机构、私人组织和个人协调开展网络安全意识教育和提升项目的政策。

2. 部委、机构和组织有责任为其干部、公务员、事业单位人员、劳动者制定和开展普及网络安全知识的活动。

3. 省级人民委员会有责任为地方机构、组织和个人制定和开展普及网络安全知识、提高网络安全意识的活动。

**第三十五条　网络安全保护的经费**

1. 国家机构、政治组织的网络安全保护经费由国家财政预算承担，列入国家年度财政预算计划。国家财政预算经费的管理和使用遵守国家财政预算法律的规定。

2. 在本条第 1 款规定以外的机构、组织的信息系统网络安全保护经费，由该机构、组织自行承担。

# 第六章　机构、组织、个人的责任

**第三十六条　公安部的职责**

公安部对政府负责，对网络安全实行国家管理，除属国防部和政府机要局负责的事项外，公安部具有下列任务和权限：

1. 颁布或向有国家职权颁布机构呈报网络安全法律法规，并指导执行。

2. 制定和提出网络安全保护的战略、主张、政策、计划和方案。

3. 防范和打击利用网络空间侵犯国家主权、利益和安全、社会治安的活动，防范和打击网络犯罪。

4. 保障网络空间的信息安全；建立数字账户注册信息认证机制；警告网络安全威胁

危机,分享网络安全信息。

5.在国家管理内容涉及多个部委的管理范围的情况下,商议、提议政府和政府总理审查、决定实施保护网络安全、防范和处理侵犯网络安全行为的措施中的分配和协调事宜。

6.组织防范和打击网络攻击的演习,应对和解决国家安全重要信息系统网络安全事故的演习。

7.检查、清查、解决投诉和控告,处理网络安全违法行为。

**第三十七条 国防部的职责**

国防部对政府负责,在其管理范围内执行网络安全国家管理工作,且具有下列任务和权限:

1.颁布或向国家职权颁布机构呈报网络安全法律法规,并在其管理范围内指导执行;

2.制定、提出其管理范围内的网络安全保护战略、路线、政策、计划和方案;

3.防范和打击在其管理范围内利用网络空间侵犯国家安全的活动;

4.配合公安部组织防范与打击网络攻击、应对与解决国家安全重要信息系统网络安全事故的演习,开展网络安全保护工作;

5.在其管理范围内,检查、清查、解决投诉和控告,处理网络安全违法行为。

**第三十八条 信息通信部的职责**

1.配合公安部、国防部保护网络安全。

2.配合有关机构组织宣传,驳斥含有本法第16条第1款规定的反越南社会主义共和国的信息。

3.要求电信网络、互联网、网络空间增值服务供应商和信息系统主管删除企业、机构、组织直接管理的服务和信息系统中含有违反网络安全法内容的信息。

**第三十九条 政府机要局的职责**

1.商议和提议国防部部长颁布,或向职权颁布机构呈报网络安全保护密码的法律法规、项目和计划,并在其管理范围内组织执行。

2.保护政府机要局下属的机要信息系统和本法规定其提供的密码产品的网络安全。

3.对密码科技的研究以及密码产品的生产、使用和供应实行统一管理,以保护网络空间上存储、交换的国家机密信息。

**第四十条 各部委和省级人民委员会的职责**

各部委、省级人民委员会在其职权范围内,有责任对其管理的信息和信息系统执行网络安全保护工作;配合公安部执行各部委和地方网络安全的国家管理工作。

### 第四十一条　网络空间服务供应商的责任

1. 在越南提供网络空间服务的供应商负有以下责任：

（1）对其提供的网络空间服务在使用过程中出现的网络安全失效可能性进行警告，并指导执行防范措施。

（2）制定网络安全事故的应急方案和解决办法，立即处理保密漏洞和缺口、恶意代码、网络攻击、网络入侵和其他安全风险；发生网络安全事故时，立即开展相应的应急方案和应对措施，同时按本法规定通知网络安全保护专职力量。

（3）采取技术解决办法和其他必要措施，保障信息收集过程的安全，防止数据暴露、泄露、损坏或丢失的风险；如发生或存在用户信息暴露、泄露、损坏或丢失的事故，应当立即提出应对办法，同时按本法规定通知用户并向网络安全保护专职力量报告。

（4）配合并为网络安全保护专职力量进行网络安全保护创造条件。

2. 在越南提供电信网络、互联网和网络空间增值服务的供应商有责任遵守本法本条第 1 款和第 26 条第 1 款、第 2 款、第 3 款的规定。

### 第四十二条　使用网络空间的机构、组织和个人的责任

1. 遵守网络安全法律的规定。

2. 及时向职权机构和网络安全保护专职力量提供与网络安全保护、网络安全威胁风险和侵犯网络安全行为有关的信息。

3. 执行职权机构对网络安全保护的要求和指示；为机构、组织和责任人创造条件，协助其执行网络安全保护措施。

# 第七章　条款施行

### 第四十三条　施行效力

1. 本法自 2019 年 1 月 1 日起生效。

2. 运行中、使用中的信息系统被列入国家安全重要信息系统名录的，自本法生效之日起 12 个月内，信息系统主管有责任保障其满足网络安全条件，网络安全保护专职力量依照本法第 12 条的规定评估网络安全条件；如需延期则由政府总理决定，但不超过 12 个月。

3. 运行中、使用中的信息系统被补入国家安全重要信息系统名录的，自补充之日起 12 个月内，信息系统主管有责任保障其满足网络安全条件，网络安全保护专职力量依照本法第 12 条的规定评估网络安全条件；如需延期则由政府总理决定，但不超过 12 个月。

本法已于 2018 年 6 月 12 日由越南社会主义共和国第十四届国会第 5 次会议通过。

# 越南社会主义共和国传染病防控法<sup>*</sup>

国会 2007 年 11 月 21 日第 03/2007/QH12 号《传染病防控法》，自 2008 年 7 月 1 日起生效，经过以下修订和补充：

1. 国会 2008 年 6 月 3 日第 15/2008/QH12 号《财产征购、征用法》，自 2009 年 1 月 1 日起生效；

2. 国会 2018 年 11 月 20 日第 35/2018/QH14 号《对 37 部与规划有关的法律中若干条款的修订、补充法》，自 2019 年 1 月 1 日起生效。

根据第 51/2001/QH10 号决议修订、补充若干条款的 1992 年《越南社会主义共和国宪法》，国会颁布《传染病防控法》。

## 第一章 总则

**第一条 调整范围，适用对象**

1. 本法规定传染病防控、边界医疗检疫、抗疫、人类传染病防控工作的保障条件。

对由艾滋病病毒感染引起的人体获得性免疫缺陷综合征（HIV/AIDS）的防控不属于本法调整范围。

2. 本法适用于国内机构、组织、个人及越南境内的国外机构、组织、个人。

**第二条 词语解释**

在本法中，下列词语解释如下：

1. 传染病，是指通过传染病病原体在人与人之间或动物与人之间直接或间接传播的疾病。

2. 传染病病原体，是指可能引发传染病的病毒、细菌、寄生虫和真菌。

3. 疾病传播媒介，是指昆虫、动物、环境、食品和其他携带传染病病原体并可能传播疾病的物体。

4. 传染病患者，是指感染传染病病原体并表现出疾病症状的人。

---

<sup>*</sup> 译者：陶文文，北京外国语大学亚洲学院博士生。

5. 传染病病原携带者，是指携带传染病病原体但没有疾病症状的人。

6. 接触者，是指与传染病患者、传染病病原携带者、疾病传播媒介有过接触并有可能感染疾病的人。

7. 疑似传染病病人，是指接触者或表现出传染病症状但病原体不明的人。

8. 传染病监测，是指持续地、系统地收集与传染病情况和趋势有关的信息，进行分析和解释，为制订计划、有效开展和评估传染病防控措施提供信息。

9. 检验生物安全，是指采取措施减少或消除检验设施内的传染病病原体从检验设施到环境和社会的向外传播风险。

10. 疫苗，是指含有抗原的制剂，可使身体产生免疫反应，用于预防疾病。

11. 医疗生物制品，是指用于预防、治疗和诊断人体疾病的生物来源产品。

12. 免疫状态，是指个人或社会对某种传染病病原体的抵抗程度。

13. 疫情，是指在特定地点的确定时间段内出现感染人数超过正常预期感染人数的传染病的情况。

14. 疫区，是指被职权机构确定为有疫情的地区。

15. 疫情风险区，是指疫区附近地区或出现引发疫情因素的地区。

16. 医疗隔离，是指将传染病患者、疑似传染病病人、传染病病原携带者或可能携带传染病病原体的物体进行隔离，限制疾病的传播。

17. 医疗处理，是指采取使用疫苗、医疗生物制品、医疗隔离、消毒、消灭传染病病原体和疾病传染媒介的措施和其他医疗措施。

**第三条 传染病的分类**

1. 传染病包括以下种类：

（1）A 类包括可以快速传染、大范围散播且死亡率高或病原体不明的特别危险的传染病。

A 类传染病包括小儿麻痹症，甲型 H5N1 禽流感，鼠疫，天花，由埃博拉（Ebola）、拉沙（Lassa）或马尔堡（Marburg）病毒引起的出血热，西尼罗河热（Nile），黄热病，霍乱，由病毒和病原体不明的新发危险传染病引起的严重急性呼吸道感染疾病。

（2）B 类包括可以快速传染并引起死亡的严重传染病。

B 类传染病包括腺病毒病（Adeno），由艾滋病病毒引起的人体获得性免疫缺陷综合征（HIV/AIDS），白喉，流感，狂犬病，百日咳，肺结核病，人体猪链球菌病，阿米巴痢疾（Amibe），细菌性痢疾，腮腺炎，登革热（Dengue）、登革（Dengue）出血热，疟疾，斑疹伤寒，麻疹，手足口病，炭疽病，水痘，伤寒，破伤风，风疹病（Rubeon），病毒性肝炎，脑膜炎球菌病,病毒性脑炎,螺旋体性黄疸,轮状病毒(Rota)腹泻。

（3）C类包括危险性小、传播能力慢的传染病。

C组传染病包括：衣原体,梅毒,蠕虫病,淋病,沙眼,白色念珠菌(Candida Albicans),诺卡菌病(Nocardia),麻风,巨细胞病毒病(Cytomegalo),病毒性疱疹(Herpes),绦虫病,片吸虫病,肺吸虫病,肠吸虫病,恙虫病,立克次体热,汉他病毒(Hanta)出血热,毛滴虫病(Toricomonas),传染性脓疱皮炎,柯萨奇病毒(Coxskie)引起的咽炎、口腔炎、心肌炎,贾第鞭毛虫(Giardia)引起的肠炎,副溶血性弧菌(Vibrio Parahaemolyticus)引起的肠炎和其他传染病。

2. 卫生部部长决定调整和补充本条第1款规定的各类传染病目录。

**第四条　传染病防控的原则**

1. 以疾病预防为主,其中以传染病的通知、教育、大众传播、监测为主要措施。在传染病防控中将医疗专业技术措施与社会和行政措施相结合。

2. 开展传染病防控的跨部门协调和社会动员,将传染病防控活动纳入经济社会发展计划。

3. 公开、准确、及时通报疫情。

4. 主动、积极、及时、彻底开展疫情防控活动。

**第五条　国家的传染病防控政策**

1. 优先、扶持预防医学专业的培训。

2. 优先投资于干部队伍能力提升、传染病检测监测系统、疫苗和医疗生物制品的研究和生产。

3. 扶持、鼓励传染病防控领域的科学研究、专家交流和培训、技术转让。

4. 扶持治疗和护理因职业风险和其他必要情况感染传染病的患者。

5. 对因依法销毁携带传染病病原体的畜禽所造成的损失予以扶持。

6. 动员全社会为传染病防控提供财力、技术和人力贡献。

7. 扩大与国际组织、地区和世界各国的传染病防控合作。

**第六条　传染病防控的国家管理机构**

1. 政府对全国范围内的传染病防控工作实行统一管理。

2. 卫生部对政府负责,对全国范围内的传染病防控工作实行国家管理。

3. 各部委、部级机构在其职权范围内,有责任配合卫生部对传染病防控工作实行国家管理。

4. 各级人民委员会根据政府分级,对传染病防控工作实行国家管理。

**第七条　机构、组织、个人在传染病防控工作中的责任**

1.机构、组织、人民武装单位在被交予的职权范围内，有责任制定和组织落实传染病防控计划；疫情发生时，紧密配合、互相帮助，并遵守和执行抗疫指导委员会的指导和调度。

2.越南祖国阵线及其成员组织有责任宣传、动员人民群众参与传染病防控，参与监督传染病防控法律的实施。

3.国内机构、组织、个人和在越南的外国机构、组织、个人有责任根据本法规定参与传染病防控。

**第八条　禁止行为**

1.故意散播传染病病原体。

2.传染病患者、疑似传染病病人和传染病病原携带者从事法律规定的易传播传染病病原体的工作。

3.隐瞒、不上报或不及时上报法律规定的传染病感染病例。

4.故意对传染病进行虚假上报和通知。

5.区别对待传染病患者，传送与传染病患者有关的负面图像、信息。

6.不开展或不及时开展本法规定的传染病防控措施。

7.不按职权机构和组织的要求执行传染病防控措施。

# 第二章　预防传染病

## 第一节　传染病防控的通知、教育、大众传播

**第九条　传染病防控通知、教育、大众传播的内容**

1.党的传染病防控路线和主张，国家对传染病防控的政策和法律。

2.疾病原因、传染渠道、识别方法和传染病防控措施。

3.传染病对人类健康、生命和国家经济社会发展带来的后果。

4.机构、组织、个人在传染病防控中的责任。

**第十条　传染病防控通知、教育、大众传播的对象**

1.任何人都可以接受传染病防控的通知、教育、大众传播。

2.传染病患者、疑似传染病病人、传染病病原携带者及其家庭成员和疫区、疫情风险区对象可以优先接受传染病防控的通知、教育、大众传播。

#### 第十一条　传染病防控通知、教育、大众传播的要求

1.准确、清晰、易懂、切实、及时。

2.符合对象、文化传统、民族、社会道德、宗教、信仰和风俗习惯。

#### 第十二条　传染病防控通知、教育、大众传播的责任

1.机构、组织、人民武装单位在其职权范围内,有责任开展传染病防控的通知、教育、大众传播。

2.卫生部有责任主持、配合相关机构准确地、及时地提供传染病信息。

3.信息和通信部有责任指导大众信息机构经常开展传染病防控的通知和大众传播,将传染病防控节目纳入其他通知和大众传播节目。

4.教育与培训部有责任主持、配合卫生部、劳动伤兵与社会部、有关部委和部级机构制定传染病防控教育内容,并与其他教育内容相结合。

5.各级人民委员会有责任指导、组织开展面向地方人民群众的传染病防控通知、教育、大众传播。

6.大众信息机构有责任根据信息和通信部规定,为广播电台、电视台的传染病防控通知、教育、大众传播优先播出时刻和时长,为印刷报刊、影像报刊、电子报刊的传染病防控通知、教育、大众传播优先登载版面和位置。在各类大众信息手段上进行的传染病防控通知、教育、大众传播不收取费用,但按照节日单独合同实行或由国内外组织、个人赞助的情况除外。

## 第二节　预防传染病卫生

#### 第十三条　国民教育系统下属教育单位的预防传染病卫生

1.教育单位必须建在干爽、干净、远离污染的高处,有充足的生活用水和卫生设施;教室必须通风、照明充足;教育单位使用的食品必须确保安全的卫生质量。

2.教育单位有责任对学习者进行预防传染病的卫生教育,包括个人卫生、生活劳动卫生和环境卫生。

3.教育单位的医疗单位负责预防疾病的卫生宣传,检查、监测环境卫生、食品卫生安全,并开展传染病防控措施。

4.卫生部部长颁行本条第1款规定的教育单位预防疾病卫生的国家技术标准。

#### 第十四条　净水供应卫生,生活水源卫生

1.净水必须确保符合卫生部部长规定的国家技术标准。

2.净水供应单位有责任采取技术措施,保持环境卫生,自行检查以确保净水质量。

3. 国家职权医疗机构有责任经常检查各单位供应的净水的质量，检查净水供应单位工作人员的定期体检情况。

4. 各级人民委员会有责任组织落实保护、保持卫生，不污染生活水源，为净水供应创造条件。

5. 机构、组织、个人有责任保护、保持卫生，不污染生活水源。

**第十五条　养殖、运输、屠宰、销毁禽畜和其他动物的卫生**

1. 养殖、运输、屠宰、销毁禽畜和其他动物必须确保卫生，不污染环境、生活水源或不散播传染病病原体。

2. 国家职权兽医机构有责任指导组织、个人落实养殖、运输、屠宰、销毁禽畜和其他动物的卫生措施，避免疾病传染人类。

**第十六条　食品安全卫生**

1. 从事食品种植、养殖、采收、捕捞、初加工、加工、包装、保存、运输、买卖的组织和个人有责任确保食品不受传染病病原体感染，并执行食品安全卫生法律的规定。

2. 消费者有权获得食品安全卫生的信息，有责任落实食品安全卫生，充分执行食品安全卫生的指导，上报食物中毒和食源性疾病。

3. 国家食品安全卫生职权机构有责任指导组织、个人采取措施确保食品安全卫生，以防控传染病。

**第十七条　建造卫生**

1. 建造工程时必须遵守卫生部部长规定的国家建造卫生标准。

2. 工业园区、城区、集中居住区、传染病诊疗单位的投资建造项目，必须在职权医疗机构审定健康影响评估报告后，方可建造。

3. 传染病诊疗单位、有传染病病原体传染风险的单位必须根据卫生部部长的规定，与居住区、自然保护区保持环境安全距离。

4. 机构、组织、个人有责任落实建造卫生保障事项。

**第十八条　停放、防腐、埋葬、转移尸体和骸骨的卫生**

1. 死者必须在死亡后 48 小时内埋葬，但按照卫生部部长的规定保存尸体的情况除外；传染病患者或疑似 A 类传染病病人死亡的，尸体必须在 24 小时内进行灭菌并埋葬。

2. 尸体和骸骨的保存、停放、防腐、埋葬、转移事项按照卫生部部长的规定执行。

**第十九条　预防传染病卫生中的其他活动**

1. 机构、组织、个人必须执行居住地、公共单位、生产经营单位、交通方式卫生和处理工业、生活废物的保障措施以及法律规定的其他保障措施，不使传染病发生和蔓延。

2.任何人都有责任做好个人卫生,预防传染病。

## 第三节　传染病监测

**第二十条　传染病监测活动**

1.监测传染病感染、疑似感染和病原携带病例。

2.监测传染病病原体。

3.监测疾病传播媒介。

**第二十一条　传染病监测内容**

1.监测传染病感染、疑似感染和病原携带病例包括地点、时间、感染和死亡的病例,病情,免疫情况,人数主要特点信息及其他必要信息。

紧急情况下,职权医疗机构可以对疑似传染病病人进行抽血检验以监测。

2.监测传染病病原体包括种类、生物学特性和传染源传染方式的相关信息。

3.监测疾病传播媒介包括疾病传播媒介的传染病病原体数量、密度、成分和感染程度的相关信息。

**第二十二条　传染病监测报告**

1.传染病监测报告必须交送至国家职权医疗机构,传染病监测报告的内容包括本法第21条规定的信息。

2.传染病监测报告必须以书面形式执行;紧急情况下,可以通过传真、电子邮件、电报、电话形式报告或直接报告,并在24小时内交送书面报告。

3.传染病监测报告制度包括:

(1)定期报告;

(2)快速报告;

(3)突发报告。

4.国家职权医疗机构接到报告后必须处理并通知报告机构。

5.确认存在疫情时,国家职权医疗机构必须立即报告上级国家职权医疗机构和公布疫情的职权人。

6.卫生部部长对传染病通知、报告制度作具体规定。

**第二十三条　传染病监测责任**

1.各级人民委员会指导、组织落实地方传染病监测。

2.国家职权医疗机构有责任协助同级人民委员会指导医疗单位进行传染病监测。

3.医疗单位有责任落实传染病监测活动。发现存在 A 类传染病病原体环境、A 类传染病患者、疑似 A 类传染病病人、A 类传染病病原携带者时,医疗单位必须通知国家职权医疗机构,开展清洁、杀菌、消毒和其他传染病防控措施。

4. 机构、组织、个人发现疾病或传染病迹象时,有责任通知人民委员会、专业医疗机构或就近的医疗单位。

5. 在传染病监测过程中,检验单位有责任按照职权医疗机构的要求进行检验。

6. 卫生部部长颁行传染病监测的专业技术规定。

7. 农业与农村发展部、自然资源与环境部和其他部委、部级机构在各自国家管理范围内执行任务和行使权限时,如发现传染病病原体有责任配合卫生部进行监测活动。

## 第四节　检验的生物安全

**第二十四条　检验室生物安全保障**

1. 检验室必须确保符合各个级别的生物安全条件,并仅在获得国家职权医疗机构颁发的生物安全标准达标证书后方可进行检验。

2. 政府对检验室生物安全保障作具体规定。

**第二十五条　疾病样本管理**

1. 采集、运输、保存、储存、使用、研究、交换和销毁与传染病患者有关的疾病样本,必须遵守疾病样本管理制度的规定。

2. 只有具备充足条件的单位才可以保管、储存、使用、研究、交换和销毁 A 类传染病的疾病样本。

3. 卫生部部长对本条第 1 款、第 2 款规定的疾病样本管理制度和疾病样品管理单位的条件作具体规定。

**第二十六条　检验室工作人员保护**

1. 与传染病病原体接触的检验室工作人员必须接受专业知识、操作能力的培训,并配备个人防护装备,防止病原体传染。

2. 与传染病病原体接触的检验室工作人员必须执行检验专业技术流程。

## 第五节　预防疾病的疫苗、医疗生物制品的使用

**第二十七条　使用疫苗、医疗生物制品的原则**

1. 使用的疫苗、医疗生物制品必须确保符合《药物法》第 36 条规定的条件。

2. 使用疫苗、医疗生物制品遵循自愿或强制形式。

3. 疫苗、医疗生物制品必须用于正确的目的、对象、时间、种类和使用技术流程。

4. 疫苗、医疗生物制品必须在具备充足条件的医疗单位使用。

### 第二十八条　自愿使用疫苗、医疗生物制品

1. 任何人都有权使用疫苗、医疗生物制品保护自身和社会健康。

2. 国家扶持和鼓励公民自愿使用疫苗、医疗生物制品。

3. 直接参与护理、治疗传染病患者的医师、医护人员以及接触传染病病原体的检验室工作人员可以免费使用疫苗、医疗生物制品。

### 第二十九条　强制使用疫苗、医疗生物制品

1. 位于疫区和前往疫区的有感染传染病风险的人员必须针对有预防疫苗和医疗生物制品的疾病强制使用疫苗、医疗生物制品。

2. 少年儿童、怀孕妇女必须针对《扩大接种计划》中的传染病强制使用疫苗、医疗生物制品。

3. 少年儿童父母或监护人、所有民众有责任在强制使用疫苗、医疗生物制品中执行职权医疗单位的要求。

4. 以下人员免费强制使用疫苗、医疗生物制品：

（1）位于疫区的有感染传染病风险的人员；

（2）被国家职权机构派往疫区的人员；

（3）本条第2款规定的对象。

### 第三十条　组织使用疫苗、医疗生物制品的责任

1. 国家有责任为本法第28条第3款和第29条第4款规定的疫苗、医疗生物制品的使用提供经费保障。

2. 卫生部部长有责任：

（1）颁布本法第29条第1款规定的必须强制使用疫苗、医疗生物制品的传染病目录；

（2）组织落实《扩大接种计划》，并规定必须强制使用疫苗、医疗生物制品的传染病目录以及本法第29条第2款规定的属于《扩大接种计划》对象的少年儿童年龄段；

（3）根据疫情规定强制使用疫苗、医疗生物制品的范围和对象；

（4）规定本法第27条第3款规定的疫苗、医疗生物制品的使用，本法第27条第4款规定的医疗单位的条件；

（5）规定专业咨询委员会的设立、组织和活动，在本条第5款、第6款规定的使用疫苗、医疗生物制品过程中发生事故时检查原因。

3. 省、中央直辖市人民委员会（以下简称"省级人民委员会"）有责任指导组织开展接种、使用疫苗和医疗生物制品。

4. 医疗单位有责任根据卫生部部长的规定在专业范围内接种和使用疫苗、医疗生物制品。

5. 生产、经营、保存疫苗、医疗生物制品的组织和个人以及接种和使用疫苗、医疗生物制品的工作人员在疫苗、医疗生物制品的生产、经营、保管过程中造成过错的，依法承担对疫苗、医疗生物制品使用人造成事故的违规行为的责任。

6. 实行扩大接种时，如发生严重影响被接种人健康或危害其生命的事故的，国家有责任对被接种人进行赔偿。认定过错由生产、经营、保存疫苗、医疗生物制品的组织和个人或者接种疫苗工作人员造成的，则该组织和个人必须依法向国家偿还。

## 第六节　疾病诊疗单位的传染病预防

**第三十一条　疾病诊疗单位的传染病预防措施**

1. 隔离传染病患者。

2. 进行环境灭菌、消毒，并处理疾病诊疗单位的废物。

3. 个人防护、个人卫生。

4. 法律规定的其他专业措施。

**第三十二条　疾病诊疗单位在传染病预防中的责任**

1. 根据各种疾病类型采取适当的隔离措施，对传染病患者进行综合护理。患者不执行疾病诊疗单位隔离要求的，根据政府规定对其采取强制隔离措施。

2. 组织实施环境杀菌、消毒措施和处理疾病诊疗单位的废物。

3. 保障医师、医护人员、患者及其家属的防护服和个人卫生条件。

4. 对直接参与护理、治疗 A 类传染病患者的医师、医护人员进行健康观察。

5. 向同级医疗预防机构通报传染病患者的相关信息。

6. 执行法律规定的其他专业措施。

**第三十三条　医师、医护人员在疾病治疗单位的传染病预防中的责任**

1. 执行本法第 31 条规定的传染病预防措施。

2. 为患者及其家属解答传染病预防措施。

3. 对患者信息保密。

**第三十四条　患者及其家属在疾病诊疗单位的传染病预防中的责任**

1. 患者有责任：

（1）如实汇报病情变化；

（2）遵守医师、医护人员的指示和指导以及疾病诊疗单位的规章制度；

（3）A类传染病患者出院后必须立即向居住地乡、坊、镇医疗单位登记进行健康观察。

2.患者家属有责任执行医师、医护人员的指示和指导以及疾病诊疗单位的规章制度。

# 第三章 边界医疗检疫

### 第三十五条 边界医疗检疫的对象和地点

1.必须进行边界医疗检疫的对象包括：

（1）入境、出境、过境越南的人员；

（2）入境、出境、过境越南的运输工具；

（3）进出口、过境越南的货物；

（4）运输经过越南边界的尸体、骸骨、医学微生物样本、细胞组织、人体器官。

2.边界医疗检疫在各口岸进行。

### 第三十六条 边界医疗检疫的内容

1.本法第35条第1款规定的必须接受边界医疗检验的对象，必须进行医疗申报。

2.医疗检查包括检查医疗相关文件和实际检查。实际检查在被检查对象从疫区出发或经过疫区或被怀疑感染疾病或携带传染病病原体的情况下进行。

3.在已进行医疗检查并发现医疗检疫对象有携带A类传染病病原迹象时，进行医疗处理。接到运输工具所有人申报或有明确证据显示交通工具、乘客、货物有携带A类传染病病原迹象的情况，则该交通工具及其搭载乘客、货物在办理入境、进口、过境手续前，必须隔离进行医疗检查；不执行边界医疗检疫单位的隔离要求的，则采取强制隔离措施。

4.按照本法第二章第三目的规定在口岸地区开展传染病监测活动。

### 第三十七条 开展边界医疗检疫的责任

1.本法第35条第1款第（1）项规定的对象，第35条第1款第（2）项、第（3）项、第（4）项规定的交通工具所有人或其管理人必须进行医疗申报，执行医疗监测、检查、处理措施，并依法缴纳医疗检疫费用。

2.边界医疗检疫单位有责任组织实施本法第36条规定的医疗检疫内容，并开具医疗处理证明书。

3.口岸职能机构有责任在边界医疗检疫工作中配合边界医疗检疫单位。

4.国家职权机构有责任在边界地区传染病防控工作中配合各国有关机构和国际组织。

5.政府对边界医疗检疫作具体规定。

# 第四章　抗疫

## 第一节　公布疫情

**第三十八条　公布疫情的原则、权限、时间和条件**

1.公布疫情的原则如下：

（1）任何疫情都必须公布；

（2）对疫情及疫情结束的公布必须公开、准确、及时且符合权限。

2.疫情的公布权限规定如下：

（1）省级人民委员会主席根据卫生厅厅长建议，公布B类和C类传染病的疫情；

（2）两个以上省份、中央直辖市已公布疫情时，卫生部部长根据省级人民委员会主席建议，公布A类传染病和若干B类传染病的疫情；

（3）疫情发生省际传播、严重影响人类生命健康时，政府总理根据卫生部部长的建议，公布A类传染病的疫情。

3.自接到公布疫情的建议起24小时内，本条第2款规定的职权人对公布疫情事宜作出决定。

4.政府总理对公布疫情的条件作具体规定。

**第三十九条　公布疫情的内容**

1.公布疫情的内容包括：

（1）疫病名称；

（2）疫情发生时间、地点和规模；

（3）疫情发生原因、传播路径、性质、危险程度；

（4）疫情防控措施；

（5）接收、治疗传染病患者的疾病诊疗单位。

2.必须及时向有关机构、组织、个人通报本条第1款规定的内容，以便开展抗疫措施。

**第四十条　公布疫情结束的条件和权限**

1.公布疫情结束的条件包括：

（1）在一定时间段内未发现新增感染病例，且满足政府总理规定的各种疾病的其他条件。

（2）已实行本法第四章第三目规定的抗疫措施。

2.公布疫情职权人有权根据本法第38条第2款规定的职权机构的建议公布疫情结束。

**第四十一条　发布疫情消息**

大众信息机构有责任正确依照国家职权医疗机构提供的内容,在公布疫情和公布疫情结束后准确地、及时地、真实地发布情况信息。

## 第二节　宣布疫情紧急状态

**第四十二条　宣布疫情紧急状态的原则和权限**

1.宣布疫情紧急状态依照以下原则进行:

(1)疫情大范围快速传播,严重威胁人类生命健康和国家经济社会时,必须宣布紧急状态;

(2)宣布紧急状态必须公开、准确、及时和符合权限。

2.国会常务委员会根据政府总理建议颁布宣布紧急状态的决议;国会常务委员会无法立即召开会议的情况下,则由国家主席颁布宣布紧急状态令。

**第四十三条　宣布疫情紧急状态的内容**

1.宣布紧急状态的理由。

2.处于紧急状态的地界。

3.紧急状态开始的日期、时刻。

4.组织施行宣布紧急状态的决议或令的权限。

**第四十四条　解除紧急状态的权限**

疫情被拦截或扑灭时,根据政府总理的提议,国会常务委员会颁布决议或国家主席颁布令解除其宣布的紧急状态。

**第四十五条　发布疫情紧急状态**

1.越南通讯社、越南之声电台、越南电视台、人民报、人民军队报有责任立即全文登载国会常务委员会或国家主席颁布的宣布疫情紧急状态的决议或令、政府总理组织施行国会常务委员会或国家主席颁布的宣布疫情紧急状态的决议或令的决定,及时发布有关紧急状态地界所采取的措施和克服疫情后果情况的信息,全文登载国会常务委员会或国家主席颁布的解除疫情紧急状态的决议或令。

国会常务委员会或国家主席颁布的宣布或解除疫情紧急状态的决议或令必须在机构、组织本部和公共单位进行公开张贴。

2.中央和地方的其他大众信息手段有责任发布宣布、解除疫情紧急状态以及克服疫情后果过程的信息。

## 第三节 抗疫措施

### 第四十六条 成立抗疫指导委员会

1. 公布疫情后必须立即成立抗疫指导委员会。

2. 抗疫指导委员会的组成规定如下：

（1）国家抗疫指导委员会包括医疗、财政、信息通信、外交、国防、公安和其他有关机构的代表。根据公布疫情的地界范围和疫情性质，总理可以自行担任或指定副总理或卫生部部长之一担任指导委员长。卫生部是指导委员会的常务机构。

（2）省、县、乡级抗疫指导委员会包括医疗、财政、信息通信、军队、公安和其他有关机构的代表。抗疫指导委员长为同级人民委员会主席。同级医疗单位是指导委员会的常务机构。

3. 抗疫指导委员会有责任组织执行抗疫措施和克服疫情后果，成立机动抗疫队伍以直接执行急救、治疗和处理疫点的措施。

4. 政府总理对各级抗疫指导委员会的成立、组织和活动权限作具体规定。

### 第四十七条 疫情的申报和报告

1. 发生疫情时，病例或病例和疑似病例的发现人必须在自发现疫情起 24 小时内向就近的医疗机构上报。

2. 发现病例或接到疫病上报时，医疗机构必须向疫情发生地的人民委员会和医疗预防单位报告，尽快组织开展抗疫措施。

3. 卫生部部长对疫情的上报、报告制度作具体要求。

### 第四十八条 组织急救和疾病诊疗

抗疫指导委员会指导采取以下措施，组织为病例和疑似病例进行急救、诊疗：

1. 根据卫生部的诊断和治疗指导，对病例进行分类、初期救治、及时急救。

2. 调动手段、药物、医疗设备、病床、诊疗单位，安排专业医务人员 24 小时不间断值班，随时做好抢救和诊疗准备，为抗疫服务。对 A 类传染病患者予以免费诊疗。

3. 根据疫病的性质、程度和规模，抗疫指导委员会决定采取以下措施：

（1）组织疫区治疗单位接收、抢救患者；

（2）调遣机动抗疫队伍进入疫区，在患者处进行检测、抢救和治疗，将患者转移至诊疗单位；

（3）动员诊疗单位参加抗疫急救、诊疗；

（4）采取其他法律规定的必要措施。

### 第四十九条　组织医疗隔离

1.疫病病例、疑似疫病病人、疫病病原携带者、A 类及若干 B 类疫病病原体接触者必须根据卫生部部长的规定进行隔离。

2.隔离形式包括居家隔离、诊疗单位隔离或在其他地点隔离。

3.疫区医疗单位有责任根据抗疫指导委员会的指导组织隔离。本条第 1 款规定的对象不执行医疗单位的隔离要求的，则根据政府规定采取强制隔离措施。

### 第五十条　疫区卫生、杀菌、消毒

1.卫生、杀菌、消毒措施包括：

（1）环境、水、食品卫生和个人卫生；

（2）对确定或疑似存在疫病病原体的区域进行杀菌、消毒；

（3）销毁动物、食品和其他疾病传染媒介。

2.机动抗疫队伍有责任在抗疫委员会提出要求后立即依照专业标准采取卫生、杀菌、消毒措施。

3.机构、组织、个人有责任根据职权医疗单位的指导执行卫生、杀菌、消毒措施；不自觉执行措施的，医疗单位有权采取强制卫生、杀菌、消毒措施。

### 第五十一条　个人防护措施

1.参加抗疫人员和存在感染风险的人员必须采取以下一项或若干项措施进行个人防护：

（1）个人防护装备；

（2）使用预防疾病的药物；

（3）使用疫苗、医疗生物制品预防疾病；

（4）使用灭菌化学品和防疾病传染媒介的化学品。

2.国家为参加抗疫人员采取本条第 1 款规定的个人防护措施提供保障。

### 第五十二条　疫情期间的其他抗疫措施

1.必要情况下，国家职权机构可以采取以下抗疫措施：

（1）暂停疫区内具有疫病传染风险的公共饮食服务单位的活动；

（2）禁止经营、使用被职权医疗单位确认为疫病传染媒介的食品；

（3）限制人群聚集或暂停疫区公共单位的活动和服务。

2.政府对采取本条第 1 款规定的措施作具体规定。

### 第五十三条　对进出 A 类疾病疫区的监管

1.对进出 A 类疾病疫区的监管措施包括：

（1）限制人员和工具进出疫区，必要时必须进行检查、监测和医疗处理；

（2）禁止存在疫病传染可能的物品、动物、植物、食品和其他货物离开疫区；

（3）对本法第 51 条第 1 款规定的进入疫区人员采取个人防护措施；

（4）其他法律规定的必要措施。

2.抗疫指导委员会在进出疫区的交通枢纽设立检疫卡口点、检疫站，落实本条第 1 款规定的措施。

### 第五十四条　疫情紧急状态下采取的措施

1.在紧急状态下，根据本法第 46 条第 2 款第（1）项的规定成立抗疫指导委员会。

2.在宣布疫情紧急状态的情况下，指导委员会有权：

（1）调动、征用本法第 55 条规定的资源；

（2）设立告示牌、看守站，指引出行，避开疫区；

（3）要求运输工具在驶离疫区前进行检查和医疗处理；

（4）禁止疫区人群聚集以及存在疫病传染风险的其他活动；

（5）禁止非任务人员、工具进入疫区；

（6）组织大范围的消毒、杀毒；

（7）销毁动物、食品以及存在疫病传人风险的其他物品；

（8）采取本章第三目规定的其他措施。

### 第五十五条　为抗疫活动调动资源

1.根据疫病性质、危险程度和危及人民健康的规模，职权人可以调集人员，调动物质基础、医疗设备、药物、化学品、医疗物资、公共服务设施、交通工具及其他资源用于抗疫。对参加抗疫的交通工具依照交通法律予以优先。

2.被调用的财产如归还，必须在归还前进行清洁、杀菌、消毒。

3.政府、各级人民委员会有责任根据本法规定保障抗疫措施的实施条件。

### 第五十六条　抗疫国际合作

1.疫情发生时，根据疫病的性质和危险程度，卫生部部长决定在抗疫活动中开展疾病样本、疫情信息、专业、技术、设备、经费等方面的国际交流合作。

2.在宣布疫情紧急状态的情况下，政府总理呼吁各国、国际组织援助抗疫资源，并配合开展措施，防止疫情传播。

# 第五章 传染病防控的保障条件

**第五十七条 传染病防控单位**

1. 传染病防控单位包括：

（1）医疗预防单位；

（2）传染病诊疗单位包括传染病专科医院，郡、县、县级市、省辖市以上综合医院下属的传染病科和其他具有传染病诊疗任务的医疗单位。

2. 郡、县、县级市、省辖市以上综合医院必须设立传染病科。

3. 卫生部部长对传染病诊疗单位的位置、设计、物质基础条件以及技术、设备、人力作出规定。

**第五十八条 传染病防控工作人员的培训、培养**

1. 国家具有计划和优先对传染病防控工作人员进行业务培训、再培训和培养。

2. 卫生部部长主持配合教育与培训部部长和相关机构、组织负责人，组织对传染病防控工作人员进行业务培训、再培训和培养。

**第五十九条 对传染病防控工作人员和参加抗疫人员的制度**

1. 传染病防控工作人员可以享受行业补贴制度和其他优待制度。

2. 参加抗疫人员可以享受抗疫补贴制度，如被感染疫病可以享受行业风险制度。

3. 在抗疫过程中，参加抗疫人员因英勇救人死亡或受伤的，可以考虑认定为烈士或伤兵，根据优待革命功勋法律的规定享受伤兵同等政策。

4. 政府总理对本条第1款、第2款和第3款规定的制度作具体规定。

**第六十条 传染病防控工作的经费**

1. 传染病防控工作的经费包括：

（1）国家财政预算；

（2）援助资金；

（3）法律规定的其他经费来源。

2. 国家每年为传染病防控活动保障充足、及时的财政预算，传染病防控的财政预算不得用于其他目的。

**第六十一条 防控疫情的国家储备**

1. 国家实行经费、药物、化学品、医疗设备的国家储备用于疫情防控。

2. 建立、组织、管理、调度和使用国家储备用于疫情防控必须按照国家储备法律执行。

### 第六十二条　防控疫情扶持基金

1.疫情防控扶持基金按照法律的规定设立和活动,用于治疗、护理传染病患者和其他疫情防控活动。

2.基金财政来源于自愿捐助、国内外组织和个人赞助。

# 第六章　条款施行

### 第六十三条　施行效力

本法自 2008 年 7 月 1 日起生效。

### 第六十四条　施行指导

政府对本法作具体规定并指导施行。

# 越南社会主义共和国居住法[*]

根据《越南社会主义共和国宪法》，国会颁布《越南社会主义共和国居住法》。

## 第一章 总则

**第一条 适用范围**

本法保障越南社会主义共和国领土范围内越南公民的居住自由权，保障规定居住登记、管理工作，保障公民、机关、组织在居住登记、居住管理方面的权利、义务、责任。

**第二条 词语解释**

本法用词解释如下：

1. 合法居住地是用于生活的场所，公民有所有权或使用权，包括房屋、火车、船舶及其他具备移动能力的交通工具或法律规定的其他居住地。

2. 居住是指公民在县级以下基层行政单位或不设县级以下基层行政单位（以下简称"基层行政单位"）的县级行政区的某一地点生活。

3. 居住数据库是专业数据库，集合公民的居住资讯，在资讯基础设施平台上数字化、储存及管理，根据法律规定与国家居民数据库和其他数据库连接、共享。

4. 居住登记机关是直接进行公民居住登记管理的部门，包括乡、坊、镇派出所，县、郡、县级市、省辖市、直辖市下辖市公安机关。

5. 居住登记是指常住登记、暂住登记、暂离登记、住宿登记、居住信息登记及更改。

6. 住宿是指公民在非常住或非暂住地以外的某一地点停留不超过 30 日。

7. 暂离是指公民在一定时间内暂时离开居住地。

8. 常住地是公民稳定、长期生活并登记常住的地方。

9. 暂住地是公民一定时间内在常住地以外登记暂住的地方。

10. 现居住地是公民经常生活的常住地或暂住地；在没有常住地、暂住地的情况下，现居住地即公民实际生活的地方。

---

[*] 译者：杜雪森，北京外国语大学亚洲学院助教。

**第三条　居住和居住管理原则**

1. 遵守宪法和法律。

2. 保障公民权利、利益，保障国家、群众和社会利益；与坚持保证居住自由、各项公民基本权利和国家建设、发展社会经济、巩固国防安全、保证社会秩序与安全的责任相结合。

3. 居住登记程序、手续需便捷、及时、准确、公开、透明，避免烦琐，居住管理必须保证严格、有效。

4. 居住信息必须依法上传至国家居民数据库、居住数据库；在同一时间内，每一位公民仅可有一个常住地和添加一个暂住地。

5. 所有违反法律的居住登记、管理行为都须依法及时、严明发现和处理。

**第四条　行使公民居住自由权**

1. 公民行使的居住自由权由本法及其他相关法律规定。

2. 行使公民居住自由权仅在以下情况下受到限制：

（1）被职能部门及相关人员提起诉讼禁止离开居住地、被暂时拘留、监禁的；已宣告判刑但暂不执行或已宣告判刑但假释或缓期执行、暂停执行的；宣告判刑缓期执行正处于考验期（thời gian thử thách）的；宣告判刑，禁止居住，受管制或进行社区改造（cải tạo không giam giữ）的；符合提前刑满释放条件正处于考验期的。

（2）被实行社区矫正，移送至强制教育机构、强制隔离戒毒机构、管教所的；需移送至强制教育机构、强制隔离戒毒机构、管教所但缓期执行或暂停执行的；审查期间被管制，决定移送至强制教育机构、强制隔离戒毒机构、管教所的。

（3）患有有传染性疾病对社会具有风险而被隔离的。

（4）职能部门及其工作人员根据防控疫情而规定的隔离地点、区域；根据法律规定，发生紧急情况的地区；未依照本法规定登记进行新常住登记、暂住登记及分户的。

（5）法律规定的其他情况。

3. 行使公民居住自由权仅受法律规定限制。居住自由权的内容、时间的限制根据法院有法律效力的判决书、其他国家职能部门的规定或相关法律规定来实施。

**第五条　保障行使公民居住自由权和居住管理**

1. 国家要出台保障行使公民居住自由权的同步政策和办法。

2. 国家要保障居住登记、管理所需的财政、物质基础、人力资源、先进现代技术投资发展。

**第六条 居住管理国际合作**

越南社会主义共和国根据越南和国际法律，就居住管理展开国际合作；履行与作为其中一员的越南社会主义共和国有关的国际居住条约。

**第七条 居住中严禁以下行为：**

1. 阻碍公民行使居住自由权。

2. 以滥用常住地、暂住地信息为条件限制公民的合法权利和利益。

3. 居住登记、管理工作中送礼、当中间人、受贿。

4. 不接收、推延接收档案、证件、材料、居住登记材料的或有其他骚扰行为，拒绝或不在规定期限内为档案符合居住登记条件的公民进行登记，违反法律规定删除常住登记、暂住登记。

5. 违反法律规定收取、管理、使用居住登记费用。

6. 违反法律规定擅自规定时间、证件（giấy tờ）、材料、样表（biểu mẫu）或伪造（làm sai lệch）居住信息、居住簿册（sổ sách）、档案。

7. 违反法律规定出具或拒绝出具居住证件、居住材料的。

8. 利用居住自由权的行使来侵犯国家利益、组织及个人合法权利和利益的。

9. 居住证件、材料、数据造假；使用虚假居住证件、材料、数据；提供与事实不符的居住信息、证件、材料；谎报条件，档案、证件、材料造假进行常住登记、暂住登记；买卖、租借、抵押、接受抵押或毁坏居住证件、材料。

10. 组织、策划、煽动、教唆、引诱、帮助、胁迫他人违反居住法的。

11. 明知常住登记、暂住登记人未在登记地点生活但仍进行常住、暂住登记。

12. 以牟利为目的同意在自己的居住地让他人进行常住登记、暂住登记或常住登记、暂住登记人未在登记地点生活但仍进行登记。

13. 非法入侵、收集、毁坏、阻碍、中断活动（gián đoạn hoạt động）、更改、删除、传播、提供居住数据库信息的。

# 第二章 公民居住的权利、义务

**第八条 公民居住权利**

1. 根据本法及其他有关法律规定，公民有权选择、决定个人居住地点，有权进行居住登记。

2. 居住数据库中的个人信息、家庭信息有权受到保护，根据法律要求需要提供信息的除外。

3. 有权向国家居民数据库收集个人居住信息；必要情况下，有权受全国范围内不属于本人居住地的居住登记机关确认信息。

4. 个人居住信息有变更或有需求时，有权由居住登记机关在国家居住数据库中更新、变更个人居住信息。

5. 必要情况下，有权要求提供行使个人居住自由权的相关信息、材料。

6. 有权受国家职能部门采取措施保护居住自由权。

7. 有权依法投诉、举报、起诉违反居住法的行为。

**第九条　公民居住义务**

1. 有义务根据本法及其他相关法律的规定进行居住登记。

2. 有义务向职能部门及工作人员完整、准确、及时提供个人居住信息、证件、材料，并对提供的信息、证件、材料负责。

3. 有义务根据费用及手续费的有关法律规定支付居住登记手续费。

**第十条　户主、户口成员居住权利及义务**

1. 共同居住在同一合法居住地且有亲属关系的人包括祖父母、外祖父母、父母、配偶、子女、兄弟姐妹、孙子女可随户口登记为常住或暂住。

2. 不符合本条第 1 款情况的，如符合本法在同一合法居住地常住登记、暂住登记条件的，可一同在户口上进行常住登记、暂住登记。

3. 多个户口可在同一合法居住地进行常住登记、暂住登记。

4. 户主是由全体户口成员一致选举出的具有完全民事行为能力的人；户口成员不具备完全民事行为能力的情况，户主则由全体户口成员一致选出；户口成员无法一致选举出户主的情况，户主由法院决定。

户口只有一个人的情况，则此人为户主。

5. 户主有权利和义务履行、帮助、引导户口成员履行本法规定的居住登记、居住管理和其他规定。

6. 户口成员有权利和义务一致选举出户主，有充分履行居住登记、管理规定的义务。

# 第三章　居住地

**第十一条　公民居住地**

1. 公民居住地包括常住地、暂住地。

2. 无法确定常住地、暂住地的情况，则公民居住地为本法第 19 条第 1 款规定的已确认的现居住地。

### 第十二条　未成年人居住地

1. 未成年人居住地是父母的居住地；如父母居住地不同，则未成年人居住地为与未成年人经常一起生活的父亲或母亲的居住地；不能确定经常生活地点的，则由未成年人父母达成一致；未成年人父母不能达成一致的，由法院决定。

2. 未成年人得到父母或法律规定允许，可不与父母同住。

### 第十三条　被监护人居住地

1. 被监护人居住地是监护人的居住地。

2. 被监护人得到监护人或法律规定允许，可不与监护人同住。

### 第十四条　夫妻居住地

1. 夫妻居住地为夫妻二人经常生活的地方。

2. 经达成一致或根据相关法律规定，夫妻可居住在不同地点。

### 第十五条　在武装力量学习、出差、工作者居住地

1. 军官、下士、士兵、职业士兵、公民、军队文职人员、各人民军队学生、学员的居住地是其工作单位驻地，根据本法规定，军官、下士、士兵、职业士兵、公民、军队文职人员有其他居住地的情况除外。

2. 业务军官、业务下士、专业技术军官、专业技术下士、学生、各人民公安院校学员、义务军官、义务兵、公安工勤人员的居住地是其工作单位驻地，业务军官、业务下士、专业技术军官、专业技术下士、公安工勤人员根据本法规定有其他居住地的情况除外。

3. 本条第1款规定的人员，其条件、档案、在其工作单位驻地的常住登记及暂住登记手续由国防部部长规定，本条第2款规定的人员由公安部部长规定。

### 第十六条　在火车、船舶或其他具备移动能力的交通工具上流动生活、工作人员的居住地

1. 在火车、船舶或其他具备移动能力的交通工具（以下简称"交通工具"）上流动生活、工作人员的居住地是其交通工具登记地，根据本法规定有其他居住地的情况除外。

未登记的交通工具或交通工具登记住所与其经常停泊的地点不重复的，则流动生活、工作人员的居住地为其交通工具经常停泊的地方。

2. 此条具体内容由中央政府规定。

### 第十七条　从事宗教信仰活动人员、儿童、残疾人、居住在宗教信仰活动场所的无居所人员的居住地

1. 从事宗教信仰活动人员、修行人员、神职人员、教会显要人物及在宗教信仰活动场所生活的其他宗教活动人士的居住地是宗教信仰场所，本法规定的其他情况除外。

2. 儿童、特别严重残疾人士、严重残疾人士、生活在宗教信仰活动场所的无栖身之地人员的居住地是宗教信仰活动场所。

### 第十八条 受照顾、抚养、援助人员的居住地

1. 受社会机构照顾、抚养、援助的人员的居住地是社会机构所在地。

2. 受社区照顾、抚养、援助的人员的居住地是照顾人、抚养人的居住地。

### 第十九条 无常住地、暂住地人员的居住地

1. 因不符合常住登记、暂住登记条件而没有常住地和暂住地的人，其住地为其现居住地；没有具体居住地点的情况，则现居住地为其具体生活的基层行政单位。没有常住地、暂住地者须向现住地居住登记机关提供居住信息。

2. 居住登记机关有责任根据国家居民数据库、居住数据库中各通信类院校引导信息登记。

3. 本条第1款规定的人员在国家居民数据库、居住数据库中没有数据的，自收到登记信息之日起，居住登记机关须在30日内进行信息审查、核实；情况复杂的可延长日期但不得超过60日。

4. 本条第1款规定的人员在国家居民数据库、居住数据库中已有数据的，自收到登记信息之日起，居住登记机关须在5个工作日内进行信息审查、核实。

5. 审查、核实后，居住登记机关在国家居民数据库、居住数据库更新公民现住地和其他信息，同时告知登记人信息更新的消息。

6. 更新居住信息的情况，公民须向居住登记机关提交材料，在国家居民数据库、居住数据库对公民信息进行审查、更改；符合本法规定条件的，须办理常住登记、暂住登记手续。

7. 中央政府对本条的具体内容进行规定。

## 第四章 常住登记

### 第二十条 常住登记条件

1. 公民对合法居住地有所有权的，可以在该地进行常住登记。

2. 以下情况经户主和合法房屋所有者同意后，公民可以在自己不具有所有权的房屋进行常住登记：

（1）妻子与丈夫共同居住，丈夫与妻子共同居住，子女与父母共同居住，父母与子女共同居住。

（2）老年人与兄弟姐妹、孙子女共同居住；特别严重残疾人士、不具备劳动能力者、

精神病人或因其他疾病丧失认知能力、行动能力,与祖父母、外祖父母、兄弟姐妹、叔伯、舅舅、姑姑、姨妈、孙子女、监护人共同居住。

（3）未成年人经父母或监护人同意或双亲去世与曾祖父母、祖父母、外祖父母、兄弟姐妹、叔伯、舅舅、姑姑、姨妈同居,未成年人与监护人共同居住。

3.除本条第2款规定的情形外,公民在满足以下条件时可以在合法租赁的住所、借住地进行常住登记:

（1）经合法居住地所有者同意在租赁的住所、借住地进行常住登记并经户主同意与该家庭共同进行常住登记。

（2）保障由各省人民议会决定的最低房屋面积条件,但不得低于8平方米/人。

4.公民在以下任何一种情况下可将常住地登记在有居住条件的宗教信仰活动场所:

（1）从事宗教活动者被授予职位、任职、选举、推举、调动到宗教活动场所的;

（2）信仰活动场所代表人;

（3）经信仰活动场所代表人或信仰活动场所管理委员会同意进行常住登记以在信仰活动场所进行直接管理、组织活动的人;

（4）儿童、特别严重残疾人士、严重残疾人士、无栖身之地者经信仰活动场所代表人或信仰活动场所管理委员会、教主或宗教代表人同意进行常住登记。

5.受社会机构照顾、抚养、援助的人员经机构负责人同意可在该社会机构进行常住登记或经户主及合法居住地所有者同意后将常住登记在照顾人、抚养人家庭户口上。

6.在交通工具上流动生活、工作的人员满足以下条件可以在该交通工具上登记为常住:

（1）是该交通工具所有者或经交通工具所有者同意可在该交通工具上登记为常住。

（2）交通工具须根据法律进行登记、检查;无主交通工具需进行登记、检查的,由交通工具经常停泊地点所在的各基层行政单位人民委员会对其居住使用目的进行核实。

（3）在交通工具未登记或与其经常停泊地点不一致的,由各基层行政单位人民委员会对该交通工具登记经常停泊地点进行核实。

7.未成年人常住登记须获父母、监护人同意,未成年人居住地由法院决定的情况除外。

8.根据本法第23条的规定,公民不得进行新的常住登记,本条第2款第（1）项规定的情况除外。

**第二十一条　常住登记档案**

1.根据本法第20条第1款的规定,常住登记档案包括以下内容:

(1)居住信息更改证明;

(2)证明合法居住地的证件、材料。

2.根据本法第20条第2款的规定,常住登记档案包括以下内容:

(1)居住信息更改证明,其中需标明户主、合法居住地所有者或委托人的同意意见,已有书面同意的除外;

(2)证件、材料要涉及户主亲属、户口成员,已在国家居民数据库、居住数据库上传信息的除外;

(3)证明本法第20条第2款第(3)项规定的其他条件所需的证件、材料。

3.根据本法第20条第3款的规定,常住登记档案包括以下内容:

(1)居住信息更改证明,其中需标明户主、合法居住地所有者或委托人允许租赁、借住,已有书面同意的除外;

(2)租赁合同、借住合同或租赁、借住合法居住地的文件须根据法律规定进行公证或核实;

(3)证明房屋面积符合要求的证件、材料,根据规定进行常住登记。

4.根据本法第20条第4款第(1)项、第(2)项、第(3)项的规定,常住登记档案包括以下内容:

(1)居住信息更改证明;本法第20条第4款第(3)项规定的人群,证明材料中需标注清楚代表人或宗教活动场所管理委员会同意常住登记,已有书面同意的除外。

(2)本法第20条第4款第(1)项规定的从事宗教信仰活动人员、修行人员、神职人员或其他从事宗教活动并能够在宗教活动场所活动的人员所需的证件、材料,本法第20条第4款第(2)项规定的宗教活动负责人所需的证件、材料。

(3)各基层行政单位人民委员会核实宗教活动场所具备居住条件的文件。

5.根据本法第20条第4款第(4)项规定,常住登记档案包括以下内容:

(1)居住信息更改证明,其中需表明宗教活动场所代表人或管理委员会、宗教领袖或代表人统一进行常住登记,已有书面同意的除外;

(2)各基层行政单位人民委员会对本法第17条第2款规定的常住登记人以及对具有居住条件的宗教活动场所的审核文件。

6.根据本法第20条第5款的规定,常住登记档案包括以下内容:

(1)居住信息更改证明;受个人、家庭照顾、抚养者的材料需标明负责照顾、抚养的户主个人合法居住地所有者、负责照顾、抚养的家庭或委托人对进行常住登记的同意意见，已有书面同意的除外。

（2）社会援助机构负责人对受社会援助机构照顾、抚养、援助人的建议材料。

（3）照顾、抚养、援助的证明材料。

7. 根据本法第20条第6款的规定，常住登记档案包括以下内容：

（1）居住信息更改证明；对于常住登记人不是交通工具所有者的需在证明材料中标明交通工具所有者或委托人对进行常住登记的同意意见，已有书面同意的除外。

（2）交通工具登记证和交通工具技术安全及环境安全证或基层行政单位人民委员会对以居住为目的的使用不须登记、检查的交通工具的审核材料。

（3）在交通工具不需登记或交通工具登记地点与其经常停泊的地点不一致的情况下，基层行政单位人民委员会对交通工具经常停泊的地点开具的审核材料。

8. 本条第1款、第2款、第3款、第4款、第5款、第6款、第7款规定的常住登记人是未成年人的，则居住信息更改证明中须标明父母或监护人的同意意见，已有书面同意的除外。

9. 本条第1款、第2款、第3款、第4款、第5款、第6款、第7款规定的常住登记人是保留越南国籍定居国外的越南人的，则在居住登记档案中须具备有效的越南护照；越南护照失效的情况下，则须具备证明越南国籍的证明材料和公安部出入境管理部门的解决常住同意文件。

10. 中央政府对本条规定的各项合法居住地及人身关系证件、材料进行具体规定。

**第二十二条　常住登记手续**

1. 常住登记人个人居住地居住登记机关提交常住登记档案。

2. 接收常住登记档案时，居住登记机关须检查并向登记人开具接收单据；户口补全的情况，则须引导登记人补全档案。

3. 从接收到完整、符合规定的档案之日起，居住登记机关须在7个工作日内在居住数据库审核、更新登记人新常住地信息并通知登记人已更新常住登记信息；拒不登记的情况，则须以文本形式回复并说明理由。

4. 常住登记人迁到其他新的合法居住地并符合常住登记条件的，自满足登记条件起12日内有责任根据本法规定在新居住地进行常住登记。

**第二十三条　不可进行新常住登记的地点**

1. 住处位于禁地，被严禁建设的区域，占用国防、安全、交通、水利、堤防、能源安全走廊的区域，占用技术基础设施工程、已获排名的历史文化遗迹安全界线的区域，已获敲响关于土地坍塌、山洪等隐患的警钟的区域,以及法律规定的其他工程安全区域。

2. 住房面积全部位于占用区域或住房在不满足法律规定的建设条件的区域建设。

3. 住处已接到国家权力机关颁布的土地回收决定和赔偿、辅助及安置方案批准决定;住处是住房,而其部分面积或全部面积正存在与所有权、使用权有关的纠纷、申诉情况。

4. 住处按国家权利机关的决定被没收。作为常住户口所在地的工具已被删除登记或没有按法律规定的技术安全和环保证书。

5. 住处是住房,已收到国家权力机关的拆除决定。

**第二十四条 删除常住登记**

1. 属于以下情况的人将被删除常住登记:

(1)死亡,法院已作出宣布失踪或死亡的决定。

(2)出国定居。

(3)已有按 2020 年《居住法》第 35 条颁布的暂住登记取消决定。

(4)离开常住地 12 个月以上,而没有在其他地方登记暂住或没有申报暂离(出国但不是为了定居或正执行徒刑,正执行送进强制教育单位、强制戒毒中心或强制教养学校的措施的各个场合除外)。

(5)权力机关签发关于退出越南国籍、褫夺越南国籍、被取消加入越南国籍决定。

(6)在租用、借用、寄宿的住处登记常住,但已停止租用、借用、寄宿了 12 个多月,而仍未在新的住处登记常住。

(7)已在合法居住地登记常住,但后来已将该居住地所有权转让给他人,而 12 个月后仍未在新的住处登记常住。

(8)已在租用、借用、寄宿的住处登记常住,但已停止租用、借用、寄宿,但出租、出借、允许住宿的人不同意保留其在该住处的常住登记;已在自己持有所有权的住处登记常住,但后来已将该住处所有权转让给他人,但新的所有者不同意保留其在该住处的常住登记。

(9)在已按国家权力机关的决定拆除、没收的住处或按法律规定删了登记的工具登记常住。

2. 已进行常住登记的部门有权利删除常住登记并在居住数据库注明删除理由及时间。

**第二十五条 分户**

1. 已分户的户口成员在满足以下条件时可在同一住处进行常住登记:

(1)有完全民事行为能力;如多名成员登记在同一户口成立新家庭户口,则各成员中至少须有一人具备完全民事行为能力。

（2）须经户主、合法居住地所有者同意，分户登记的户口成员是已离异的夫妻但仍可以使用该合法居住地的情况除外。

（3）家庭户口常住地不属于本法第23条规定的情况的。

2. 分户档案包括居住信息变更证明，其中要标明户主、合法居住地所有者的同意意见，已有书面同意的除外。

本条第1款第（2）项规定的离婚后分户的情况，则分户档案包括居住信息变更证明、离婚及继续使用该合法居住地的证件、材料。

3. 分户手续办理如下：

（1）分户登记人根据本条第2款的规定将档案交至居住登记机关。

（2）自收到完整、合规的档案之日起，居住登记机关有责任在5个工作日内审核、在居住数据库内更新相关家庭分户信息并通知登记人已更新信息；拒绝办理分户的情况则须用文字形式回复并说明理由。

### 第二十六条　居住数据库中居住信息更改

1. 在以下情况下，可更改公民居住信息：

（1）变更户主；

（2）更改已在居住数据库中保存的户籍信息；

（3）因行政区划变动，行政单位、街道、居民小组、村更名，门牌号编号方式变动的，可在居住数据库中变更居住地址。

2. 本条第1款第（1）项、第（2）项规定的居住信息变更档案包括：

（1）居住信息变更证明；

（2）信息变更证件、材料。

3. 居住信息变更手续办理如下：

（1）本条第1款第（1）项规定的情况，户口成员向居住登记机关提交本条第2款规定的档案。自接收到完整且合规的档案之日起，居住登记机关有责任在3个工作日内在居住数据库中完成户主居住信息变更并通知户口成员已更新信息，拒绝变更的情况需以文字形式通知并说明理由。

（2）本条第1款第（2）项规定的情况，自职能部门决定更改户籍信息之日起30日内，信息变更者根据本条第2款的规定向居住登记机关递交与居住数据库相关的信息变更登记档案。

自接收到完整、合规的档案之日起3个工作日内，居住登记机关有责任在居住数据库更改户籍信息并通知登记人已更新信息；拒绝变更的情况需以文字形式通知并说明理由。

（3）本条第1款第（3）项规定的情况，居住登记机关负责对居住数据库中数据的变更进行调整、更新。

# 第五章  暂住登记、住宿登记、暂离登记

### 第二十七条  暂住登记条件

1. 以劳动、学习或其他目的生活在基层行政单位以外的合法居住地30天以上的公民须进行暂住登记。

2. 最长暂住期限为2年并可多次延长期限。

3. 本法第23条规定的情况，公民不得新登记暂住。

### 第二十八条  暂住登记、延长暂住期限的档案、手续

1. 暂住登记档案包括：

（1）居住信息变更证明；暂住登记人是未成年人的，则须在证明中标明父母或监护人的同意意见，已有书面同意的除外。

（2）合法居住地证明材料。

2. 暂住登记人向计划暂住地的居住登记机关递交暂住登记档案。

接收暂住登记档案时，居住登记机关检查并开具接收登记人档案的单据，档案不完整的则需引导登记人补全档案。

自接收完整且合规的档案之日起3个工作日内，居住登记机关负责在居住数据库中审核、更新登记人的新暂住地、暂住期限信息并通知登记人暂住登记信息已更新；拒绝登记的情况需以文字形式告知并说明理由。

3. 暂住登记期限结束前15日，公民须办理暂住期限延长手续。

暂住期限延长档案、手续根据本条第1款和第2款的规定进行办理。档案审核后，居住登记机关负责在居住数据库中更新登记人新的暂住期限信息并通知登记人暂住登记信息已更新，拒绝登记的情况需以文字形式告知并说明理由。

### 第二十九条  删除暂住登记

1. 属于以下任一情况的删除暂住登记：

（1）死亡，法院已作出宣布失踪或死亡的决定；

（2）本法第35条规定的已有被撤销暂住登记的决定；

（3）连续6月离开暂住地且位置在他处进行暂住登记的；

（4）被职能部门取消越南国籍、剥夺越南国籍、撤回加入越南国籍决定的；

（5）已在暂住地进行常住登记的；

（6）已在租用、借用、寄宿的住处进行暂住登记但终止租用、借用、寄宿且未在他处登记暂住的；

（7）已在合法居住地登记暂住但房屋所有权转让给别人的，但经新所有者同意继续在此生活的除外；

（8）在已按国家职能部门决定进行拆除、没收的住处或按法律规定删除了登记的交通工具登记暂住的。

2. 已进行暂住登记的部门有权删除暂住登记并在居住数据库中说明理由、删除暂住登记时间。

3. 中央政府对档案、暂住登记手续细节进行规定。

**第三十条　住宿登记**

1. 有人住宿时，户口成员、医疗机构负责人、旅游住宿企业及其他有留宿功能的场所有责任向居住登记机关通报住宿信息；到私人、家庭居住地留宿但个人、家庭成员不在居住地的情况，住宿者有责任向居住登记机关通报住宿情况。

2. 住宿通报通过直接通报、电话、电子设备或公安部部长规定的其他工具通报。

3. 住宿登记内容包括住宿者姓名、新版身份证号或旧版身份证号、护照号，住宿理由，住宿时间，住宿地址。

4. 住宿通报在住宿首日 23：00 前完成；住宿时间在住宿首日 23：00 以后的，可在第二日 8：00 前完成通报；祖父母、父母、夫妻、子女、孙子女、兄弟姐妹多次来住宿的，只需通报一次。

5. 住宿通报登记在住宿接待本上。

**第三十一条　暂离登记**

1. 在以下情况中，公民有责任进行暂离登记：

（1）被告人、被告离开现居住基层行政单位范围 1 日及以上，已宣告判刑但暂不执行的或决定执行但在外或缓期执行、暂停执行的，已宣告判刑正处于缓刑考验期的，被执行管制、不关押进行改造的，有条件提前释放正处于考验期的。

（2）离开现居住基层行政单位 1 日及以上，到乡、坊、镇接受教育的；被移送至强制教育机构、强制隔离戒毒机构、教管所但缓期执行或停止执行的；处于移送强制教育机构、强制隔离戒毒机构、教管所手续审核阶段的。

（3）离开现居住基层行政单位连续 3 日及以上，履行义务参军或国家职能部门规定的其他国家义务的。

（4）离开常住基层行政单位连续 12 个月及以上，不属于本款第（1）项、第（2）项、第（3）项规定的，已登记新暂住地或出境的情况除外。

2. 离开居住地前，本条第 1 款第（1）项、第（2）项规定的人须向居住地居住登记机关登记暂离；登记暂离时须递交国家职能部门、管理部门、教育部门的暂离建议和同意书。

居住登记机关有责任引导、审核申报内容。自接收到暂离登记建议之日起 1 个工作日内，居住登记机关向公民开具暂离登记单据；情况复杂的可延长期限，但不得超过 2 个工作日。

3. 本条第 1 款第（3）项、第（4）项规定的情况，可到此人居住地的居住登记机关直接进行暂离登记，或通过电话、电子设备或公安部部长规定的其他工具进行申报。本条第 1 款第（4）项规定的情况为未成年人的，则申报人须是父母或监护人。

4. 暂离登记内容包括申报者姓名、新版身份证号或旧版身份证号、护照号，暂离理由，暂离时间，目的地。

5. 居住登记机关有责任在居住数据库更新公民暂离登记信息并在有需要时通知申报人已更新暂离登记信息。

## 第六章　居住管理责任

### 第三十二条　国家居住管理责任

1. 中央政府在全国范围内对国家居住进行统一管理。

2. 公安部在中央政府进行国家居住管理前负责，并有以下责任：

（1）起草文件并上报政府进行颁布或根据居住法律规定的文件职能颁布。

（2）指导、组织合法居住文件的进行；组织全国居住登记、居住管理工作，在国家居民数据库、居住数据库中更新居住信息。

（3）根据权限终止、撤回或建议有权限的上级撤回违反本法的居住管理规定。

（4）颁行、印发并管理居住信息变更单据及居住相关的证件、材料、表、卷册，配备机器、工具、设备，安排、培训、教育居住管理工作干部。

（5）统计国家居住，统计、科学研究部居住管理，组织居住法律的宣传、普及、教育。

（6）审核、清查、解决举报、起诉，依法处理违反居住法律的行为。

（7）居住管理国际合作。

3. 各部、同部级单位在自身职责、权限范围内，有责任服从中央政府分工进行国家居住管理。

4. 各级人民委员会在自身职责、权限内,有以下责任:

(1)组织起草文件对地方居住法律进行规范;

(2)指导各地部门居住管理合作;

(3)组织居住法律的宣传、普及、教育;

(4)审核、清查、解决举报、起诉,依法处理违反居住法律的行为。

**第三十三条　居住登记机关的责任**

1. 公示行政手续,引导部门、组织、个人、家庭完成居住法律的各项规定,公开地点、电话号码或其他接收住宿申请、暂离登记的联系方式。

2. 在国家居民数据库、居住数据库中更新公民居住信息。

3. 确认居住信息,以文件、短信或公安部部长规定的其他方式通报常住登记手续、暂住登记手续、暂住期限延长、申报信息、居住信息变更、分户、暂离登记。

4. 管理、保存登记档案、证件、材料,居住管理、保密公民居住登记信息。

5. 根据权限调解公民对居住、居住管理的建议、举报、起诉。

**第三十四条　居住登记工作人员**

1. 居住登记工作人员要经过专门的培训、教育,办理业务要符合所接受的任务。

2. 工作时,居住登记工作人员的态度、用语、举止要严肃、谦逊、和蔼;按照本法规定的时间接收、审核相关档案、证件、材料并解决;档案不齐全、不合规的,则通过文件形式进行具体、完整的引导,并在法律面前对引导工作负责。

**第三十五条　撤销常住登记、暂住登记**

部门、个人未按本法规定的权限、对象和条件进行常住登记、暂住登记须承担责任,进行登记工作或上级直管领导进行登记的有责任撤销该项登记。登记机关有责任以文字形式通知登记人并说明理由。

**第三十六条　居住数据库**

1. 居住数据库为服务国际加居住管理而建设,是由公安部统一管理的国家财产。

2. 居住数据库要依法保证与国家居民数据库关联,满足数据库标准和通信技术标准、规定。

3. 收集、保存、处理、保护和开发、使用居住数据需按照以下要求:

(1)应用通信技术收集、保存、处理完整、快速、准确的居住信息,根据数据库系统原则、格式保障数据安全;

(2)保障居住信息、材料存储设备安全;

（3）保护联网计算机网络安全、居住信息安全，保障保存在居住数据库上的信息、材料安全，防范攻击、入侵、窃取信息、破坏居住数据；

（4）每次登录居住数据库更改公民居住信息须有居住登记机关领导或其他职能部门领导批准；

（5）机关、组织、个人不得非法提供、交换、复制、印刷居住数据库信息、材料。

4. 建设、管理、使用居住数据库、居住数据库信息和向机关、组织、个人提供、交换居住数据库的信息、材料的具体内容由中央政府规定。

# 第七章　实行条款

### 第三十七条　修改、补充、终止各类与居住管理相关的法律条文

1. 对第十三届国会 2014 年通过的第 59 号法律《公民身份证法》第 9 条第 1 款进行修改、补充：

1. 接收、更新的信息内容包括：

（1）姓氏、垫字、名（tên khai sinh）；

（2）出生年月日；

（3）性别；

（4）出生所在地；

（5）籍贯；

（6）民族；

（7）宗教；

（8）国籍；

（9）婚姻情况；

（10）常住地；

（11）暂住地；

（12）暂离登记情况；

（13）现居住地；

（14）血型，当公民要求更新和出具本人血型检查结果；

（15）父母、配偶或合法代理人的姓氏、垫字、名、新版身份证号或旧版身份证号、国籍；

（16）家庭成员的姓氏、垫字、名、新版身份证号或旧版身份证号、国籍；

（17）死亡或失踪年月日；

2. 根据第十四届国会 2014 年通过的第 46 号法律、第十三届国会 2015 年通过的第 97 号法律和第十四届国会 2018 年通过的第 35 号法律对第十二届国会 2008 年通过的第 25 号法律《医疗保险法》第 2 条第 7 款进行如下修改、补充:

7. 参加医疗保险家庭(以下简称"家庭")是根据居住法律规定在同一合法居住地点常住登记或暂住登记的人。

3. 终止第十三届国会 2012 年通过的第 25 号法律《首都法》第 19 条第 3 款和第 4 款。

4. 终止第十二届国会 2009 年通过的第 28 号法律《司法履历法》第 45 条第 1 款。

**第三十八条　实行条款**

1. 本法自 2021 年 7 月 1 日起生效实施。

2. 第十一届国会 2006 年通过的第 81 号法律的部分条款已根据第十三届国会 2013 年通过的第 36 号法律进行修改、补充部分,并从本法生效实施之日起失去法律效力。

3. 自本法生效实施之日起,已发放的户口簿、暂住簿仍在使用且同居住确认证件、材料,根据本法规定,于 2022 年 12 月 31 日失效。

户口簿、暂住证与居住数据库信息不一致的则使用居住数据库中的信息。

公民进行居住登记时导致户口簿、暂住簿信息变更的则居住登记机关负责收回已发放的户口簿、暂住证,根据本法规定在居住数据库更改、更新信息,不可新发放、返还户口簿、暂住簿。

4. 中央政府、部委、部级机关和其他有关机关应当审查属于其发布职权范围内的法律文件,其中记载有与户口簿、暂住簿有关的规定或者是否符合本法规定的,限制使用居住地信息是执行行政程序的一个条件。


2020 年 11 月 13 日,第十五届越南社会主义共和国第 10 次会议通过本法。


国会主席

阮氏金银

# 俄罗斯联邦国家秘密法<sup>*</sup>

本法规定了国家机密的保密以及解密相关的内容，以维护俄罗斯联邦的国家安全和利益。

## 第一章　总则

### 第一条　本联邦法的调整范围

本联邦法律的相关规定，对俄罗斯联邦的立法、行政和司法机关，以及联邦法律赋予的在既定国家代表俄罗斯联邦行使国家行政管理权的组织（以下简称"国家机关"）、地方政府、企业、机构具有约束力，不论其组织和法律形式以及所有制形式如何，俄罗斯联邦官员和公民承诺或以其身份遵守俄罗斯联邦法律对国家机密的要求。

### 第二条　本联邦法使用的基本概念

本联邦法使用以下基本概念：

1. 国家秘密是指在军事、外交政策、经济、情报、反情报和搜索活动领域受国家保护，其传播可能会损害俄罗斯联邦安全的信息；

2. 国家秘密的信息载体是物质对象，包括包含国家秘密信息的物理领域，主要形式是符号、图像、信号、技术解决方案和过程；

3. 国家秘密保护系统是指由国家秘密保护机构组成，使用一系列保护国家秘密的手段和方法，为了保护国家秘密而开展活动；

4. 国家秘密的获取是指公民获取构成国家秘密的信息的权利登记程序，以及企业、机构和组织使用这些信息开展工作的程序；

5. 获取构成国家机密的信息是指让特定人员获取由权威官员授权的构成国家机密的信息；

6. 保密条款是指详细说明其载体中包含的信息的保密程度，附在载体本身和（或）其随附文件中；

---

* 译者：卢呈玉，北京外国语大学法学院助教。

7. 信息保护手段是指技术、密码学、软件和其他旨在保护国家机密信息的工具、实施信息保护的手段，以及监测信息保护有效性的手段；

8. 构成国家机密的信息清单是指一组根据联邦法律规定的基础和程序被归类为国家机密，并根据联邦立法规定的理由和方式进行分类的信息类别。

**第三条　俄罗斯联邦国家秘密法**

《俄罗斯联邦国家机密法》是根据《俄罗斯联邦宪法》《俄罗斯联邦安全法》和其他有关保护国家机密的法律法规制定的。

**第四条　公共机关和官员在将信息列为国家秘密并予以保护方面的权力**

1. 联邦议院

对国家秘密领域的关系进行立法规范；

审查联邦预算中用于执行国家机密保护方案的资金的部分；

决定联邦议会办公室内官员的权力，以保护联邦议会内部的国家机密。

2. 联邦总统

批准保护国家秘密领域的国家计划；

根据俄罗斯联邦政府的建议，批准俄罗斯国家秘密保护机构委员会的组成、结构及其规定；

根据俄罗斯联邦政府的提议，批准有权将信息归类为国家机密的国家机关和组织的官员名单、属于国家秘密的员额清单，以及属于国家秘密的信息清单；

缔结俄罗斯联邦关于共同使用和保护构成国家秘密的信息的国际条约；

确定官员在俄罗斯联邦总统办公厅保护国家秘密的权力；

在职权范围内，解决与信息定性、定密、解密和保护有关的其他问题。

3. 俄罗斯联邦政府

组织实施俄罗斯联邦《国家秘密法》；

向俄罗斯联邦总统提交国家秘密保护机构委员会的组成、结构及其规定；

向俄罗斯联邦总统提交有权将信息归类为国家秘密的国家机关和组织的官员名单、属于国家秘密的员额清单以及属于国家秘密的信息清单；

制定一份属于国家机密的信息清单；

为保护国家机密制定和执行国家计划；

赋予官员在俄罗斯联邦政府机关内保护国家机密的权力；

如果联邦法律或俄罗斯联邦总统的规范性法律未规定社会保障或此类社会保障的程序，则为永久享有国家机密的公民和保护国家机密的工作人员建立社会保障制度；

建立确定未经授权泄露国家机密信息所造成的损害程度，以及因信息保密而对信息所有者造成的损害程度的程序；

缔结政府间协议，执行俄罗斯联邦关于共享和保护构成国家秘密的信息的国际条约，决定将其载体转移给其他国家或国际组织的可能性；

在其职权范围内，处理与国家机密定性、解密和保护有关的其他问题。

4. 俄罗斯联邦国家权力机构、俄罗斯联邦主体的国家机关、地方自治机构与位于各自领土内的国家秘密保护机构合作；

确保保护其他国家机关、企业、事业单位和组织向其转交的构成国家秘密的信息及其保密的信息；

根据俄罗斯联邦法律法规的要求，确保其下属企业、机构和组织的国家秘密得到保护；

确定为常年知悉国家秘密的公民及其所属企业、事业单位和组织的国家保密事业单位工作人员提供的社会保障额度；

确保在职权范围内对获知国家秘密的公民采取核查措施；

落实法律规定的措施，限制公民的权利，为知道或可以接触国家秘密信息的人提供社会保障；

向国家权力机关提出关于完善国家秘密保护制度的建议。

5. 司法机关

审理违反俄罗斯联邦国家秘密立法的刑事、民事和行政案件；

为公民、公共机关、企业、事业单位和组织从事与保护国家秘密活动有关的司法保护；

确保在审理这些案件期间保守国家秘密；

确定官员在司法机构中保护国家机密的权力。

# 第二章　国家秘密资料清单

### 第五条　构成国家秘密的信息清单

国家秘密包括：

（1）军事方面的资料：

战略和作战计划的内容，作战局准备和实施作战的文件，俄罗斯联邦武装部队、其他部队、军事编队和联邦法律规定的机构的战略、作战和动员部署关于防御、战斗和动员准备以及资源的创建和使用的内容；

俄罗斯联邦武装部队和俄罗斯联邦其他部队的建设计划、武器和军事装备的发展方向、实施目标计划的内容和结果,以及武器和军事装备的制造和现代化的研发工作;

核弹及其部件的开发、生产、储存,用于核弹药的可裂变核材料,保护核弹药免遭未经授权使用的技术手段和(或)方法,以及具有防御重要性的核电力和特殊物理装置;

作战使用武器和军事装备的性能特征和可能性,关于生产新型火箭燃料或军用炸药的特性、配方或技术;

部署、任命、准备程度、隐秘性以及特别重要物品的设计、建造和运营,以及重要物品的土地、矿藏和水域资源分配。

(2)经济、科学和技术领域的信息:

俄罗斯联邦及其个别地区可能的军事行动准备计划的内容,该行业制造和维修武器和军事装备的动员能力、生产量以及交付量,库存战略性原材料和物资种类,以及国家物资储备的部署、实际规模和使用情况;

利用俄罗斯联邦的基础设施来保障国家的防御能力和安全;

民防部队力量和数量,行政控制对象的部署、使命和保护程度,确保人口安全的程度,以及俄罗斯联邦以确保国家安全为目的的通信;

国防订单的规模和计划(任务),武器的生产和供应(现金或实物),军事装备和其他产品、产量的增长能力,企业合作,上述武器、军事装备和其他国防产品的开发商或制造商;

具有重要的国防或经济意义、影响国家安全的科学技术成就、研究成果、实验设计、项目工作和技术;

铂、铂族金属、天然钻石在俄罗斯联邦贵金属和宝石国家基金以及俄罗斯联邦中央银行中的储量,以及俄罗斯联邦战略矿产的底土储量、开采、生产和消费量(根据俄罗斯联邦政府确定的清单)。

(3)外交政策和经济领域的信息:

过早传播可能会损害国家安全的俄罗斯联邦的外交政策和对外经济活动;

过早传播可能会损害国家安全的对外金融政策(一般性外债指标除外)以及金融或货币活动。

(4)情报、反情报和行动搜索活动领域以及反恐领域和确保已决定对其实施国家保护措施的人的安全领域的信息:

关于情报活动、反情报活动、侦查活动和打击恐怖主义活动的武装力量、手段、来源、方法、计划和结果披露了上述信息的数据;

关于确保已决定对其实施国家保护措施的人的人身安全活动的武装力量、手段、来源、方法、计划和结果披露了上述信息的数据;

关于与开展情报活动、反情报活动和行动搜索活动的机构在保密的基础上合作或协作的人;

关于披露了确保国家保护对象安全的力量、手段和方法,以及有关资助该活动的信息的数据;

关于总统、政府及加密系统,包括加密和机密通信,关于密码,密码的开发、生产及其提供,关于分析加密手段和特殊保护手段的方法和工具,关于特殊的信息和分析系统目的;

关于保护机密信息的方法和手段;

保护国家秘密的组织和实际情况;

保护俄罗斯联邦国家边界、专属经济区和俄罗斯联邦大陆架;

确保俄罗斯联邦国防、国家安全和执法活动的联邦预算支出;

为确保国家安全而提供开展培训活动;

确保保护俄罗斯联邦关键设施和潜在危险基础设施免受恐怖主义行为侵害的措施;

针对可能参与恐怖活动的组织和个人获取的财务监测结果;

确保俄罗斯联邦关键信息基础设施安全的措施及其免受计算机攻击的保护状态。

## 第三章　列入国家秘密的信息的保密

**第六条　将信息列为国家秘密和保密的原则**

将信息列为国家秘密及其保密是本法规定的关于国家机密的构成、对其传播的限制和对其载体的访问的规定;

信息的归属和保密按照合法、有效、及时的原则进行;

将信息列为国家秘密及其分类的合法性是基于机密信息是否符合本法第 5 条和第 7 条的规定以及俄罗斯联邦关于国家秘密的立法;

根据国家、社会和公民的基本利益平衡,国家机密及其保密的有效性需要专家评估;

与国家机密相关的及时处理和保密是在收到(开发)或提前发布这些信息时限制其传播。

**第七条　不属于国家秘密和机密的信息**

下列信息不属于国家秘密和机密:

威胁公民安全和健康的紧急情况和灾害及其后果,以及关于自然灾害的官方预测和后果；

医疗保健、卫生、人口、教育、文化、农业以及犯罪状况；

国家给予公民、官员、企业、事业单位和组织的特权、补偿和社会保障；

侵犯公民权利和自由的事实；

俄罗斯联邦黄金储备和国家外汇储备规模；

俄罗斯联邦高级官员的健康状况；

公共当局及其官员的违法事实；

构成有关环境状况的信息（环境信息）。

决定对所列信息进行分类或者将其纳入国家秘密信息载体的，应当根据对社会、国家和公民造成的物质和精神损害承担刑事、行政或者纪律责任，公民有权向法院上诉此类决定。

**第八条　信息的保密程度和信息载体的保密批注**

构成国家秘密的信息的保密程度必须与传播该信息可能对俄罗斯联邦安全造成的损害的严重程度相适应。

建立构成国家秘密的信息的三个保密等级，对特定信息的载体，分别设置了与这些保密等级相对应的分类，即"特别重要""绝密""秘密"。

由俄罗斯联邦政府确定因传播构成国家秘密的信息而可能对俄罗斯联邦安全造成的损害程度的程序，以及将所述信息分类为一种或另一种保密程度的规则。

不允许使用所列分类对不属于国家秘密的信息进行分类。

**第九条　将信息列为国家机密的程序**

信息归属于国家秘密，按照行业、部门或者项目对象，依照本法的规定进行。

根据信息分类原则将信息归类为国家秘密并分配给接收（开发）该信息的国家机关、企业、机构和组织。

国家秘密信息由有关国家机关领导根据本法规定的国家秘密信息清单，由经俄罗斯联邦总统批准的国家秘密信息授权官员名册中的官员执行。这些人对他们作出的将特定信息列为国家机密的决定承担个人责任。

为贯彻落实国家在信息保密领域的统一政策，保护国家秘密部门间委员会根据国家有关部门的建议，根据《构成国家秘密的信息目录》，制定了《保密信息目录》。此列表载明有权处置此信息的国家当局。指定清单由俄罗斯联邦总统批准，可公开发布，并根据需要进行修订。

国家主管部门有权将信息列为国家秘密，根据《保密信息清单》，制定详细的保密信息清单。机构拥有处置清单中包括的信息以及确定它们的保密程度的权利。作为武器和军事装备的开发和现代化、实验设计和研究工作的目标计划的一部分，根据这些样品和作品的客户的决定，可以制定单独的分类信息列表。这些名单将得到有关国家元首当局的批准。对此类列表进行分类是否方便取决于其内容。

**第十条　俄罗斯联邦企业、机构、组织和公民对其分类信息的财产权的限制**

依照本法第 9 条规定的方式被授予国家秘密信息保密权的工作人员，有权决定对企业、事业单位、组织和公民拥有的列为国家秘密的信息清单中列出的信息进行保密。特定信息的分类是根据信息所有者或国家有关部门的建议进行的。

因信息分类而对信息所有者造成的物质损失，应由国家按照将信息转让给其处置的国家当局与其所有者之间的协议确定的金额予以赔偿。协议还规定了信息所有者防止信息扩散的义务。如果信息所有者拒绝签署协议，根据现行立法，他将被追究未经授权传播构成国家秘密的信息的责任。

信息所有者有权就信息所有者认为侵犯其权利的官员的行为向法院提出上诉。如果法院认定官员的行为是非法的，则对信息所有者造成的损害的赔偿程序由法院根据适用法律的决定确定。

如果外国组织和外国公民在不违反俄罗斯联邦法律的情况下接收（开发）该信息，则其对信息的财产权不得受到限制。

**第十一条　信息及其载体的分类程序**

对因国家机关、企业、事业单位和组织的管理、生产、科学和其他类型的活动而接收（开发）的信息进行分类的依据是其是否符合需要分类的信息清单。当这些信息被分类时，其载体被分配一个适当的保密标记。

如果无法将接收（开发）信息与当前列表中包含的信息进行识别，国家机关、企业、事业单位和组织的官员有义务确保接收（开发）信息的初步分类符合预期保密程度，并于 1 个月内送达官方。批准指定名单的人，提出增加（变更）的建议。

批准当前清单的官员有义务在 3 个月内组织对收到的提案进行专家评估，并决定补充（更改）当前清单或删除先前分配给信息的分类。

**第十二条　构成国家秘密的信息载体明细**

构成国家秘密的信息载体应当提供包括下列资料的明细：

关于载体中包含的信息的保密程度，参考本公共机关、本企业、本机构和组织中的机密信息清单的相关段落；

关于国家机关、企业、机构、组织中保守国家秘密的人；

关于注册号；

信息解密的日期或条件，或何种事件发生后信息将被解密。

如果构成国家秘密的信息的载体不能适用这些细节，这些数据应在该载体的随附文件中注明。

如果载体包含具有不同保密程度的组成部分，则为其中的每个组成部分分配适当的保密等级，并且为整个媒体分配一个保密等级，该保密等级与分配给其具有最高保密程度的组成部分的保密等级相对应。

除了本条中列出的详细信息外，载体和（或）随附的文件中可能会附加其他标记，以定义官员熟悉该载体中包含的信息的权力。附加标志和其他细节的类型和程序由俄罗斯联邦政府批准的规范性文件确定。

# 第四章　信息及其载体解密

### 第十三条　信息解密程序

信息及其载体的解密——取消以前根据本法规定的程序对传播和接触构成国家秘密的信息以及其载体的限制。

解密信息的理由是俄罗斯联邦承担在俄罗斯联邦公开交换构成国家机密的信息的国际义务。

客观情况发生变化时，不宜对构成国家秘密的信息进一步保护。

有权将信息列为国家秘密的国家主管部门有义务定期（但不少于每5年）审查政府机关、企业、机构和组织部分信息分类的有效性及其对先前确定的保密程度的遵守。

构成国家秘密的信息的保密期限不得超过30年，在特殊情况下，该期限可以在保护国家秘密部门间委员会结束后延长。

国家机关、企业、事业单位和组织中现行的保密信息清单的变更权属于批准该清单的国家机关领导，并由其对信息解密决定的有效性承担个人责任。上述领导人有关修改国家秘密信息清单的决定，须经部门间国家秘密保护委员会同意，该委员会有权中止决定和上诉。

### 第十四条　构成国家秘密的信息载体的解密程序

对构成国家秘密的信息载体进行解密的，应当不迟于其保密规定的期限。在这些条款到期之前，如果国家权力机构、企业、机构和组织的规定发生变化，则应予以解密。

在特殊情况下，根据专家委员会规定以及国家机密信息载体最初规定的保密期限，任命有权将有关信息纳入国家机密的政府主管。

公共机关、企业、事业单位和组织的负责人有权对下属官员不合理分类的信息载体进行解密。

若基金创建者或其合法继承人授权，则俄罗斯联邦国家档案馆的负责人有权解密这些档案馆中存储的构成国家机密的信息载体。在组织清算时，基金创建者且其合法继承人缺席的情况下，国家秘密保护部门委员会将审议对构成国家秘密的信息载体进行解密的程序问题。

**第十五条　满足俄罗斯联邦公民、企业、机构、组织和国家当局对信息解密的要求**

俄罗斯联邦公民、企业、事业单位、组织和公共机关有权向公共机关、企业、事业单位、组织（包括国家档案馆）申请解密属于国家机密的信息。

收到请求的国家机关、企业、事业单位、组织，包括国家档案馆，有义务在 3 个月内予以考虑，并就其请求作出合理答复。如果他们无权解决其请求的问题，则在收到请求之日起 1 个月内，将请求移交具有此类权力的国家当局，向国家秘密保护部门委员会通报，并通知提出请求的俄罗斯联邦公民、企业、机构、组织和国家机关。

根据适用法律，官员拒绝审议提出请求的案情需要承担行政（纪律）责任。

对信息列为国家秘密有异议的可以向法院提出上诉。如果法院认为该信息无须保密，该信息将按照本法规定的程序予以解密。

# 第五章　构成国家秘密的信息的处置

**第十六条　公共机关、企事业单位、组织相互传递构成国家秘密的信息**

不属于从属关系、不共同工作的国家机关之间相互传递构成国家秘密的信息的，由企业事业单位、组织按照本法第 9 条的规定经掌握该信息的国家机关批准后进行。

国家机关、企业、事业单位和组织获取构成国家秘密的信息，有义务创造条件，保证对这些信息的保护。其领导人对不遵守有关构成国家机密的信息的限制负个人责任。

向国家机关、企业、事业单位和组织转移构成国家秘密的信息，必须具备本法第 27 条规定的条件。

**第十七条　通过合作和其他工作传递国家机密信息**

向企业、事业单位、组织或公民传输与执行联合工作和其他工作有关的构成国家秘密的信息，由这些工作的客户在国家主管部门的许可下进行，该主管部门根据第 9 条的规定并且仅在执行这些任务所必需的范围内拥有相关信息。同时，在转移构成国家秘密的信息之前，客户有义务确保企业、事业单位或组织具有使用适当保密程度的信息开展工作的许可，并且公民有适当的安全许可。

企业、事业单位或组织,包括非国家所有制形式,在开展联合工作和其他工作(接受政府命令)时,需要使用构成国家秘密的信息时,可以与国有企业、事业单位签订协议或组织使用其下设机构的服务保护国家秘密,并在缔约双方使用构成国家秘密的信息开展工作的许可证中作出相应说明。

以法律规定的方式订立的联合工作和其他工作合同规定了双方在工作期间和完成后确保构成国家秘密的信息安全的相互义务,以及对构成国家秘密的保护信息的工程(服务)进行融资的条件。

根据双方签订的协议的规定,将联合工作和其他工作中保护国家秘密的有效性的控制组织分配给这些工作的客户。

承包方在联合等工作中违反国家秘密义务的,客户有权暂停执行订单,直至违法行为消除,屡次违法的,客户有权提出取消使用构成国家机密的信息开展工作的命令和许可,以及对责任人依照法律追究刑事责任。同时,承包商对客户所代表的国家造成的物质损失,按照适用的法律予以赔偿。

**第十八条 向其他国家或国际组织转移构成国家秘密的信息**

向其他国家或国际组织转移构成国家秘密的信息的决定由俄罗斯联邦政府在国家秘密保护部门委员会就转移该信息的可能性提出专家意见的情况下作出。

**第十九条 变更法律关系主体职能时对构成国家秘密的信息的保护**

掌握构成国家秘密信息的国家机关、企业事业单位和组织,因使用构成国家秘密信息的职能、所有制形式发生变化、清算或者终止工作的,有义务采取措施确保对这些信息及其载体的保护。同时,对构成国家秘密的信息载体,按照规定程序销毁、移交备案或者转移:

拥有构成国家秘密信息的公共机关、企业、机构或组织的合法继任者,如果该继任者有权使用指定信息开展工作;

向根据本法第9条的规定掌握相关信息的公共机关;

在保护国家秘密部门间委员会的指导下,向其他公共机关、企业、机构或组织提供。

## 第六章 保护国家秘密

**第二十条 国家秘密保护机构**

保护国家秘密的机关包括:

保护国家秘密部门间委员会。

在安全领域获得授权的联邦执行机构、在国防领域获得授权的联邦执行机构、在外国情报领域获得授权的联邦执行机构、在反技术情报和技术保护领域获得授权的联邦执行机构信息及其领土当局。

保护国家秘密的机关、企业、事业单位和组织及其结构单位。

保护国家秘密部门间委员会是一个合议机构，协调国家机关保护国家秘密的活动，以制定和实施确保俄罗斯联邦法律实施的文件关于国家机密的国家计划、法规、方法和文件。国家秘密保护部门委员会的职能及其超部门权力根据俄罗斯联邦总统批准的国家秘密保护部门委员会条例执行。

在安全领域获得授权的联邦执行机构、在国防领域获得授权的联邦执行机构、在外国情报领域获得授权的联邦执行机构、在反技术情报和技术保护领域获得授权的联邦执行机构信息及其属地机构，根据俄罗斯联邦法律赋予的职责组织和确保国家秘密的保护。

国家机关、企业、事业单位和组织按照分配给他们的任务和权限，确保对构成国家秘密的信息的保护。国家机关、企业、事业单位、团体组织对国家秘密信息的保护工作，由其负责人负责。国家机关、企业、事业单位、团体的领导根据使用构成国家秘密的信息的工作范围，设立保护国家秘密的机构，其职能由其按照国务院批准的条例确定，经俄罗斯联邦政府批准，并考虑到他们开展的工作的具体情况。

保护国家秘密是公共机关、企业、事业单位或组织的主要活动。

### 第二十条（A）　获取国家秘密的特别程序

允许联邦委员会成员、国家杜马代表、行使职权期间的法官以及在涉及国家秘密信息的案件中作为辩护人参加刑事诉讼的律师获取国家秘密信息未采取本法第 21 条规定的核查措施的。

这些人被警告不要泄露他们因行使权力而获知的国家秘密，并在泄露的情况下追究他们的责任。

在这种情况下，国家机密的安全通过联邦法律规定这些人的责任得到保障。

### 第二十一条　官员和公民接触国家秘密

俄罗斯联邦官员和公民对国家机密的接触是在自愿的基础上进行的。

按照俄罗斯联邦政府规定的方式允许双重国籍者、无国籍人以及外国公民、移民和再移民者接触国家机密。

允许官员和公民接触国家秘密的规定：

对国家承担不传播其委托的信息的义务，构成国家秘密；

同意根据本法第 24 条对其权利进行部分、暂时的限制；

书面同意授权机构进行与他们有关的核查活动；

确定本法规定的社会保障的种类、数额和程序；

熟悉俄罗斯联邦关于国家秘密的立法规范，规定违反国家机密的责任；

国家机关、企业、机构或组织的负责人通过关于允许被登记人接触构成国家秘密的信息的决定。

对担任职务清单规定职务的人员，在任职期间被视为属于国家秘密的，按照本条第3款规定的措施执行。

验证活动的范围取决于允许注册人获得的信息的保密程度，核查活动根据俄罗斯联邦法律进行。开展核查活动的目的是查明本法第22条规定的事由。

对长期保守国家秘密的官员和公民，建立下列社会保障：

工资的百分比奖金取决于他们可以访问的信息的保密程度。

向承认国家秘密的官员和公民支付利息附加费，见凭证。

在其他条件不变的情况下，在公共当局、企业、机构和组织开展组织和（或）员工活动时继续工作的优先购买权。

对保密单位工作人员，除为知悉国家秘密的官员和公民提供长期社会保障外，还按在单位工作年限的工资制定一定比例的奖金。

管理部门和注册人的相互义务反映在雇佣合同中，不得在主管机关检查结束前订立劳动合同。

确立了官员和公民获取国家秘密的三种形式，对应于构成国家秘密的信息的三个保密程度：对特别重要的信息、绝密信息或秘密信息。官员和公民能够接触到高度保密的信息，是他们接触到保密程度较低的信息的基础。

重新公布公民接触国家秘密的条件和程序由俄罗斯联邦政府批准的规范性文件规定。

在宣布进入紧急状态的情况下，允许官员和公民泄露国家机密的程序可以由俄罗斯联邦总统更改。

### 第二十二条　拒绝官员或公民接触国家机密的理由

拒绝官员或公民接触国家秘密的理由可能是：

根据已生效的法院判决承认其无行为能力或限制行为能力，在因玩忽职守或故意犯罪的刑事案件中具有被告人（被告）地位，对这些罪行有未决或未消除的定罪，以非改过自新的理由终止针对他的刑事案件（刑事诉讼），如果此类刑事案件（刑事诉讼）终止之日期限尚未届满，等于对这些罪行追究刑事责任的时效。

根据在医疗保健和社会发展领域授权的联邦执行机构批准的清单，存在使用构成国家机密信息的反证。

本人和（或）其近亲属在国外的永久居留权和（或）上述人员办理离境到其他国家永久居留的文件登记。

将其列入履行外国代理人职能的自然人名单，或通过核查措施确定被登记人对俄罗斯联邦安全构成威胁的行为。

规避考核措施和（或）故意向他们传达虚假的个人数据。

拒绝官员或公民接触国家秘密的决定，由国家机关、企业、事业单位或组织的负责人根据核实活动的结果，以个人为基础作出。公民有权对该决定向上级组织或法院提出上诉。

**第二十三条　终止官员或者公民泄露国家秘密的条件**

国家机关、企业、事业单位、组织的负责人可以决定终止公职人员或者公民泄露国家秘密：

因组织和（或）员工活动而终止与他的雇佣协议（合同）；

违反劳动合同（合同）规定的与保护国家秘密有关的义务；

有本法第22条规定可以拒绝让官员或者公民接触国家秘密的情形的。

如果雇佣协议（合同）中规定了此类条件，则终止官员或公民接触国家机密是终止与他的雇佣协议（合同）的附加依据。

终止接触国家秘密并不免除官员或公民不披露构成国家秘密的信息的义务。

行政部门决定终止对官员或公民保密并据此终止与他的雇佣协议（合同）的决定，可以向上级组织或法院提起上诉。

**第二十四条　对知晓或曾知晓国家秘密的官员或公民的权利的限制**

知晓或者曾知晓国家秘密的官员、公民的权利可以暂时受到限制，限制可能适用：

在登记的公民接触国家秘密时，在就业协议（合同）规定的期限内限制出国旅行的权利；

限制其传播构成国家秘密的信息以及使用包含此类信息的发现和发明的权利；

在国家秘密登记期间进行核查活动的隐私权不受侵犯。

**第二十五条　组织官员或公民获取构成国家秘密的信息**

国家机关、企业、事业单位、组织的负责人及其负责保护国家秘密的下属机构负责人或公民可以获取构成国家秘密的信息，官员或公民获取国家秘密信息的程序由俄罗斯联邦政府批准的规范性文件规定。

公共机关、企业、机构和组织的负责人亲自负责创造获取构成国家秘密的信息的条件，使官员或公民了解构成国家秘密的信息,以及其他履行公务(职能)职责所必需的信息。

**第二十六条　违反俄罗斯联邦国家机密法的责任**

违反俄罗斯联邦《国家机密法》的官员和公民根据现行法律承担刑事、行政、民事或纪律责任。

有关公共部门及其官员根据按照既定程序将非法传播的信息列为构成国家秘密的信息出具专家意见。

本法范围内对公民、公共机关、企业、事业单位和组织的权利和合法利益的保护,按照本法规定的司法方式或者其他方式进行。

**第二十七条　允许企业、机构和组织从事涉及国家机密信息的工作**

准入企业事业单位开展与使用构成国家秘密的信息有关的工作,建立信息保护手段,实施信息保护措施和(或)提供服务国家秘密,要通过以俄罗斯联邦政府规定的方式来获得在适当保密程度的信息下开展工作的许可证。

对企业、事业单位、组织进行专项审查,并取得其负责保护国家秘密信息的管理人员的国家证明,核发实施上述工作的许可证,其费用由领取许可证的企业、事业单位、组织承担。

企业、事业单位、组织符合下列条件的,发给从事使用国家秘密信息工作的许可证:

遵守俄罗斯联邦政府批准的规范性文件的要求,以确保在执行与使用该信息有关的工作的过程中保护构成国家秘密的信息;

在其组织中设有国家秘密保护部门和经过专门培训的信息保护工作人员,其数量和资格水平足以确保国家秘密的保护;

拥有经过认证的信息安全工具。

**第二十八条　信息保护工具认证程序**

信息安全工具必须具有证明其符合适当保密程度的信息保护要求的证书。

在反技术情报和信息技术保护领域获得授权的联邦执行机构、在安全领域获得授权的联邦执行机构以及在国防领域获得授权的联邦执行机构根据俄罗斯联邦法律赋予他们的职能,依据本法,对信息保护机构按照俄罗斯联邦政府规定的方式进行认证。

组织信息安全设施认证工作的协调工作由国家秘密保护部门委员会负责。

# 第七章　保护国家机密活动资金的提供

**第二十九条　为保护国家机密的活动提供资金**

为公共机关、预算企业、机构和组织及其下属机构保护国家秘密以及本法规定的社会保障的活动提供资金,由联邦预算、俄罗斯联邦的组成实体和地方预算执行。剩余的企业、机构和组织以从事构成国家秘密的信息有关的工作的主要活动获得的资金作为预算。

为保护国家秘密领域的国家计划提供资金在俄罗斯联邦的联邦预算中作为单独的项目提供。

国家机关、地方政府、企业、事业单位和组织、工作单位的负责人以及俄罗斯联邦财政部的特别授权代表对用于实施国家秘密措施的财政资源的支出进行控制,如果该控制的实施与获取构成国家机密的信息有关,则所列人员必须能够获取适当保密程度的信息。

# 第八章 对国家保密工作的监督

### 第三十条 对保守国家秘密的监督

俄罗斯联邦总统、俄罗斯联邦政府在俄罗斯联邦宪法、联邦宪法性法律以及联邦法律规定的权力范围内对国家保密工作进行监督。

### 第三十一条(A) 联邦政府对国家保密工作的监督

联邦政府对国家保密工作的监督是由联邦授权的行政当局根据俄罗斯联邦政府规定的职权进行的。

法人实体在检查开始前不迟于 3 个工作日收到国家控制机构的书面通知。

进行不定期现场检查的依据是:

法人执行国家监督机构下达的命令以消除揭露的违反俄罗斯联邦在保护国家秘密领域的立法要求的行为到期;

国家监督机构收到的信息表明有违反俄罗斯联邦国家秘密立法要求的迹象;

根据俄罗斯联邦总统或俄罗斯联邦政府的命令或根据检察官的要求发出的进行不定期检查的国家监督机构负责人(或由其授权的官员)的命令,作为对检察官办公室收到的材料和上诉的法律执行情况进行监督的一部分。

审核期限自开始之日起不超过 30 个工作日。

在特殊情况下,由于需要根据进行检查的国家控制机构官员的积极建议进行复杂和(或)冗长的研究、测试、特别检查和调查,可以由国家控制机构负责人(或他授权的官员)批准延长进行检查的期限,但不超过 20 个工作日。

对法人实体的现场检查是根据国家控制机构负责人(或由其授权的官员)签署的命令(命令、法令或其他行政文件)进行的。

根据本条第 3 款所述的不定期现场检查,在不事先通知的情况下进行。

有关国家控制机构进行检查的组织信息,包括此类检查的计划、实施和结果,不会发送给检察官办公室。

### 第三十二条 机构间的监督

确保在政府机构中保护国家机密的跨部门控制由授权在安全领域的联邦执行机构、在国防领域授权的联邦执行机构、在外国情报领域授权的联邦执行机构、在打击技术情报和信息技术保护领域授权的联邦执行机构及其领土机构,该职能由俄罗斯联邦立法指定。

政府机构间对国家机密的保护由联邦行政当局、安全专员、国防专员、外部情报官员、联邦行政机关、俄罗斯联邦立法赋予的技术情报和技术保护及其领土机构的反行动专员。

确保在政府机构中保护国家机密的跨部门控制由在安全领域、国防领域、外国情报领域以及打击技术情报和信息技术保护领域授权的联邦执行机构及其有关机构执行,该职能由俄罗斯联邦立法指定。

依照本法规定有权处分构成国家秘密的信息的国家机关,有义务控制所有下级国家权力机关,以及与其合作的企业、事业单位和组织对该信息的有效性的保护。

在俄罗斯联邦总统办公室、联邦议会两院的机构中,由俄罗斯联邦政府领导人组织对确保国家机密保护的监督。

司法和检察机关的国家秘密保护工作由这些机关的负责人组织实施。

### 第三十三条 检察官监督

俄罗斯联邦总检察长及其下属的检察官对遵守法律的情况进行监督,同时确保保护国家秘密和本案所作决定的合法性。

检察监督人员获取构成国家秘密的信息,依照本法第 25 条的规定执行。

俄罗斯联邦总统

莫斯科

1993 年 7 月 21 日

N 5485-I

# 菲律宾共和国网络安全法<sup>*</sup>

本法定义了什么是网络犯罪,规定了如何预防、调查和制止网络犯罪,并为此和其他目的惩治网络犯罪。

## 第一章　基本规定

**第一条** （名称）本法也可称为《2012 网络安全法》。

**第二条** （政策宣言）国家承认内容制作、电信、广播电子商务和数据处理等信息和通信行业在国家整体社会和经济发展中的重要作用。国家还认识到必须提供一个有利于促进和发展,合理应用和充分利用信息和通信技术（ICT）的环境,从而自由、便捷和清晰地传递信息。本法可以有效地保护计算机、计算机通信系统、网络和数据库,以及其中存储的机密信息,从而避免错误使用、滥用和非法访问,同时依法惩治此类行为。因此,国家应利用足够的权力采取有效措施,在国内外两个层面,通过对此类犯罪开展侦查、调查和起诉,并依靠稳固可信的国际合作,从而预防和打击此类犯罪。

**第三条** （术语定义）就本法而言,术语定义如下:

1. 访问,是指指示、通信、存储、检索数据或其他利用计算机系统或通信网络的方式;

2. 更改,是指形式上或实质上对现有计算机数据或程序进行修改或改变。

3. 通信,是指通过信息和通信技术（ICT）传输信息,包括音频、视频和其他形式的数据。

4. 计算机,是指利用电子、磁性、光学、电气化学技术制造出来的将数据处理设备、通信设备或类似设备组合,能够进行逻辑、算术、信息发送或存储的相关产品,包含配套的存储和通信设备。它涵盖所有类型的计算机设备,包括具有数据处理功能的设备,如移动电话、智能手机、计算机网络和其他可以连接到互联网的设备。

5. 网络数据,是指通过计算机系统适用的形式对事实、信息或概念进行表述的各种电子数据,包括存储在本地计算机系统或互联网中的电子文档和电子数据。

---

\* 译者:段小钰,北京外国语大学法学院助教。

6.计算机程序,是指计算机为达到预期结果而执行的一系列指令。

7.计算机系统,是指由计算机或其他信息终端相关设备自动处理数据的系统。它覆盖所有具有数据处理能力的设备,包括但不限于计算机和手机。它由硬件和软件组成,包括输入、输出和存储等功能,可以独立运行,也可以连接互联网或其他电子设备。计算机系统包括计算机数据存储设备或媒体。

8.无权,是指:(i)未经授权或超越权限;(ii)不符合现有的法律法规、法律解释、法院裁定或相关法律原则。

9.网络,是指计算机或其他电子媒介在线通信的平台。

10.关键基础设施,是指对国家至关重要的现实或虚拟的计算机或计算机系统,包括计算机程序、计算机数据或交换数据。这些系统和资产如果失效、遭到破坏或干扰将会对国防安全、国家经济安全和(或)国家公共卫生安全造成严重影响。

11.网络安全,是指可用于保护网络环境和用户资产的所有手段、政策、风险管理办法、行动、培训、最佳实践、保障和技术等各种能力。

12.数据库,是指用于计算机系统中,正在处理或已经存储的信息、知识、事实、概念或指令的一种表现方式。

13.拦截,是指在通信发生的同时,通过监听、记录、监视或获取通信内容的方式,包括访问和直接计算机系统直接获取数据内容,以及利用电子窃听设备间接获取数据内容。

14.网络服务提供者,是指:

(1)通过计算机系统向用户提供通信服务的公共机构或私人企业;

(2)其他处理或存储计算机数据,并代表通信行业和用户的实体企业。

15.订阅者信息,是指除流量与内容数据,与订阅者相关的存储在计算机信息库中或由网络服务提供商持有的所有形式的信息,并可通过这些信息建立身份信息:

(1)使用的通信服务类型、技术规定和服务期限;

(2)根据服务协议,所获取的订阅者身份、邮政、地址、电话、其他联系方式、网络的接入地址以及账单和支付信息;

(3)根据服务协议,安装通信设备所需提供的其他可用信息。

16.流量数据或无内容数据,是指出通信内容意外的其他计算机数据,包括但不限于通信来源、目的地、路线、时间、日期、大小、持续时间或基础服务类型等。

# 第二章　应受惩罚的行为

**第四条**　(网络犯罪)下列行为构成本法应受惩罚的网络犯罪:

（a）侵犯计算机数据的机密性、完整性和可用性的犯罪行为：

（1）非法访问：无权访问计算机系统的部分或全部内容。

（2）非法拦截：在没有对计算机系统或是携带计算机系统数据的电磁辐射发送、接受或在其内部传送数据的授权下，以技术手段进行截取。

（3）数据干扰：未经授权，故意或过失地更改、损害、删除或篡改计算机数据、电子文档或电子数据信息，包括引入或传播病毒。

（4）系统干扰：没有权利或未经授权，通过输入、传输、损坏、删除、恶意篡改、更改或操控计算机数据、计算机程序、电子文件或电子数据信息等方式，故意更改或过失妨碍系统运行，包括引入或传播病毒。

（5）设备滥用：

（ⅰ）无权使用、生产、销售、采购、进口、分销或利用其他方式获取：

（aa）为实施本法规定的犯罪而设计或改装的计算机设备或计算机程序；

（bb）通过计算机密码、访问码或类似数据可以进入计算机部分或全部系统，从而实施本法规定的某种犯罪。

（ⅱ）故意利用第5款第（ⅰ）项所述设备和程序实施本条规定的犯罪。

（6）网络占用：恶意使用互联网获取域名，以牟利、误导、破坏声誉或剥夺他人注册该域名权利为目的，如果该域名为：

（ⅰ）注册域名与相关政府现有的商标近似、相同或容易令人困惑；

（ⅱ）以个人姓名注册，但与注册人以外的人姓名相同或者近似的；

（ⅲ）无权利获得知识产权。

（b）与计算机有关的犯罪：

（1）与计算机有关的伪造：

（ⅰ）无论数据是否可以直接阅读或理解，在没有权限的情况下，输入、更改或者删除计算机数据，将虚假的数据伪造成真实数据用于其他非法行动；

（ⅱ）明知计算机数据库中有本款定义的伪造数据，仍继续使用该计算机数据库，用于永久性欺诈或不诚实的行为。

（2）与计算机有关的欺诈：具有欺诈意图，未经授权输入、更改或删除计算机数据或程序，干扰计算机系统运行并造成损害。尚未造成伤害的，应相应降低一级惩罚力度。

（3）与计算机有关的身份盗窃：自然人或法人，未经授权故意获取、使用、错用、转让、占有、更改或删除他人的身份信息，并造成损害的。尚未造成损害的，应相应降低一级惩罚力度。

（c）内容有关的犯罪：

（1）网络性传播：利用计算机网络，直接或间接参与、维护、控制或操作性器官暴露或性行为，以获取喜爱或报酬。

（2）儿童色情制品：根据菲律宾共和国第 9775 条法案，也被称作《2009 年反儿童色情制品法》规定的非法或禁止的行为，利用计算机网络实施该类犯罪应被判处刑罚，且应当比第 9775 条法案规定的惩罚力度高一级。

（3）未经允许的商业通信：禁止以张贴广告、销售，或提供销售产品和服务为目的，利用计算机网络进行商业通信，除非：

（i）事先征得接收方的同意。

（ii）发送人向现有用户、订阅者或客户发送服务和 / 或管理通知。

（iii）存在以下情况：

（aa）接收方可以简单、有效且安全地拒绝或选择从同一来源接收更多的商业信息；

（bb）商业通信不故意隐瞒电子信息的来源；

（cc）商业通信不存在任何故意误导接收方阅读的信息。

（4）诽谤：利用计算机或其他未来设计的具有相似功能的设备，实施修订后的《刑法典》第 355 条所禁止的诽谤行为。

**第五条** （其他犯罪）下列行为也构成犯罪：

（a）故意帮助或教唆实施本法列举的网络犯罪，应承担相应责任；

（b）网络犯罪未遂：企图尝试本法所列举的网络犯罪，应承担相应责任。

**第六条** 实施修订后的《刑法典》和其他特别法规定的犯罪，并利用信息与通信技术，应适用本法的相关规定。根据具体情况，判处的刑罚应当比修订后的《刑法典》和其他特别法规定的惩罚力度高一级。

**第七条** （其他法律规定的责任）根据本法提起的起诉不妨碍对违反修订后的《刑法典》或其他特别法律应承担的任何责任。

# 第三章　惩罚

**第八条** （惩罚）任何人被判处犯有第 4 条第（a）款或第 4 条第（b）款所列举的刑罚，将被判处监禁或判处罚金至少 20 万比索，最高金额应与造成的实际损害相当。

任何人被判处犯有第 4 条第（a）款第（5）项所列举的刑罚，将被判处监禁，并处或单处罚金不超过 50 万比索。

任何人对关键设施实行了第 4 条第（a）款中列举的犯罪行为，将被单独监禁，或判处罚金至少 50 万比索,最高金额应与造成的实际损害相当。

任何人被判处犯有第 4 条第(c)款第(2)项所列举的刑罚,应同时受到菲律宾共和国第 9775 条法案,也被称作《2009 年反儿童色情制品法》的处罚。并且,利用计算机系统实施的犯罪,判处的刑罚应当比菲律宾共和国第 9775 条法案规定的惩罚力度高一级。

任何人被判处犯有第 4 条第(c)款第(3)项所列举的刑罚,将被判处监禁,并处或单处罚金至少 5 万比索,但不超过 25 万比索。

任何人被判处犯有第 5 条所列举的刑罚,将被判处监禁,但应当比规定的刑罚低一级惩罚力度,并处或单处罚金至少 10 万比索,但不超过 50 万比索。

**第九条** (公司责任)本法案定义的受惩罚行为是由法人中的主要负责人以法人的名义或者为法人的利益故意实施的,可根据:(a)法人的代表权,前提是实施的行为属于该权力范围内;(b)代表法人作出决定的权力,前提是实施的行为属于该权力范围内;(c)有权在法人内部行使控制权,法人应承担高于第 7 条规定罚款至少两倍的罚金,最高不超过 1000 万比索。

法人的责任不影响实施犯罪的自然人的刑事责任。

# 第四章 执行与实施

**第十条** (执法机构)国家调查局(NBI)和菲律宾警察局(PNP)应负责执行本法规定。国家调查局和菲律宾警察局应组织由特别调查人员组成的网络犯罪单位或中心,专门处理涉嫌违法的案件。

**第十一条** (执法机关的职责)监控网络犯罪技术的发展并预防,研究国际合作所需流程以及需要的执法部门,特别是负责调查网络犯罪的计算机犯罪部门或技术犯罪部门,需要及时地定期提交报告,包括操作前、操作后和调查结果以及可能需要提交司法部门(DOJ)审查和监控的其他文件。

**第十二条** (实时收集交流数据)执法机关有权通过技术或电子手段实时收集或记录与计算机系统传输特定通信的有关交流数据。

交流数据仅指通信的来源、目的地、路线、时间、日期、大小、持续时间或基础服务的类型,而不是内容或身份信息。

要收集、查封或披露他人数据,需要法院授权。

网络服务提供商必须配合并协助执法机构收集或记录上述信息。

本条规定的法院授权证明,只有在申请人和证人提出书面申请,并经确认后方可出具:(1)有合理理由相信上述罪刑已经、正在或即将实施;(2)有合理理由相信,将要获得的证据对将因此类罪刑被定罪、解决或预防此类罪刑至关重要;(3)没有其他方式获取此类证据。

**第十三条** (计算机数据的保存)网络服务提供商提供的通信服务有关的交流数据和用户信息应自交易之日起保存至少6个月。内容数据自收到执法机构保存命令之日起保存至少6个月。

被要求保存计算机数据的服务提供商应为其命令保密。

**第十四条** (披露计算机数据)执法机构在法院授权后,应发布命令,要求自然人或网络服务提供商在收到通知的72小时内,披露或者提交与正式立案和侦查有关的用户信息、交流数据或其拥有或掌握的相关数据。

**第十五条** (搜查、扣押和检查计算机数据)在已签发搜查令和扣押令的情况下,执法机关同样具有以下权力和职责:

在搜查令规定的期限内,根据本法规定进行拦截:

(a)保护计算机系统或计算机数据存储介质的安全;

(b)制作并保留计算机数据副本;

(c)维持相关计算机数据的完整;

(d)对计算机数据存储介质取证分析或检查;

(e)使计算机数据无法访问或删除被访问的计算机或计算机通信网络中的数据。

据此,执法部门可命令了解计算机系统功能以及保护和保存其中数据的人,在合理情况下提供必要信息,一边搜查、扣押和检查。

执法机构可要求延长完成计算机数据存储介质检查并上报的时间,但任何情况下,延长时间不得超过法院批准之日起30天。

**第十六条** (计算机数据的保管)根据授权书审查的计算机数据,包括内容和流量数据,应在规定期限届满后的48小时内,以保密数据的方式存放在法院,并加盖执行该检查项目执法机构的印章,述明检查的日期和时间,以及可查阅该数据的执法机构和其他相关资料。执法机构还应证明为制作全部或部分内容的副本,如若制作了此类副本,应全部包含并存放在法院中。除经批准外,不得打开存放的数据,或重放录音、作为证据或者随后泄露内容,除非经同意,不得向谈话或者通信记录在案的人发出通知,并给予其陈述意见的机会。

**第十七条** (计算机数据的销毁)第13条和第15条规定的期限届满后,网络服务提供者和执法机构应视情况决定是否立即销毁保存和检查存放计算机数据的计算机主体。

**第十八条** (排除规则)在法院中的任何诉讼,未经授权或超出授权范围获取的证据均不得接受。

**第十九条** （限制或阻止对计算机数据的访问）当计算机数据被初步判定为违反本法规定时，司法部门应发布命令，限制或组织对此类计算机数据的访问。

**第二十条** （不遵守规定）未能遵守本法第四章的规定，特别是执法机构的命令，将被视为违反第 1829 号总统令，处以最高刑期的矫正刑，并处或单处罚金 10 万比索。

# 第五章　管辖权

**第二十一条** （管辖权）地方法院对违反本法规定的行为具有管辖权，包括菲律宾公民犯下的任何违法行为，无论犯罪地点在哪里。如果犯罪行为发生在菲律宾境内，使用部分或者全部位于菲律宾境内的计算机系统，或犯罪行为对菲律宾境内的自然人或法人造成损害，则管辖权仍然有效。

应设立专门的互联网法院，由受过专业培训的法官负责处理网络犯罪案件。

# 第六章　国际合作

**第二十二条** （国际合作的基本原则）有关刑事案件国际合作的形式，应在一致或相似的法规和国内法的基础之上商定安排，尽可能广泛地用于调查涉嫌利用计算机系统和数据进行犯罪的刑事案件，或者用于收集犯罪分子留存在互联网中的证据。

# 第七章　主管部门

**第二十三条** （司法部门 DOJ）在司法部门设立一个网络犯罪办公室，作为有关国际互助和引渡有关事务的总部。

**第二十四条** （网络犯罪调查与协调中心）在本法生效后 30 天内成立跨机构实体单位，称为网络犯罪调查与协调中心（CICC），由总统办公室监督，负责相关机构之间的政策协调，同时制定和实施国家网络安全计划。

**第二十五条** （组织结构）网络犯罪调查与协调中心应由隶属于科技与信息部（ICTO-DOST）的信息通信技术办公室执行主任担任主任，国家调查局（NBI）局长担任副主任，菲律宾警察局局长，司法部网络犯罪办公室主要负责人，以及一名来自私人部门和学术界的代表作为成员。网络犯罪调查与协调中心应由选定的现有人员和来自不同机构的代表组成秘书处负责处理有关事务。

**第二十六条** （权力和功能）网络犯罪调查与协调中心具有以下权力和功能：

（a）制定国家网络安全计划，并通过计算机应急响应小组（CERT）提供及时援助，以防止犯罪行为的发生；

（b）根据本法规定，协调制定适当有效的措施，从而预防和制止网络犯罪行为。

（c）监督参与的执法和检察机关正在审理的网络犯罪案件；

（d）促进网络犯罪情报、调查、培训和能力建设方面的国际合作，从而预防和打击网络犯罪行为，起诉已发生的网络犯罪案件；

（e）组织商业部门、地方政府和非政府组织对网络犯罪预防计划和其他相关项目的支持与参与；

（f）建议制定相应法律、公告、措施和政策；

（g）呼吁其他政府机构协助网络犯罪调查与协调中心完成其任务和职责；

（h）履行与预防和打击网络犯罪有关的所有事项，包括创造并实施履行职责所需要的职能。

# 第八章　尾章

第二十七条　（拨款条款）每年应拨款 5000 万比索用于实施本法。

第二十八条　（相应实施的法律法规）科技与信息部、司法部和地方与民事政府部门（DILG）应在本法批准后 90 天内共同制定必要规则和条约，以有效实施本法。

第二十九条　（可分离条款）如果本法部分条款无效，其余未受影响的部分应当继续生效。

第三十条　（废除条款）所有与本法不一致的法律、法令或规则应予以废除或修改。特此对菲律宾共和国第 8792 号法令，也称《电子商务法》第 33 条第（a）款进行修订。

第三十一条　（生效条款）本法应在政府公报或至少两份全国通用的报纸上发表 15 天后生效。

# 俄罗斯联邦大气保护法<sup>*</sup>

大气是环境十分重要的组成部分,是人和动植物生存环境不可分割的一部分。

本联邦法建立了大气保护的法律基础,并且以实现公民享有良好环境和获得环境状况相关信息的宪法性权利为指向。

## 第一章　总则

### 第一条　基本概念

在本联邦法中使用以下基本概念:

大气是环境非常重要的组成部分,是在住房、生产厂房和其他安置场所范围之外的天然的大气气体混合体;

污染物:化学物质或者混合物质,这里包括进入大气中的,大气中含有的和(或者)在其中形成的放射性和微生物的混合物质,这些在数量和(或者)浓度上超过规定标准的物质,对环境、人的生活与健康有着负面影响;

大气污染:浓度超过国家制定的大气质量卫生和生态标准的污染物进入大气中或者在其中形成;

对大气有害的物理影响:改变大气的温度、能量、波、辐射和其他物理特性的噪声、振动、电离辐射、温度和其他物理因素对人体健康和环境的有害影响;

跨境大气污染:由源于外国领土的污染物转移造成的大气污染;

不利的气象条件:促使污染物在地面大气层积累的气象条件;

对大气产生有害物理影响的最高允许水平:对大气的物理影响的标准,该标准反映了对大气产生物理影响的最高允许水平,在此水平下没有对人体健康和环境的有害影响;

最高允许标准:针对对大气的噪声、振动、电磁和其他物理影响的每个源头制定的标准,在该标准下来自这样和所有其他源头的有害的物理影响不会导致超过对大气产生物理影响的最高允许水平;

* 译者:李佳欣,北京外国语大学法学院助教。

工艺排放标准：向大气中排放污染物的标准，针对属于使用工艺排放指标的最佳可行工艺运用领域的主要生产工艺流程和设备所制定；

最大允许（临界）负荷：一种或多种污染物对环境影响的指标，超过该指标会对环境产生有害影响；

最大允许排放：向大气中排放污染物的标准，定义为化学物质或者化学物质混合物、微生物、其他物质的数量或者质量，以及放射性物质的活性指标，可允许通过固定源和（或者）组合固定源向大气中排放污染物，并且保证完成大气保护领域的要求；

临时允许排放：污染物的数量或质量指标，针对在分阶段达到最大允许排放或者工艺排放标准期间运行的固定源和（或者）运行的组合固定源所制定；

大气监测：观察大气状态、污染和其中发生的自然现象的系统，以及大气状态、污染的评估和预测；

大气保护：俄罗斯联邦国家权力机构、俄罗斯联邦主体国家权力机构、地方自治机构，以及为改善大气质量和预防其对人体健康和环境产生有害影响的法人和自然人所实施的措施体系；

大气质量卫生标准：大气质量标准，该标准反映大气中污染物的最大允许含量并且在此情况下没有对人体健康的有害影响；

大气质量环境标准：大气质量标准，该标准反映大气中污染物的最大允许含量并且在此情况下没有对环境的有害影响；

大气质量：大气的物理、化学和生物特性的集合，该集合反映其符合大气质量卫生标准和大气质量环境标准的程度；

工艺排放指标：污染物浓度指标，向大气中排放污染物的数量或者质量按单位时间或者以工艺流程和设备为特点的单位产品（货物）来计算；

技术排放标准：向大气中排放污染物的标准，定义为化学物质或者化学物质混合物的数量或者质量按交通工具单位里程或者移动源发动机产生的单位功来计算；

排放源：向大气中排放污染物的建筑、技术装置、设备；

固定源：排放源，其位置用国家坐标系来确定，或者可以通过移动源移动；

移动源：交通工具，其发动机在其运行期间是排放源；

气体清洁装置：用于清洁和（或者）净化大气污染物的建筑、设备、仪器；

大气污染综合计算结果：反映居民区及其部分区域或者产业（工业）园区大气状况的大气污染物浓度的概况，根据影响指定地区大气质量的所有固定和移动源的污染物排放数据使用计算大气污染物排放扩散的方法获得。

**第二条　俄罗斯联邦在大气保护领域的立法**

1. 俄罗斯联邦在大气保护领域的立法以俄罗斯联邦宪法为基础并且由本联邦法、根据本联邦法通过的其他联邦法令、其他俄罗斯联邦规范性法律文件以及俄罗斯联邦主体的法令和其他规范性法律文件组成。

2. 俄罗斯联邦主体在大气保护领域的立法有权规定引入保护大气的附加生态要求。

3. 在大气保护活动进行中产生的财产关系受民法调整。

4. 在大气保护领域建立对产品的强制性要求时产生的关系受俄罗斯联邦关于技术规定的立法调整，产品包括建筑和设施（以下简称"产品"），或者建立对产品以及对与产品要求相关的设计（包括勘测）、生产、建造、安装、调试、操作、储存、运输、销售和处理流程的强制性要求时。

# 第二章　在大气保护领域的管理

**第三条　在大气保护领域国家管理的基本原则**

在大气保护领域的国家管理以下列原则为基础：

优先保护现代和后代人的生命与健康；

保障人的生活、劳动和休息享有良好的生态条件；

禁止大气污染对环境造成不可逆的后果；

国家有义务调控大气污染物的排放和对大气有害的物理影响；

关于大气状况及其污染状况的信息要公开、全面和可信；

要通过有科学依据、系统性和综合性的方法保护大气和保护环境；

必须遵守俄罗斯联邦在大气保护领域的立法要求，承担违反该法的责任。

**第四条　在环境保护领域的国家管理**

在环境保护领域的国家管理由俄罗斯联邦政府直接或通过环境保护领域的联邦执行机构实施。

**第五条　俄罗斯联邦国家政府机构在大气保护领域的权力**

俄罗斯联邦国家政府机构在大气保护领域的权力有：

在俄罗斯联邦境内制定和实行大气保护领域的统一国家政策；

为保护大气建立制定和批准大气质量卫生和环境标准、生态系统的最大允许（临界）负荷、对大气产生物理影响的最高允许水平和其他生态标准的制度；

建立大气保护领域统一的标准方法的基础；

建立和保障实现联邦大气保护专项计划；

建立制定和批准最大允许排放、对大气产生有害物理影响的最高允许标准的制度；

建立向大气中排放放射性物质和对大气产生有害物理影响授予许可的制度；

在遵守大气保护领域的强制性要求方面实施联邦国家生态控制（监督）；

组织和资助国家大气监测，并且保障大气监测的实行；

协调俄罗斯联邦主体国家政府机构在大气保护领域的活动；

根据联邦大气保护专项计划和俄罗斯联邦在此领域的国际义务确定减少大气污染物排放量及其期限；

组织向居民通报大气污染和联邦大气保护专项计划的执行；

根据俄罗斯联邦在大气保护领域的立法行使在大气保护领域的其他权力；

批准制定（计算）和确立最大允许排放标准的方法；

建立制定和批准计算固定源大气污染物排放的方法的制度；

制定和实行计算固定源大气污染物排放的方法清单和测量大气污染物排放的方法清单；

批准计算大气污染物排放扩散的方法；

确定进行大气污染综合计算的规则，包括其修订；

批准制定和建立最大允许放射性物质向大气中排放标准的方法；

为进行大气污染的综合计算批准确定来自移动源的大气污染物排放的方法；

批准在不利气象条件期间减少大气污染物排放措施的需求；

确立对用于计算大气污染物排放量的电子计算机进行程序检验的制度；

建立确定空气污染本底水平的指南。

**第五条之一　将联邦行政机构在大气保护领域权力移交给俄罗斯联邦主体的行政机构行使**

本联邦法规定的联邦行政机构在大气保护领域的权力，可以通过俄罗斯联邦政府法令按照联邦法 1999 年 10 月 6 日确立的第 184-FZ 号《关于俄罗斯联邦主体政府立法（代表）机关和执行机构的一般原则》的规定移交给俄罗斯联邦主体的行政机构行使。

**第六条　俄罗斯联邦主体政府机构在大气保护领域的权力**

1. 俄罗斯联邦主体政府机构在大气保护领域的权力有：

根据联邦立法通过俄罗斯联邦主体的法律和其他规范性法律文件并监督其实施；

制定和实行地方大气保护专项计划；

参与组织和进行大气监测；

在大气污染对人类生命和健康造成威胁的紧急情况下采取保护居民的措施；

在自身权限内协调自然人和法人在大气保护领域的活动；

向居民通报大气状况及其污染状况和改善大气质量的计划及相关措施的实施情况；

在俄罗斯联邦主体的相应区域内参与实行大气保护领域的国家政策；

有权通过和实施大气保护领域的地方计划，包括为降低大气污染物排放减少石油产品和其他会导致大气污染的燃料的使用，并鼓励生产和使用对生态无害的燃料和其他能源载体；

在遵守大气保护领域的强制性要求方面实施地方国家生态控制（监督）；

为减少大气污染物排放对居住区、休闲和旅游场所以及特别保护区内交通工具的通行实行限制；

就违反大气保护领域的立法造成的环境损害提起赔偿诉讼；

制定俄罗斯联邦主体区域内大气污染物排放数量或者质量的定向指标目标和期限。

2. 俄罗斯联邦主体政府机构有权在俄罗斯联邦主体相应区域内组织进行大气污染的综合计算，包括其修订。

### 第七条　地方自治机构在大气保护领域的权力

地方自治机构可以按照俄罗斯联邦立法的规定在大气保护领域被授予单独的国家权力。

### 第八条

（失效 -2004 年 8 月 22 日第 122-FZ 号联邦法律）

## 第三章　大气保护领域的活动组织

### 第九条

（失效 -2004 年 8 月 22 日第 122-FZ 号联邦法律）

### 第十条

（失效 -2004 年 8 月 22 日第 122-FZ 号联邦法律）

### 第十一条　大气质量和对大气有害的物理影响的规定标准

1. 为确定化学、物理和生物因素对人、植物和动物、特别自然保护区和特别自然保护物的影响的安全和（或）无害标准，并且为评估大气状况，制定大气质量卫生和生态标准以及对大气产生物理影响的最高允许水平。

2. 按照俄罗斯联邦政府的规定制定和修订大气质量卫生和生态标准、对大气产生物理影响的最高允许水平。

### 第十二条　大气污染物排放和对大气有害的物理影响的标准

1. 对大气污染物排放进行国家管理的制定：

最大允许排放；

对大气产生有害物理影响的最高允许标准；

工艺排放标准；

技术排放标准。

2. 最大允许排放根据污染物确定，污染物清单由俄罗斯联邦政府按照环境保护领域的立法制定，为基于大气质量标准并考虑到大气污染的本底水平后计算固定源和（或者）组合固定源。

（1）在确定最大允许排放（放射性物质排放除外）时，采取计算污染物排放扩散的方法，并经在环境保护领域履行制定国家政策和依法管理职能的联邦行政机构批准。制定和建立向大气中最大允许放射性物质排放标准的方法由被授权在原子能使用领域进行联邦国家监督的机构批准。

（2）必须检验用于计算大气污染物排放扩散（放射性物质排放除外）的电子计算机程序，检验由水文气象和相关领域的联邦行政机构执行，为确认规定的程序符合公式和算法，这些公式和算法被包括在经批准的计算大气污染物排放扩散的方法中。

检验用于计算大气污染物排放扩散（放射性物质排放除外）的电子计算机程序，费用由该程序的权利持有人按照在环境保护领域履行制定国家政策和依法管理职能的联邦行政机构的规定承担。

根据俄罗斯联邦原子能使用领域的立法检验用于计算大气中放射性物质排放扩散的电子计算机程序。

（3）大气污染的本底水平根据经在环境保护领域履行制定国家政策和依法管理职能的联邦行政机构批准的方法指令基于国家大气监测数据确定。在具备居民区、其部分区域或者产业（工业）园区内的大气污染的综合计算，国家大气监测没有实施时，大气污染的本底水平基于大气污染的综合计算数据确定。

3. 工艺排放标准根据环境保护领域的立法制定。

4. 在运行中的固定源和（或者）组合固定源无法遵守最大允许排放和（或者）工艺排放标准时，在分阶段达到最大允许排放和（或者）工艺排放标准期间根据环境保护领域的立法设立临时允许的排放。

5. 按照俄罗斯联邦政府的规定为固定源制定最大允许排放、临时允许排放、对大气产生有害物理影响的最高允许标准及其确定方法。

6. 根据俄罗斯联邦关于技术规定的立法通过的技术法规为移动源制定技术排放标准。

### 第十三条 污染物和潜在危险物质的国家登记

环境保护领域的联邦行政机构与其他联邦行政机构一同组织污染物以及潜在危险物质的登记测验，这些物质对人和环境产生或者可能产生有害影响，并按照俄罗斯联邦政府的规定对其进行国家登记。

### 第十四条 向大气中排放放射性物质和对大气产生有害物理影响的许可

1. 允许根据行政机构按照俄罗斯联邦政府的规定经俄罗斯联邦政府授权授予的许可通过固定源向大气中排放放射性物质。通过向大气中排放放射性物质的许可制定放射性物质的最大允许排放。

2. 允许根据按照俄罗斯联邦政府的规定经俄罗斯联邦政府授权授予的许可对大气产生有害的物理影响。

3. 在没有向大气中排放放射性物质和对大气产生有害物理影响的许可时，以及在违反这些许可规定的条件时，法人和个体经营者根据俄罗斯联邦的立法承担责任。

### 第十五条 对大气环境产生有害影响的经济活动和其他活动的一般要求

1. 为预防对大气产生有害影响，根据俄罗斯联邦政府的规定制定在进行经济和其他活动时必须遵守的保护大气的要求，包括工作、服务和相关监管方法，以及对大气产生有害影响的经济和其他活动的限制和条件。

2.（失效条款 - 2011 年 7 月 19 日第 248-FZ 号联邦法律）

3.（失效条款 - 2011 年 7 月 19 日第 248-FZ 号联邦法律）

4.（失效条款 - 2011 年 7 月 19 日第 248-FZ 号联邦法律）

5.（失效条款 - 2011 年 7 月 19 日第 248-FZ 号联邦法律）

6. 俄罗斯联邦行政机构和俄罗斯联邦各主体的国家行政机构可以对石油产品和其他会导致大气污染的燃料的使用进行限制，并鼓励生产和使用对生态无害的燃料和其他能源载体。

7. 禁止向大气中排放对人的生命和健康以及对环境的危险程度尚未确定的物质。

8. 只有在没有对人的生命和健康以及对环境造成有害后果时，根据环境保护领域的联邦行政机构授予的许可，才能采取旨在改变大气状况和大气现象的行动。

9. 向大气中排放根据环境保护领域的立法确定的第一类污染物，按照环境保护领域的立法授予的综合生态许可进行。

10. 向大气中排放根据环境保护领域的立法确定的第二类污染物，排放放射性物质除外,基于根据环境保护领域的立法向联邦行政机构或者经俄罗斯联邦政府授权的俄罗斯联邦主体行政机构提交的环境影响报告进行。

11. 向大气中排放根据环境保护领域的立法确定的第三类污染物,排放放射性物质除外,不需要综合生态许可和填写环境影响申报单。进行指定项目的经济和(或者)其他活动的法人和个体经营者按照规定向经俄罗斯联邦政府授权的联邦行政机构或者俄罗斯联邦主体行政机构提交关于大气污染物排放的报告。

**第十六条　在经济活动和其他活动的项目设计、安置、建造、改造和运行时保护大气的要求**

1. 在经济活动和其他活动的项目设计、安置、建造、改造和运行时,在建设城市和其他居民区时,应保证根据生态、卫生标准,以及建筑标准和在绿化区域面积标准方面的规则不超过大气质量标准。

2. 于城市和其他居民区内在经济活动和其他活动的对大气质量产生有害影响的项目设计、安置时,以及在建设城市和其他居民区时应考虑到大气污染的本底水平,包括大气污染的综合计算结果,以及在进行指定活动时对其质量变化的预测。

3. 为保护人口居住地的大气建立有组织的卫生防护区,这些卫生防护区的大小根据大气污染物排放扩散的计算和组织的卫生等级确定。

4. 在可能对大气质量产生有害影响的经济活动和其他活动的建造项目中,应根据环境保护领域的联邦行政机构和其他联邦行政机构规定的要求制定减少大气污染物排放和净化大气污染物的措施。

5. 对大气质量产生有害影响的经济活动和其他活动的项目的安置征求环境保护领域的联邦行政机构或者其地方机构以及其他联邦行政机构或者其地方机构的同意。

6. 在经济活动和其他活动新的和(或者)改造的项目进入运行并排放大气污染物时,应保证不超过工艺排放标准和(或者)最大允许排放、对大气产生有害物理影响的最高允许标准。

7. 禁止经济活动和其他活动没有大气保护规则规定的气体净化装置和监控设备的项目的安置和运行。

8. 禁止经济活动和其他活动会导致气候和大气臭氧层不利变化、人类健康恶化、动植物遗传资源消失以及对人和环境造成不可逆后果的项目的设计、安置和建造。

**第十六条之一　气体净化装置运行期间保护大气的要求**

1. 气体净化装置按照经俄罗斯联邦政府授权联邦行政机构批准的气体净化装置的运行规则运行。

2.如果气体净化装置断开或不保证对排放到大气中的污染物进行设计的清洁和（或者）净化，则禁止相关工艺设备的运行。

### 第十七条 在交通和其他移动设备生产运行过程中大气污染物排放的管理

1.禁止污染物排放量超过规定的技术排放标准的交通和其他移动设备的生产和运行。

2.俄罗斯联邦政府、俄罗斯联邦主体国家权力机构有义务采取减少在交通和其他移动设备运行中大气污染物排放的措施。

3.（失效条款-2004年8月22日第122-FZ号联邦法律）

4.排放物对大气产生有害影响的交通和其他移动设备，应按照经俄罗斯政府授权联邦行政机构的规定确定的技术排放标准针对这些排放作定期检查。

5.俄罗斯联邦主体国家权力机构可以在自身职权范围内对交通和其他移动设备进入在特别自然保护区的居民点、休闲和旅游场所进行限制，并管控交通和其他移动设备在指定区域的通行。

### 第十八条 生产生活废物储存、掩埋、净化、焚烧时污染物排放的管理

1.在有组织的区域和居民区内污染大气的生产生活废物的储存、掩埋和净化，包括恶臭物质，并且无符合环境保护领域的联邦行政机构规定的专业装置禁止焚烧此类物质。

2.其生产生活废物是大气污染源的法人有义务保证及时运输此类废物到专门的储存或者掩埋地点，以及以此类废物为原料的经济活动或者其他活动场地。

3.对大气产生污染的生产生活废物的储存、掩埋应征求环境保护领域的联邦行政机构的地方机构的同意。

### 第十九条 在大气条件变化危及人类生命和健康时保护公众的措施

1.在城市和其他居民区，俄罗斯联邦各主体的国家权力机构和地方自治机构在不利气象条件期间组织管控大气污染物排放的工作。

2.在本条第1款中指定工作进行的规则，包括准备和传达相关预报，由俄罗斯联邦各主体的国家权力机构根据水文气象及相关领域的联邦行政机构的地方机构和其他联邦行政机构的地方机构的报告确定。

3.在收到不利气象条件的预报后，有大气污染物排放源的法人、个体经营者有义务采取减少大气污染物排放的措施，措施需经国家生态控制（监督）地方执行授权的俄罗斯联邦主体行政机构同意。

在不利气象条件期间对根据环境保护领域立法规定的第四类物体不采取减少大气污染物排放的措施。

在不利气象条件期间对减少大气污染物排放措施的要求由在环境保护领域履行制定国家政策和依法管理职能的联邦行政机构制定,并考虑到生产商品、完成工作、提供服务所使用技术的特点,包括进行经济及其他活动的连续性和季节性。

不利气象条件的信息由水文气象领域的联邦行政机构的地方机构提交被授权实施联邦国家生态控制(监督)的联邦行政机构的地方机构和被授权实施地方国家生态控制(监督)的俄罗斯联邦主体行政机构,这些机构保证监督法人、个体经营者实施减少在经济活动和其他活动的项目中大气污染物排放的措施。

提交不利气象条件的信息和该信息构成和内容要求的规则、对信息公布和向有关人员提交信息的规则,由在环境保护领域履行依法管理职能的联邦行政机构制定。

4. 在由于污染物事故性排放引起大气条件变化并且对人的生命和健康造成危险时,根据俄罗斯联邦关于在自然和人为的紧急情况下保护居民和领土的立法采取紧急措施来保护居民。

**第二十条　跨境大气污染**

为减少位于俄罗斯联邦境内污染源的跨境大气污染,俄罗斯联邦保证减少大气污染物排放的措施的实施,并且根据俄罗斯联邦在大气保护领域的国际责任采取其他措施。

# 第四章　对大气的有害影响及其源头的国家核算

**第二十一条　对大气的有害影响及其源头的国家核算**

1. 固定排放源、大气污染物排放的成分、数量和质量、对大气产生有害物理影响的类型和程度、气体净化装置的国家核算根据环境保护领域的立法,在国家核算产生环境负面影响的物体的框架内进行。

2. 在相关区域按照规定进行环境保护领域的数据监测的机构名单由环境领域的联邦行政机构的地方机构和地方国家统计机构协商确定。

**第二十二条　排放源和大气污染物排放的清查**

1. 在对环境产生负面影响的物体上进行经济和(或者)其他活动的法人和个体经营者,清查排放源和大气污染物排放,包括来自在对环境产生负面影响(在物体具备时)的物体上长期或临时运行(运作)的固定源和移动源的排放,记录和保存进行清查和调整清查后获得的信息。

2. 对固定源和大气污染物排放的清查通过仪器和计算方法进行。通过固定源排放的大气污染物计算方法的制定和批准规则由俄罗斯联邦政府制定。俄罗斯联邦政府授权的联邦行政机构负责制定指定方法的清单。

3. 清查在对环境产生负面影响的进入运行的物体上的固定源，在指定物体被授予许可进入运行后的两年内进行。固定源及大气污染物排放清查数据在以下情况下进行调整：技术工艺的变化，技术设备的更换，原材料导致大气排放污染物的成分、数量或质量的变化，大气污染物排放与最近清查数据之间存在差异，清查程序要求的变化以及出现气体净化装置运行规则中规定的情况。

4. 固定源及大气污染物排放的清查、其数据的调整、清查和调整数据的记录和保存根据俄罗斯联邦政府授权的联邦行政机构制定的规则进行。

5. 俄罗斯联邦主体行政机构在进行大气污染综合计算时可以使用排放源和大气污染物排放的清查信息，包括来自在对环境产生负面影响（在物体具备时）的物体上长期或临时运行（运作）的固定源和移动源的排放。

**第二十二条之一　大气污染综合计算的进行**

1. 对于居民区或者其部分区域，在该区域有对环境产生负面影响的物体和其他影响大气质量的物体，俄罗斯联邦主体国家权力机构在大气质量超过卫生标准的情况下有权组织进行大气污染的综合计算，以减少或消除污染物的排放和在其他情况下预防此种超标。

2. 为进行大气污染综合计算的规则，包括其修订，确定来自移动源的大气污染物排放的方法，由在环境保护领域履行制定国家政策和依法管理职能的联邦行政机构批准。

3. 对比国家大气监测数据的结果更加明确大气污染的综合计算。如果出现大气污染综合计算结果与国家大气监测数据不相符，俄罗斯联邦主体国家机构保证通过法人和个体经营者进行排放源和大气污染物排放清查后获得的和进行大气污染综合计算后提交的信息的准确性。大气污染综合计算结果明确按照本条第2款规定的大气污染综合计算规则进行。

# 第五章　评估大气保护领域强制性要求的遵守情况、大气保护领域的生产和社会监督大气监测

**第二十三条　大气监测**

1. 为观测大气污染，综合评估和预测其状况，以及保证国家权力机构、地方自治机构、组织和居民获得有关大气污染的日常和紧急信息，俄罗斯联邦政府、俄罗斯联邦主体国家权力机构、地方自治机构组织国家大气监测，并且在自身职权范围内保证其在俄罗斯联邦相关区域、俄罗斯联邦主体和城市的实施。

2. 国家大气监测是国家生态监测（国家环境监测）的一个组成部分，由环境保护领域

的联邦行政机机构、其他行政机构在自身职权范围内按照经俄罗斯联邦政府授权联邦行政机构的规定实施。

3.环境保护领域的联邦行政机构的地方机构与水文气象及相关领域的联邦行政机构的地方机构共同制定和修订物体清单,该物体所有者必须实施大气监测。

**第二十四条 评估大气保护领域强制性要求的遵守情况**

评估大气保护领域强制性要求的遵守情况,强制性要求由本联邦法和根据其通过的俄罗斯联邦规范性法律文件,俄罗斯联邦主体的法律和其他俄罗斯联邦主体规范性法律文件规定,评估在联邦国家生态控制(监督)和地方国家生态控制(监督)的框架内根据2002年1月10日第7-FZ号《关于保护环境》的联邦法进行。

**第二十五条 保护大气的生产监督**

1.保护大气的生产监督由法人、个体经营者进行,他们有对大气产生有害影响的化学、生物和物理源头,并且任命负责进行保护大气的生产监督的人员,和(或者)组织生态服务。

2.对大气产生有害影响的化学、生物和物理源头的法人、个体经营者应根据俄罗斯联邦在大气保护领域的立法保护大气。

3.关于负责进行保护大气的生产监督的人员和关于在经济和其他活动物体上的生态服务组织的信息,以及保护大气的生产监督的结果提交实施联邦国家生态控制(监督)和地方联邦国家生态控制(监督)的相关行政机构。

4.在根据环境保护领域的立法确定的第一类物体中,在技术装置、设备或者其组合(装置)运行中形成的污染物排放固定源,其类型由俄罗斯联邦政府确定,应安装自动测量和核算污染物排放指标的设备,以及记录和根据环境保护领域的立法向国家对环境产生有害影响的物体清单传达污染物排放指标信息的技术设备。

**第二十六条 保护大气的社会监督**

保护大气的监督按照俄罗斯联邦和俄罗斯联邦主体在环境保护领域的立法、俄罗斯联邦和俄罗斯联邦主体关于社会团体的立法的规定实施。

**第二十七条**

(失效-2011年7月18日第242-FZ号联邦法律)

# 第六章 保护大气的经济机制

**第二十八条 大气污染物排放的费用**

根据俄罗斯联邦的立法向通过固定源排放大气污染物的法人和个体经营者征收

费用。

# 第七章　公民、法人和社会团体在大气保护领域的权利

**第二十九条　公民、法人和社会团体在大气保护领域的权利**

1. 公民、法人和社会团体的权利有：

获得有关大气及其污染状况和大气污染源及对大气有害的物理影响的信息；

参与大气保护措施的实施及其筹资；

参与讨论可能会对大气质量产生有害影响的预计的经济和其他活动的相关问题；

讨论大气保护计划并提出关于改善大气质量的建议。

2. 公民和社会团体有权就大气污染对公民的健康和财产、环境造成的损害提起赔偿诉讼。

3. 社会团体代表有权按照俄罗斯联邦立法规定的方式和条件进入有大气污染源和对大气产生有害物理影响的源头的经济和其他活动物体所在区域。

**第三十条　有固定源和流动源的公民、法人和个体经营者的义务**

1. 有固定源的法人和个体经营者必须：

保证清查大气污染物的排放以及制定最大允许排放和对大气产生有害物理影响的最高允许标准；

与环境保护领域的联邦行政机构的地方机构和其他联邦行政机构的地方机构协调对大气产生有害影响的经济和其他活动物体的建造地点；

为降低大气污染水平引进最佳可用技术、低废物和无废物技术；

设计和实施捕获、利用、中和大气污染物排放以及减少或消除此类排放的措施；

实施预防和消除大气污染物事故性排放以及消除其污染后果的措施；

对大气污染物排放及其来源进行核算，对遵守既定大气污染物排放标准的情况进行生产监督；

遵守气体净化装置和用于监督大气污染物排放的设备的运行规则；

保证遵守对大气产生有害影响的经济和其他活动物体的卫生保护区的制度；

确保及时将污染大气的废物从经济和其他活动的物体所在相关区域转移到专门的储存或者掩埋地点，以及以这些废物为原料的其他经济和其他活动的场地；

执行环境保护领域的联邦行政机构及其地方机构、其他联邦行政机构及其地方机构的官员的命令，命令关于消除对俄罗斯联邦立法、俄罗斯联邦主体立法在环境保护领域的要求的违反；

立即向国家监督和控制机构报告关于事故性排放的信息,该排放造成的大气污染可能威胁或者威胁人类生命健康,或者给人类健康和(或者)环境带来危害;

根据要求,向俄罗斯联邦主体国家权力机构并且按照其要求提交在进行排放源和大气污染物排放清查后获得的信息,包括来自固定和移动源的排放和清查的更新,在对环境产生负面影响的场地上,以进行大气污染的综合计算;

保证俄罗斯联邦主体国家权力机构可以进入对环境产生负面影响的和有排放源的物体所在区域,为通过俄罗斯联邦主体国家权力机构明确在进行排放源和大气污染物排放清查后获得的和法人、个体经营者提交的信息,以进行大气污染的综合计算并考虑到关于国家秘密俄罗斯联邦的立法;

按照在环境保护领域进行国家管理和监督俄罗斯联邦立法遵守情况的机构制定的规定,提交在大气保护方面及时、完整和可靠的信息;

遵守在环境保护领域的联邦行政机构及其地方机构、其他联邦行政机构及其地方机构制定的其他保护大气的要求。

2. 法人在交通和其他移动设备、装置的生产和运行中,公民在交通和其他移动设备、装置的运行中应保证此类设备和装置的排放不超过既定的技术排放标准。

## 第八章 违反俄罗斯联邦在大气保护领域立法的责任

**第三十一条 违反俄罗斯联邦在大气保护领域立法的责任**

违反俄罗斯联邦在大气保护领域的立法,根据俄罗斯联邦的立法承担刑事责任、行政责任和其他责任。

**第三十二条 大气污染对公民的健康、财产、法人财产和环境造成损害的赔偿**

大气污染对公民的健康、财产、法人财产和环境造成的损害应根据按照规定批准的价格和计算损害大小的方法全额赔偿,在没有这些的情况下,由在大气污染上有过错的自然人和法人根据恢复公民的健康、财产和环境的实际费用全额赔偿。

## 第九章 俄罗斯联邦在大气保护领域的国际合作

**第三十三条 俄罗斯联邦在大气保护领域的国际合作**

1. 俄罗斯联邦根据俄罗斯联邦在大气保护领域通过国际条约确立的原则开展国际合作。

2. 如果通过俄罗斯联邦的国际条约规定了本联邦法以外的规则,则适用国际条约的规则。

3.国际机构根据俄罗斯联邦国际条约的规定作出的决定,其解释与俄罗斯联邦宪法相矛盾,则在俄罗斯联邦不予执行。这种矛盾可以根据联邦宪法法律的规定确立。

# 第十章　最后条款

### 第三十四条　本联邦法的生效

1.本联邦法自正式公布之日起生效。

2.承认《俄罗斯苏维埃联邦社会主义共和国大气保护法》(俄罗斯联邦最高委员会的公告,1982年,第29号,第1027条)失效。

3.承认俄罗斯苏维埃联邦社会主义共和国最高委员会关于《俄罗斯苏维埃联邦社会主义共和国大气保护法》的生效规定的决议失效(俄罗斯联邦最高委员会的公告,1982年,第29号,第1028条)。

4.俄罗斯联邦政府根据与本联邦法出台自己的规范性法律文件。

俄罗斯联邦总统　Б.叶利钦

莫斯科,克林姆林宫

1999年5月4日

# 挪威王国公共卫生法<sup>*</sup>

## 第一章 总则

**第1条 目的**

本法的目的是为社会发展而提高公共卫生,包括平衡社会健康不平等。公共卫生工作应促进人民的健康、幸福以及良好的社会和环境条件,并帮助预防精神的和生理的疾病、伤害或痛苦。

本法将保障市、郡和国家卫生主管部门的措施实施,并以适当的方式在公共卫生工作中协调其工作。本法将促进长期的和系统的公共卫生工作。

**第2条 适用范围**

法律适用于市、郡和国家机构,本法对郡的规定也适用于奥斯陆。

当存在直接或间接影响健康的情况时,本法第3章还适用于私人和公共的活动和财产。

国王可颁布关于本法在斯瓦尔巴群岛和扬马延岛适用的规定,并针对当地情况制订的特殊规则。国王可以决定该法案中的规定是否适用于以及在何种程度上适用于从事国际贸易的挪威船舶、从事国际运输的挪威民用航空器以及在挪威大陆架上工作的设施和交通工具。

本法适用于医疗人员、公职人员和个人,具体参见本法第28条和第29条。

**第3条 定义**

下列定义在本法中适用:

a)公共卫生:人口健康状况以及健康在人群中的分布情况;

b)公共卫生工作:为影响直接或间接促进人民健康和幸福的因素,预防精神和生理疾病、异常或伤害,或阻止健康威胁而作出的社会努力,以及更平等地分配直接或间接影响健康因素的工作。

---

\* 译者:刘锦飞,北京外国语大学法学院助教。

# 第二章 市政府的责任

### 第4条 市政府的公共卫生工作责任

市政府应提高人民的健康、幸福以及良好的社会和环境条件,并帮助预防精神的和生理的疾病、伤害或痛苦,帮助平衡医疗社会差异,保护人民免受可能对健康产生不利因素的影响。

市政府应在分配给其的任务和途经范围内促进公共卫生,包括地方发展和规划以及管理和提供服务。

市政府有责任协助其他官方机构和企业将健康因素纳入考量。这种协助应通过如提出建议、发表声明、合作和参与计划制定等方式完成。市政府应协助与志愿工作机构的合作。

### 第5条 城市公共卫生状况和影响因素概述

市政府应当掌握人口健康状况概述以及影响健康的积极和消极因素,概述基于但不限于如下内容:

a)国家卫生机构和郡政府根据本法第20条和第25条公示的信息;

b)市医疗和保健服务的知识,参考《医疗和保健服务法》第3-3条;

c)本地影响人口健康的环境和社区的因素和发展特征。

概述必须是书面的,且识别出当地的公共卫生挑战,包含对原因和后果的考量。市政当局应该尤其关注导致或维持社会或医疗问题或社会医疗不平等的发展趋势。

卫生和护理部可以对市政府的概述进行更详细的规定。

### 第6条 目标和规划

根据第5条第2款的要求,概述应作为市政规划战略工作的基础。战略中应包括对市政当局的公共卫生挑战的讨论,参见《规划和建筑法》第10-1条。

在《规划和建筑法》第11章所述的城市总体规划方案中,市政府应根据第5条第2款的概述来确定适合应对本市面临的挑战的公共卫生总体目标和战略。

### 第7条 公共卫生措施

市政府应当实施应对市公共卫生挑战的必要措施,参见第5条。这可能包括与发展和生活条件相关的措施,如住房、教育、工作和收入、身体和社会环境、身体活动、营养、伤害和事故、烟草的使用以及酒精和麻醉性物质的使用。

市政府应提供关于个人和民众如何促进健康和预防疾病的信息、建议和指导。

# 第三章　环境卫生保护

### 第8条　区域和法规

环境健康包括环境中直接或间接可能影响健康的因素。这些因素包括但不限于生物学的、化学的、物理的和社会的环境因素。

卫生和护理部可以根据第1条的目的来制定法规，制定关于环境健康的规定，包括关于室内环境、空气质量、水源和供水、噪声、环境卫生以及防止事故和伤害等的规定。还可以制定关于部门内部管控系统的义务，以落实本章的规定或根据本章内容制定的规定。

### 第9条　市的任务和授权代表团

该市应当监督环境中的因素和状况，包括直接或间接地影响健康的，参见第8条。本法规定由市承担的环境健康责任和任务，可以按照《城市法》的规定进行授权，还可以授权给本市的公司。

市政府根据第1款规定对业务和财产进行的监督活动应单独记录，并在审计时受到独立和平等的待遇。

在必要时期，为保证市政府按照本章要求履行职责，市医生可以行使市政府的权力。

### 第10条　报告义务与批准

卫生和护理部可以对开展可能影响健康的活动之前或之中向市政府报告或获得市政府批准的义务制定更详细的规定。这同样适用于此类活动的变更。在批准时，市政府可以设置保护人民健康的条件，参考本法第1条和第8条。关于批准的进一步规定，包括对《服务法》的行政管理规定的满足，可通过法规颁布。《服务法》第11条第2款的例外情况仅在满足公共利益时制定。

对于有报告或批准义务的主体，可以在法规中根据第1款中的规定要求其提交一份来自官方认可的检查机构的评估。取得评估的时间间隔可以被指定，该主体需要自行承担检查机构的评估费用。

如果无法取得被认可的检查机构的批准或评估，则市政府可以要求停止活动。只有当停止活动的负面影响与要避免的健康风险成适当比例时，才可以要求停止活动。如有必要，活动的停止可以通过警察的辅助执行。

如果活动影响多个城市，可以通过法规规定郡长拥有批准权。如果活动影响多个郡，可以通过法规规定卫生与护理部拥有批准权。涉及水源和供水问题时，法规可以规定非郡长的其他官方机关拥有批准权。法规还可以就针对郡长、卫生与护理部或其他国家机关的批准如何进行上诉制定特别规定。

### 第 11 条　健康影响评估

市政府可以要求计划开展或正在开展活动的主体,自费评估其行为或条件对健康产生的后果。仅当进行评估的不便之处与需要调查的影响健康的因素成合理比例时,才能要求进行此类评估。

上诉机构在处理上诉时具有要求进行此类健康评估的权利。

### 第 12 条　信息披露义务

市政府可以对计划开展或正在开展可能影响健康的活动的主体施加信息披露义务,要求其向市政府提供为实现本章意旨的信息,不受保密义务的约束。在特殊情况下,市政府可要求任何在前款所述主体中工作的人员提供信息。其他官方机关也可以要求披露第 1 款所述的信息不受保密义务约束。

第 1 款所述的财产或活动的负责人,应当自行采取的措施向市政府提供可能影响健康的财产或活动的信息。

此外,市政府可以给第 1 款所述的财产或活动的负责人设置义务,要求其向公众、顾客或其他人提供关于可能影响健康的财产或活动的信息。

### 第 13 条　调查

为执行本章规定的任务,市政府可以决定对财产或活动进行调查。调查可以由第 9 条所述的被授权的官方机构进行,或在紧急情况下由市医生进行。在必要情况下,调查可以通过警方的援助进行。

任何执行调查的人,都应不受阻碍地检查财产和活动,并在没有补偿的情况下进行必要的检测。可以要求提交文件和材料,并下令进行对市政府完成本章要求的任务有影响的后续调查。市政府可以继续根据第 10 条第 2 款的规定要求企业进行新的评估,与调查有关的费用由财产或活动的负责人支付。

郡长在处理投诉时有权要求实施调查。

在调查财产或活动时,执行调查的人应首先联系公司管理层的代表人。

### 第 14 条　整改

如果情况对健康有直接或间接的负面影响,或者违反本章规定的,市政府可以责令整改本市财产或活动的各个方面。只有在整改造成的不便与健康考虑的合理比例表明情况应该整改的情况下,才可以要求整改。

命令必须是书面的且包含整改的截止日期,命令应该寄送至公司的负责人,执行命令的费用由负责人或公司承担。

### 第 15 条　强制罚款

市政府可以对超过第 14 条规定的整改命令的执行期限，以一次性罚款或当期罚款的形式对命令的收件人处以强制罚款。强制罚款必须与订单同时确定，或者与订单履行的新截止日期的确定有关。强制罚款的大小是在考虑执行命令的重要性以及它所承担的成本后确定的。强制罚款应纳入财政部。

强制罚款是强制执行的依据。

卫生和护理部可以对强制罚款的确定和计算进一步规定。

### 第 16 条　停业

当企业或财产出现紧急的危及健康的危险时，市政府应暂停全部或部分的企业或活动，直至情况得到纠正或危险消失。如有必要，可以在警察的协助下进行暂停。

### 第 17 条　违法罚款

卫生和护理部可以在法规中规定市政府可以对故意或过失违反本法第 10 条至第 14 条和第 16 条规定的人处以罚款。罚款同样适用于违反根据第 8 条和第 10 条制定的法规的行为，如果法规中有相关规定。

根据第 1 款的规定，卫生和护理部可以进一步地规定第 1 款中提到的违规行为可能导致的罚款。此外，法规还应该对费用的计算和支付作出进一步规定，对逾期不缴纳罚款的利息和附加费用可以另行规定。罚款将纳入国库。

关于违法罚款的最终决定是强制执行的依据。

当违法行为由企业代表人犯下时，可以根据本条第 1 款和第 3 款的规定对企业处以罚款。即使无法对个人处以违法罚款时也同样适用。

### 第 18 条　刑罚

任何故意或过失违反根据本章制定的指令或规定的人，将被处以罚款或不超过 3 个月的有期徒刑，或两者兼施。

如果违法行为并未导致健康损害或仅造成轻微的健康损害危险，则只有在市议会亲自提出要求时才能提起公诉。

### 第 19 条　上诉

由郡长裁决市政府或市医生根据本章规定作出决定的上诉。

## 第四章　郡的责任

### 第 20 条　郡政府对公共卫生的责任

郡政府应在工作中利用郡给予的条件促进公共卫生。这应通过区域发展和规划、行政管理和服务,以及应对郡公共卫生挑战的措施来实现,参见第21条第2款。

郡政府应支持市政府的公共卫生工作,其中包括根据第21条的规定提供信息,参照第5条第1款第a)项。郡政府应通过合作等方式推动和协调该郡的公共卫生工作。

### 第21条　郡内卫生状况及影响因素概述

郡政府必须掌握本郡卫生状况的概述,以及可能影响它的积极和消极因素。概述应基于包括但不限于以下内容:

a)国家卫生当局根据本法第25条提供的信息;

b)来自各个市、牙科服务和其他郡内关于公共卫生的相关知识。

概述必须采用书面形式并列出本郡的公共卫生挑战,包括对后果和诱因的评估。郡政府要特别关注可能造成社会持续健康问题或社会健康不平等的蔓延。

第2款所规定的郡公共卫生挑战概述,应当作为郡规划战略的基础。战略中应包括对这些挑战的讨论,参见《规划和建筑法》第7-1条。

卫生与护理部可以对郡的概述进行更详尽的规定,包括开展人口调查的义务,以及在郡内进行此类调查的内容和实施。

# 第五章　国家机构的责任

### 第22条　国家机构的责任

国家机构应当适时在其活动中评估对公众健康的影响。

### 第23条　郡长的责任

郡长应为国家公共卫生领域政策的实施作出贡献,并成为地方和区域层面以知识为基础的公共卫生工作的推动力,包括向市和郡提供建议和指导。

### 第24条　卫生局的责任

卫生局应监测影响公共卫生的事项,促进国家公共卫生领域政策的实施,并成为基于知识的公共卫生工作的推动力,包括制定良好的公共卫生的国家规范和标准。

卫生局应向市、郡、郡长和其他国家机构、医疗人员和民众提供有关公共卫生工作战略和措施的信息、建议和指导。该局应根据第25条的规定与国家公共卫生研究所合作,以提供有关公共卫生状况和其影响因素的相关信息。

### 第25条　国家公共卫生研究所的责任

国家公共卫生研究所应监测公共卫生的发展,编制人口健康状况及其影响因素的概述,并在公共卫生领域进行健康分析和研究。

国家公共卫生研究所应根据第5条和第21条的规定提供信息,以作为市和郡的概述的基础。信息应基于中央健康登记册的统计数据以及其他相关统计数据。国家公共卫生研究所应该为此类工作提供协助、建议、指导和信息。

卫生和护理部可以在法规中对如何向市和郡提供信息进行补充规定。

针对暴露于有害健康的环境因素，国家公共卫生研究所应协助市、郡长和其他国家机构、医疗人员和民众，以确保民众的健康得到保护。

# 第六章 合作、应急准备、内部管控和监督等

### 第 26 条 市的合作

当认为有必要妥善解决本市公共卫生工作时，卫生和护理部可要求城市之间进行合作，包括对合作任务和费用分配进行规定。

如果情况需要，市应当在发生事故和其他紧急情况时向其他市提供帮助，援助请求由需要援助的市政当局提交。接受援助的市，除依第 1 款另有约定或另有规定外，应向提供援助的市提供费用补偿。

### 第 27 条 社区医疗专业知识

市政府应具备依本法处理本市工作所需的社区医疗能力。应聘用 1 名或多名市级医生作为本市的医疗专业顾问，负责包括但不限于：

a）本市公共卫生工作中的社区医疗建议，参见第 4 条至第 7 条，包括流行病学分析，参见第 5 条第 2 款；

b）代表市政当局处理环境卫生保护、传染防控和医疗应急；以及

c）市议会交办的其他工作。

市政府可以与其他市政府联合雇用 1 名市医生。

### 第 28 条 应急准备

市、郡、郡长、卫生局和国家公共卫生研究所有责任进行必要的应急准备和采取紧急措施，参见《医疗应急准备法》第 2-1 条。

市政府有义务根据本法第 3 章和《医疗应急准备法》为其任务制订应急计划，医疗应急预案应当与本市其他应急预案相协调。

卫生和护理部可以在法规中进一步规定政府在环境卫生保护方面的应急准备，以及市政府、卫生信托基金和医疗人员有义务将环境事件或疑似与接触有害物质有关的疾病爆发通知国家公共卫生研究所。法规还可以进一步规定市、郡和国家卫生当局之间的任务和职责分工，以确保人民的健康得到保护。

### 第 29 条　与其他国家和国际组织协议的执行

议会中的国王可以通过法规对实施与其他国家和国际组织在公共卫生领域的协议进行详细规定。

警察、海关、港口、机场、食品安全局、武装部队、海岸警卫队、海岸管理局、渔业局、海事局与民防和应急计划局的工作人员有义务特别注意可能构成严重事故的健康威胁。此类人员有义务协助实施和遵守本法或依据本法制定的规定。

根据第 1 款的规定，法规可以对第 2 款中提到的雇员与船舶、飞机和其他交通工具的船长有义务，将第 2 款中提到的健康威胁通知市医生，不受法定保密义务的约束。法规可以为其他当局规定更多义务，包括决定由谁支付援助费用。

根据第 1 款的规定，法规对实施世界卫生组织的临时和常设措施进行规定。

### 第 30 条　内部管控

市和郡应根据《地方政府法》第 25-1 条的规定、本法规定或根据本法制定的规定进行内部管控。

### 第 31 条　对《公共卫生法》的国家监督

郡长应监督市和郡履行本法第 4 条至第 9 条、第 20 条、第 21 条和第 27 条至第 30 条以及《地方政府法》第 25-1 条规定的义务的合法性。

《地方政府法》第 30 条适用于第 1 段规定的监督活动。

### 第 32 条　全面的专业监督

卫生监督委员会应根据第 31 条对本法进行全面的专业监督，并按照法律法规的规定行使职权。

### 第 33 条　法规的继续实施

根据 1982 年 11 月 19 日第 66 号法案第 4a 章和第 7 条至第 9 条颁布的或继续实施的法规，在本法生效后继续适用。

### 第 34 条　生效

本法自国王作出决定之日起生效，国王可能会在不同时间执行个别条款。

### 第 35 条　其他法律的变更

自法律生效之日起，将对其他法律进行修改。

# 挪威王国食品生产和食品安全法[*]

## 第一章　目的、适用范围和定义

**第 1 条　目的**

本法的目的是确保食品的卫生和安全，促进整个生产链的健康、质量和消费者利益，并保护环境友好产品。

本法还旨在促进植物和动物的健康。

本法也保护整个生产链中的经营者的利益，包括国外市场准入。

**第 2 条　实体范围**

本法适用于与中间产品和食品（包括饮用水）的生产、加工、分配有关的所有要素。本法还适用于与中间产品和食品会发生接触或产生影响的原料和物品的生产。此外，本法适用于所有中间产品的使用。

本法适用于与植物和动物健康有关的所有要素，包括可能导致传染病的产品、物品和生物。

**第 3 条　地理范围**

本法适用于挪威的领土、领海，挪威的飞机和船舶以及挪威大陆架上的设施。国王可以就本法的适用制定进一步的规定，包括本法如何适用于停靠在挪威港口的外国注册船舶。

国王可以制定本法如何适用在斯瓦尔巴群岛、扬马延岛、挪威属地、挪威经济区、扬马延岛周围渔业区和斯瓦尔巴群岛周围渔业保护区的规定。国王可根据当地情况制定特殊规定。

**第 4 条　定义**

以下定义适用本法：

1. 商事主体：任何私有或国有企业或从事第 2 条所述活动的个人，为了私人和非商

---

[*]　译者：刘锦飞，北京外国语大学法学院助教。

业目的的行为除外。

2.投放市场:以出售、供应、经销、实际出售及其他任何形式的交易为目的持有产品,无论是否涉及付款。

# 第二章　一般要求和义务

### 第 5 条　合规义务和系统的控制措施

商事主体应当保证遵守本法或者依据本法的有关规定。国王可以颁布规定来指定相关企业负责人,以及将有关信息向监管机构报备的义务。

国王可以制定有关建立和执行系统的控制措施的义务的规定。

### 第 6 条　风险的预防、通知和措施的实施

如果有理由怀疑存在可能危害健康的食品,或可能危害健康或环境的中间产品,企业应立即通知监管机构。

如果有理由怀疑存在可能具有重大社会影响的传染性动物疾病,企业或任何其他人有通知义务。如果有理由怀疑存在可能具有重大社会影响的植物病虫害,企业以及不动产所有者或使用者有通知义务。

企业应立即采取必要措施来防止、减少或消除任何有害影响,这些措施包括停止产品销售和发起产品召回。

国王可能就风险的预防、通知和措施的实施制定进一步的规定,包括向公众提供信息。

国王可以就谎报的预防、通知和措施的实施制定规定,包括向公众提供信息。

### 第 7 条　设立、规划和运营

企业应确保经营的住所、规划和运营符合适当的卫生标准。

国王可以进一步规定企业的设立、住所、规划和运营的有关要求,包括通知、注册和批准以及批准失效的相关规定。

国王可以制定针对第 1 款所述的企业的服务供应商的有关要求,包括关于批准的要求。

国王可以通过规定来禁止任何可能对供水系统或内部分销网络造成污染风险的行为。

《服务法》第 11 条第 2 款规定的期限不适用于本节规定。

国王可以根据本节内容规定审批特殊情况的处理期限。

### 第 8 条　培训和职业资格

企业应当确保其与本法相关的所有从业人员具备必要的职业资格。

国王可以制定有关培训和职业资格的进一步规定,包括人员许可。

### 第 9 条　产品的批准、成分、成分构成和质量

国王可以通过条例来对原材料、植物、动物、食品、动物副产品以及可能接触或对中间产品和成品产生影响的材料和物品提出要求,包括与批准、成分和质量等有关的要求。

国王可以制定条例限制或禁止转基因生物、来自转基因生物的基因,或来自转基因生物的产品的存在。

### 第 10 条　标签、展示和广告

企业应确保标签、展示、广告和营销是正确的,能向购买者提供足够信息的,并且没有误导性。

该部可以对标签、展示和广告制定更详细的规定,包括对禁止不健康营销和自愿标签机制的适用条件的规定。

### 第 11 条　可追溯性

国王可以制定中间产品、植物、动物或食品的可追溯性的相关条例,以及接触或可能接触中间产品和成品的原料和物品的可追溯性的相关条例。

### 第 12 条　禁止狩猎、收获和营销等

国王可以通过条例规定:

a)禁止狩猎和收获;

b)禁止或限制适用于本法的商品的营销和使用;

c)对进口和出口提出要求或者禁止等。

从而实现本法的目的或履行挪威的国际义务。

### 第 13 条　进入营业场所、提供协助的义务、采样等

企业应当让监管机构不受阻碍地进入营业场所或任何开展本法范围内活动的场所,以便监管机构进行必要的调查。当挪威有必要履行国际义务时,外国检查员可以参加检查等。

企业应当免费为监管机构提供必要的场所、设备、工作协助和工具,或者为监管机构提供协助和便利。

企业应当根据监管机构的要求,免费提供必要的样品或者分析结果。

如果有正当理由怀疑存在可能产生重大社会影响的动物传染病或植物病虫害时,或者当有必要履行挪威的国际义务时,任何人均负有本条第1款至第3款所述的义务。

在特殊情况下，监管机构可以责令处理动物副产品的屠宰场和设施提供设施、设备和劳动力以执行特定任务。

国王可以对进入场所、提供协助的义务和采样等制定进一步规定。

### 第 14 条　提供信息和报告的义务

企业应当根据监管机构要求，制作或者提交必要的信息和样本。这同样适用于任何持有可能传播传染病的动物、植物、其他物品或生物体的人。监管机构可以决定如何提供信息，包括提供信息的形式和详细程度等。

如果在进口控制或传染病监测方面有必要，任何人都可能被命令制作或提交信息和样本。

国王可对提供信息和报告的义务以及公布检查结果的义务的制定进一步规定。

### 第 15 条　证明文件等

国王可以制定与证明文件有关的规定，包括准备证明文件的要求、获取和保存证明文件的义务，以及将证明、证书或其他证明文件附于运输中或市场上的产品的义务。

## 第三章　具体要求和义务

### 第 16 条　食品安全

禁止将任何不安全的食品投放市场。如果一种食品被认为对健康有害或不适合食用，则该食品应被视为不安全的。

国王可以对食品被认定为不安全的情况制定详细规定。

### 第 17 条　中间产品的安全

如果饲料是不安全的，则禁止将该饲料投放市场或喂给将被制成食品的动物。如果某种饲料被认为对人类或动物的健康有害，或使动物性食品不适合食用，则该饲料应被视为不安全的。

国王可对饲料被认定为不安全的情形作进一步规定，并对初级生产中的中间产品安全性提出要求。

### 第 18 条　植物健康

任何人都应尽必要的注意义务，以避免植物病害虫出现发展或传播的风险。

如果有理由怀疑某植物有可能产生重大社会影响的植物病害虫，则不得将该植物投入市场或移植。

国王可以制定有关预防、监测和防控植物病害虫的进一步规定，包括以下内容：

a）植物病害虫的分级和分类；

b）区域的建立；

c）对于可能产生植物病虫害传播风险的植物、物品、产品和生物体的要求；以及

d）关于提供植物病虫害防控的有关信息的义务，包括对有关财产的限制进行司法登记的义务。

### 第 19 条　动物健康

任何人都应尽必要的的注意义务，以避免任何动物传染病出现发展或传播的风险。

如果有理由怀疑某活体动物有可能产生重大社会影响的传染性动物疾病，则不得将该动物投入市场、投入畜牧业、移动或放出。

国王可以制定有关预防、监测和防控动物疾病和病原体的进一步规定，包括：

a）动物疾病和病原体的分级和分类；

b）建立不同健康或疾病状态以及依据流行病学分离的区域；

c）批准和使用用于动物的疫苗和其他药物疗法；

d）动物活体和动物死体、动物副产品和相关物品等的移动、运输、市场投放和使用；

e）对饲养动物的控制，动物精液、卵子和胚胎的提取和动物的繁殖；以及

f）限制可能携带感染源的人进入用于动物、饲料或动物设备的建筑物，以及对他们自己和随身携带的物品进行消毒的义务。

### 第 20 条　（已废止）

## 第四章　税、费用和补偿等

### 第 21 条　税和费用

国王可以通过条例要求企业支付费用，以支付与检验、控制和特殊服务有关的费用，如根据本法颁发证书和批准产品。

国王可以通过条例要求企业缴纳食品税，以支付第 1 款所述费用未涵盖的但与本法进行的检查和控制有关的费用。

国王可以通过条例要求生产商和进口商对农药缴纳环境税。

国王可以通过条例要求将种子、植物或植物部分投放市场的人缴纳税款，用于促进植物育种和此项活动所需的管理和控制。

国王可对上述税款的计算、征收和支付作出进一步规定。

如果未在规定的时间内缴纳税款或费用，则应按照 1976 年 12 月 17 日第 100 号法案中关于逾期付款利息的规定来上交利息。

未缴税款或费用可通过执行程序强制执行。

### 第 22 条　补偿因防治植物和动物的疾病、病原体和植物病害虫而采取的措施

牲畜根据本法第 23 条所述的命令被屠宰，或在此种命令下达前死亡，或因此种命令施加的治疗而死亡，则牲畜所有人应当获得补偿。获得补偿应符合下述条件，疾病、费用或损失不是因动物所有人或其他对动物负有责任的人的故意或严重疏忽等行为而引起的，同时此人已遵守本法第 6 条的通知义务，并且补偿决定是根据本法作出的。赔偿不适用于狗、猫和其他宠物。

牲畜所有人依照第 1 款的规定有权获得赔偿的，赔偿还应覆盖宰杀、掩埋和焚毁动物的必要费用，依照命令治疗、清洁和消毒的必要费用，依照命令毁坏房屋、配件、饲料、设备和肥料而造成的损失。

国王可根据本条内容对其他类型的补偿和费用作出具体规定。对补偿依照命令防治动物疾病和病原体的措施作出具体规定，对补偿依照命令防治植物病虫害的措施进行具体规定，还可以对补偿的决定、范围和评估作出具体规定。

# 第五章　行政规定、制裁和处罚措施

### 第 23 条　监管和决定

挪威食品安全局负责监督管理并确保根据本法内容制定的规定实施，包括禁止进口、出口和出售，以及召回、隔离、宰杀、销毁、撤销批准、设置限制、贴标签或特殊处理措施。国王可以委托其他公共或私立机构，并指定在这种情况下的上诉机构。

如有不遵守命令的情况，若无法确定负责人或需要迅速采取措施，则监管机构可以自行实施第 1 款所述的措施。执行这些措施的产生费用可由负责人承担。未清偿金额可通过执行程序强制执行。

为了履行挪威的国际义务，挪威食品安全局可以制定、修改或废除在有限时间内适用的法规，无须事前协商程序，并可以通过特殊程序发布此类法规。

公共部门有义务应要求向监管机构提供必要的信息，不受保密义务约束。警察、海关、海岸警卫队和市政当局应根据请求协助监管机构。

### 第 24 条　特殊的清洁消毒程序

对怀疑有病原体或植物病虫害的房地产、建筑物或动产，可以下达清洁、消毒或销毁等命令。此类房地产、建筑物或动产的使用也可能受到限制。

如果出于防疫的必要，可以命令在所有权人的土地上，或特殊情况下在其他人的土地上，填埋动物尸体或传染性的物质，前提是这样做不会给财产所有权人或财产使用人带来实质性的不便。在他人的土地上进行填埋时，应根据本法第 22 条的规定支付补

偿金。

本法第 23 条第 2 款相应适用。

### 第 25 条 场所的关闭和检疫

如果出现或可能出现食品危害健康的风险、动植物健康的风险或环境破坏的风险，企业可能会被要求关闭一项或多项活动。这同样适用于企业在未经必要批准的情况下经营的情况。

企业若不遵守重要命令、严重违反本法规定或根据本法制定的法规，可被责令关闭一项或多项活动，为期最长 6 个月。

在不遵守关闭命令的情况下，如果不知道谁是负责人或有必要快速采取措施，监管机构可以自行采取关闭措施。关闭措施可能由负责人承担费用。未清偿金额可通过执行程序强制执行。

### 第 26 条 强制罚款

企业逾期不履行个人决定的，可以处以一次性罚款或者连续日罚款的形式强制罚款。要支付的强制罚款金额的确定需考虑确保遵守命令的重要性以及由此产生的预期成本。

如果有必要确保在截止日期前完成，则可在发出命令时处以强制罚款。

支付强制罚款的命令可通过执行程序强制执行，监管机构可以免除已累积的强制罚款。

国王可以制定关于强制罚款的征收和计算的进一步规定。

### 第 27 条 向公众提供的信息

如果有理由怀疑食品或饲料的摄入可能会对人类或动物健康造成风险，监管机构应主动向公众提供其掌握的相关信息。

如果消费者利益或其他公共利益确有合理需求，监管机构也可以向公众提供相关信息。

国王可以制定有关向公众提供信息的规定。

### 第 28 条 刑事处罚

任何人故意或因重大过失违反本法规定或依据本法作出的规定，或违反根据本法作出的决定，若该事项不受更严厉的处罚，则将被处以罚款或不超过 1 年的有期徒刑，或两者并施。情节特别严重的，可判处两年以下有期徒刑。

国王可以在条例中决定对违反本法行为的当场或事后的罚款；对于特定类型的违法行为，可以按固定比例采用简化令状的形式处以罚款。在令状中，可以用关键词或类似的方式指出刑事条款和罪行。

如果没有立即接受当场罚款的简化令状，则该选择不再适用。如果被指控人未满 18周岁，则可以给予其在一段较短时限内接受罚款的选择。非当场签发的令状，相应地适用《刑事诉讼法》第 256 条第 5 项的规定。如果在期限内未接受此类令状，则罚款的选择不再适用。国王可以制定有关非现场签发令状程序的进一步规定。

检察机关可以出于被告人的利益而撤销已被接受的令状。

无权签发简化令状的警务人员，可被授予签发简化令状的权力。

国王将根据本条内容制定关于使用简化令状的详细规定，并将规定罚款的比例和替代监禁的刑罚。

# 第六章　其他规定

### 第 29 条　建立信息登记簿

当有必要实现本法的目的时，或有必要保护挪威已签署的国际协议时，监管机构可以建立信息登记簿或连入此类登记簿。未经数据主体的同意，此类登记簿不得收入《个人信息保护条例》第 9 条第 1 款所述类型的个人数据。

### 第 30 条　对产品名称的保护

国王可以通过法规制定与产品名称和商品名称的保护和使用有关的规定，以及滥用此类名称的赔偿的规定，以及与此类法规有关的特殊程序的规定。

国王还可以根据《商标法》、1985 年 6 月 21 日第 79 号关于公司名称和其他商业特征的专有权的单行法案、1993 年 3 月 12 日第 32 号关于植物育种者权利法案、2002 年 6月 7 日第 19 号关于个人姓名的法案和 2003 年 3 月 14 日第 15 号关于保护设计的法案的规定来限制注册权，或取消上述法案中对权利的限制，前提是没有收到针对根据本法制定的法规的异议。

### 第 31 条　费用报销

国王可以制定有关费用报销的规定，以简化初级生产环节对《食品法》的要求和义务的遵守。

### 第 32 条　豁免

在特殊情况下，监管机构可以豁免本法第 2 章和第 3 章规定的条款，前提是不与挪威在国际法（包括《欧洲经济区协议》）中的义务相冲突。

### 第 33 条　实施和补充本法

国王可以制定任何必要的法规来补充和确保本法的实施。

国王可以制定为履行《欧洲经济区协议》规定的挪威义务所必需的任何法规,包括规定在发生冲突时,此类法规应优先于本法案的规定。

# 第七章　生效和过渡条款

### 第 34 条　废止其他法律

废止下列法律:(略)。

### 第 35 条　其他立法修正

(略)。

### 第 36 条　生效和过渡条款

本法自 2004 年 1 月 1 日起生效。

根据本法第 34 条或第 35 条废除或修改的法规或个别决定将继续适用,直至被废止。

# 贝宁共和国人权委员会法<sup>*</sup>

国民议会在 2012 年 12 月 17 日的会议上审议并通过了该法,其内容如下:

## 第一章　总则

**第 1 条**　兹设立贝宁共和国人权委员会,以下简称"委员会"。

该委员会是一个独立的国家人权机构,它不受任何公共权力机关的干涉,独立行使其职能。

**第 2 条**　委员会享有法人资格和管理自主权。

**第 3 条**　委员会的总部设在科托努。但是,在议事规则规定的条件下,可以将委员会总部转移到贝宁共和国国家领土内的任何其他地方。

委员会可以在全国范围内设立地方和区域分部。

## 第二章　职权范围和组织形式

### 第一节　委员会的职权范围

**第 4 条**　委员会的使命是在贝宁共和国全境促进和保护人权。

因此,它被授权:

主动或应政府的要求,向共和国机构、民众和任何主管机构提供信息、意见并就所有与人权有关的问题提出建议;

向政府提出所有可能促进和保障人权的文本提案,并对影响人权的法案和提案发表意见;

接受公民的个人和集体请求,并对侵犯人权案件展开调查;

为贝宁共和国的法治和法制建设而努力;

组织关于人权的宣传运动,并采取一切可能促进人权文化的行动;

---

\* 译者:杨淑闵,北京外国语大学法学院助教。

合作制定有关人权的教学和研究方案；

确保执行和尊重贝宁在人权领域的国际承诺；

定期对拘留和监禁场所进行突击或通知访问，以防止任何侵犯人权的行为；

鼓励贝宁加入或批准所有国际或区域人权公约，并确保在官方公报上公布这些公约；

协助政府在规定期限内编写定期报告，以落实贝宁在人权领域的国际和区域承诺，并确保落实由此产生的建议；

与所有国际和区域人权机制开展合作；

与国家人权机构以及国家人权机构的次区域、区域和国际网络合作；

与国家为促进和保护人权而设立的机构以及在人权领域工作的其他民间社会组织合作，如与非政府组织合作；

确保立法和国家惯例符合贝宁加入的国际人权文书规定；

主动审查经证实的或提请其注意的所有侵犯人权情况，并就此事采取一切适当行动；

起草有关人权状况的定期报告和所有有关人权的其他具体问题的特别报告；

协助受害者对所有已被证实的侵犯人权行为采取法律行动，特别是协助上述侵犯人权行为的受害者；

引导投诉人，并向对主管法院提出请求的人提供帮助。

## 第二节 委员会的组织形式

**第 5 条** 委员会由从享有公民权利和政治权利的贝宁国籍人士中选出的 11 名成员组成，他们道德高尚、思想独立、在各自领域有着丰富的经验，并对人权领域感兴趣。

所有委员会成员必须满足以下条件：

• 拥有贝宁国籍且年满 25 周岁；

• 享有公民权利和政治权利；

• 从未因犯罪或轻罪而被定罪，但因非故意犯罪而定罪的除外；

• 不属于政党管理机构的成员；

• 从未受到职业禁令。

**第 6 条** 委员会由下列人员组成：

1 名具有至少 15 年资历的同行指定的治安法官代表；

1 名具有至少 15 年资历的同行任命的律师协会代表；

1 名具有至少 15 年资历的同行任命的医生代表；

2 名国民议会议员；

因考虑其任务的多样性,具有 1 名由同行指定的促进和保护人权的非政府组织的代表;

1 名由妇女协会选出的维护妇女权利的代表;

1 名促进儿童权利的非政府组织代表;

由同行指定的代表中央工会的 1 名工会会员;

1 名由同行任命的雇主代表;

1 名由同行任命的(公共和私人媒体)记者代表。

**第 7 条** 委员会成员应在由 3 名成员组成的遴选委员会的监督下,由其同行以民主方式任命,其组成情况如下:

• 1 名国民议会主席团的代表;

• 1 名负责人权事务的常务委员会代表;

• 1 名负责社会事务的常务委员会代表。

在实施该法的法律通过 1 个月后,该委员会由国民议会设立。

它确保尊重性别以及确保其他社会平衡,同时也要考虑到国家的社会现实。

**第 8 条** 每个被提名人都有一个候补人选,候补人选应符合本法第 7 条的规定。

在相同条件下任用的候补成员应在出现职位空缺时接替任职者。

任命的委员会成员依法由部长理事会根据负责人权事务的部长的提议任命,任期为 5 年,可连任一次。

**第 9 条** 因原任职者死亡、辞职或被证实违约而导致出现空缺职位时,主管人权事务部门的部长将任命候补成员任职原任职者的岗位。无论因何种原因,这种替代都是确定的。

**第 10 条** 委员会成员在就职前,应在宪法法院宣誓以下条款:

"我发誓,我将忠实和诚实地履行我的职责,我将依法公正和独立地行使这些职责,并且我将坚定不移地履行我该尽的义务。"

**第 11 条** 委员会成员的任期应在下列条件下终止:

• 任职后被发现不符合法令规定的任职资格条件;

• 委员会主席团按法定手续证明其离职;

• 根据委员会议事规则中规定的条件,长期或多次缺勤;

• 经医疗委员会证实其存在身体缺陷或精神上的缺陷;

• 在不影响可能对其提起的刑事诉讼的情况下,经 2/3 的成员提议,对有严重违法行为的人予以解雇;

• 2/3 的委员会成员在听取甄选委员会有关人员的陈述后证实其失职;

• 辞职；

• 死亡；

• 两名代表不属于连选。

任何可能危及委员会任务的行动或举动均可被视为失职。

失职行为的性质和分类在议事规则中具体规定。

根据本法的规定，失职成员应在 3 个月内被替换。

替换者继续任职到剩余的任职期限。

**第 12 条** 委员会第一次会议由主管人权的部长召集。

它由委员会最年长的成员担任主席，并由最年轻的秘书协助。

# 第三章 委员会的运作

## 第一节 委员会的机构

**第 13 条** 委员会的机关是：

全体会议；

执行理事会；

咨询机构；

和专门的小组委员会。

**第 14 条** 委员会全体会议是委员会的审议机构。

它应每年举行四次常务会议。经主席召集或 1/3 以上委员会成员的提议，可以临时召开委员会全体会议。

绝对多数的委员会成员出席会议时，委员会全体会议才能有效举行。其决定应由出席会议的过半数成员作出。

委员会全体会议自行确定其行动纲领。

委员会全体会议选举执行理事会的成员，并规定在他们严重失职或任何其他原因的情况下进行替换。

**第 15 条** 执行理事会是委员会的执行机构。

它由以下成员组成：

• 1 名主席；

• 1 名副主席；

• 1 名总报告员；

• 1 名财政部部长；

• 1 名副财政部部长。

它负责管理和执行委员会所作出的决定。

**第 16 条**　对于行政部门和第三方，执行理事会主席代表委员会。

由执行理事会主席向共和国机构发送委员会的年度活动报告和人权状况报告，并确保其广泛传播。

关于人权状况的年度报告由委员会主席提交国民议会，随后进行辩论。

**第 17 条**　副主席协助主席工作，并在主席缺位或不能行使职权时继任主席的职位。

**第 18 条**　总报告员在委员会的届会和执行理事会会议期间担任秘书。

**第 19 条**　财政部部长负责委员会的会计和财务工作并负责所有相关业务的操作。

财政部部长需要将会员费转入银行账户，并负责向委员会全体会议提交财务报表。

财政部部长负责监督委员会年度预算的编制和制定。

副财政部部长协助财政部部长工作，并在财政部部长缺位或不能行使职权时继任财政部部长的职位。

**第 20 条**　执行理事会成员应全职履行其职责，并领取津贴和与其职位有关的其他福利。

委员会其他成员应领取会期津贴。

不同的薪金应依法由部长会议确定。

**第 21 条**　经证实，执行理事会 1 名或多名成员有失职行为时，应按照议事规则规定的程序经委员会全体会议决定将其替换。

**第 22 条**　委员会议事规则应确定：

选举执行理事会成员的程序；

会议和表决的条款和条件；

在设立地方和区域分部的情况下，国内的运行方式；

各专门机构的运作；

资源管理规则；

征聘行政秘书和其他工作人员的程序；

以及组织方式、行政秘书处的运作以及本法未予规定的任何其他事项。

**第 23 条**　委员会设有常设秘书处，由执行理事会领导，由行政秘书负责。行政秘书负责完成委员会任务所需的实际任务。

在执行理事会的监督下，行政秘书确保技术服务的组织和管理，并执行与委员会运作有关的日常任务且对其进行记忆。

此外,行政秘书应该出席全体会议和执行理事会的会议,但无表决权。委员会的《议事规则》规定了其概况。

**第 24 条** 委员会可根据其需要求助于借调的或正式的国家公务人员。

委员会还可以召集专家完成特定任务并设立咨询机构。

## 第二节 委员会的资源

**第 25 条** 委员会的资源应包括:

• 由国家提供的资金、建筑物、家具和设备组成的初始捐赠基金。

• 国家授予的年度拨款。这些资金将在国家总预算的框架内分配,并将作为一个单独项目的主题。

• 符合现行法律下的捐赠和遗产。

• 委员会成员的会员费。

• 委员会举办的活动可能产生的资源。

委员会根据公共会计管理标准和程序,独立管理其预算。

**第 26 条** 委员会根据预算事项的规则和原则报告其管理情况。

# 第四章 义务和保护

**第 27 条** 委员会执行理事会成员的职能不涉及任何选举授权的行使,不涉及任何私人或公共、民事或军事就业问题以及任何专业性活动和任何行使国家代表职能的行为。

**第 28 条** 委员会成员应遵循保密义务。

**第 29 条** 委员会成员不得因在履行职责时或在履行职责过程中,甚至在其职位终止后发表的意见或投票而被起诉、调查、逮捕、拘留或审判。

**第 30 条** 未经最高法院全体会议事先许可,委员会成员在担任委员会成员期间以及在其不再担任委员会成员后的 12 个月内,不得因犯罪或违法行为被逮捕或起诉。

然而,若公然进行犯罪或实施违法行为,则可以对其进行逮捕,但只有在最高法院的司法法庭提出有利的意见后才能被起诉,该意见必须在 48 小时内给出。

# 第五章 侵犯人权案件的程序和解决方式

## 第一节 提交委员会

**第 31 条** 任何人如认为自己是其一项权利受到侵犯的受害者,均可向委员会提出申请。

申请主体可以是个人或其代表、第三方、非政府组织、协会或工会或代表受害者的任何其他组织。

申请书应具体说明受害者的身份和地址以及所涉人员或机构的身份和地址，并应简要说明其所犯侵权行为的性质。

委员会还可受理它所了解的侵犯人权的案件。

第 32 条　该事项应以书面或口头方式，或以任何其他有效的手段提交委员会，以便能够确定申请书的正式程序和实质内容。

第 33 条　委员会无权处理：

不构成宪法、法律和国际人权文书上所指的侵犯人权的事实；

已经作出可执行裁决的案件，或仍在法院待决的案件。

### 第二节　侵权案件的解决

第 34 条　执行理事会最迟应在提交给委员会的 48 小时内开会。

如果发生严重和明显的侵权行为，主席团应立即举行会议。

任何情况下，当执行理事会决定对侵犯人权的案件进行追究时，就会汇编一份档案，并转交给由 1990 年 12 月 11 日宪法授权的机构，由此机构审理此案。

在发生司法诉讼的情况下，委员会可与受害者一起提起民事诉讼。

## 第六章　杂项规定和过渡性规定

第 35 条　任何人以任何方式阻挠或企图妨碍委员会的运作，应根据现行法规的规定予以惩处。

对委员会成员进行威胁、侮辱、暴力和攻击的行为人，应根据现行法规的规定予以惩处。

第 36 条　本法颁布后，委员会成员应在其申请通过后最多 3 个月内正式就职。

第 37 条　本法废除了以前所有相反的规定，特别是 1989 年 5 月 12 日关于成立贝宁人权委员会的第 89-004 号法律。本法应作为国家法律被执行。

波尔图·诺沃, 2012 年 12 月 17 日

国民议会主席

# 墨西哥合众国国际引渡法<sup>*</sup>

1975 年 12 月 29 日在联邦官方公报上公布的新法

当前文本

最新修订公布于 2021 年 5 月 20 日

## 第 1 章　宗旨和原则

**第 1 条**　本法规定系基于公共秩序并具有联邦性质,旨在确定在与请求国没有国际条约的情形下,向请求国移交基于犯有普遍管辖的罪行并在其法院被指称的被告或被其判刑的被请求引渡人的程序和条件。

**第 2 条**　处理和解决外国政府提出的任何引渡请求,依照本法规定的程序进行。

**第 3 条**　墨西哥政府向外国提出的引渡请求应适用现行条约,无此类条约的,应适用本法第 5 条、第 6 条、第 15 条和第 16 条。

共和国各州或墨西哥城共同管辖区的联邦主管当局提出的引渡请求,由外交部秘书处通过共和国总检察长办公室处理。

**第 4 条**　本法所提及的墨西哥刑法,应理解为《联邦区普通管辖事项刑法典》《全共和国联邦管辖事项刑法典》以及所有界定犯罪的联邦法律。

**第 5 条**　任何个人,在另一国因涉嫌犯罪并已被提起指称应负责任的刑事诉讼或为执行请求国司法当局判决而被传唤,可根据本法移交。

**第 6 条**　根据墨西哥刑法的定义,故意或过失犯罪在符合以下条件的情况下才能准予引渡:

Ⅰ. 对于故意犯罪,此类犯罪根据墨西哥刑法和请求国刑法均应受到惩罚,并且均应处以算术平均刑期至少 1 年以上的监禁;对于严重的过失犯罪,根据上述两国法律均构成可惩罚性并均可处以监禁。

---

\* 译者:赵天龙,北京外国语大学法学院助教。

II. 不包含在本法规定的例外中。

**第 7 条**　以下情况不予引渡：

I. 被请求引渡人已成为无罪释放、赦免或大赦的对象，或已完成引渡请求所指称的犯罪的刑罚；

II. 根据墨西哥刑法，犯罪需要来自合法方的控告，但缺少该控告；

III. 墨西哥刑法或请求国适用的法律规定的行动或处罚已超过法律规定的期限，并且；

IV. 犯罪是在共和国法院的管辖范围内实施的。

**第 8 条**　在任何情况下，可能成为请求国政治迫害对象的人，或者被请求引渡人在犯罪所在国已具有被奴役的条件的，都不准予引渡。

**第 9 条**　引渡请求所指称的犯罪来自军事管辖范围的，不予引渡。

**第 10 条**　为履行请求程序，墨西哥要求请求国承诺：

I. 必要条件下，承诺给予互惠。

II. 对于在引渡之前发生的犯罪，其在请求中被遗漏并且与引渡请求所指称的犯罪无关的，不能作为程序中的事务处理，也不能作为加重情节。但是，被请求引渡人自愿为之受审，或者在请求国领土内拥有绝对的离开自由的权力而不使用，并在请求国领土内连续停留两个月以上的，请求国解除这一承诺。

III. 将指称的被请求引渡人提交给在引渡请求指称的犯罪之前依法设立的有管辖权的法院，以使其接受法律程序的审判和惩处。

IV. 即使被请求引渡人已经被缺席定罪，在任何情况下，请求国都应保障其听证权并向其提供法律救济。

V. 对于引渡请求所指称的在请求国立法中可判处死刑的犯罪，或《宪法》第 22 条规定的任何犯罪，请求国仅能对被请求引渡人判处监禁，以直接或替换或减刑的方式以其他比该立法规定的严重刑罚更轻的刑罚方式进行惩处。

VI. 不得将同一人引渡到第三国，但本条第 II 款规定的例外情况除外。并且

VII. 向墨西哥政府提供在此过程中发布的可执行的决议的真实副本。

**第 10 条之二**　当有充分理由认为被请求引渡人将会面临遭受酷刑或强迫失踪的危险时，禁止将其引渡至另一国。

为了确定是否存在遭受酷刑的理由，主管当局应审查所有的相关因素，包括在适当情况下，审查有关国家存在持续或系统的严重、公然或大规模侵犯人权的情况。

**第 11 条**　被请求引渡人在共和国内因有未决原因或因与正式引渡请求不同的犯罪

被定罪,则其对请求国的引渡移交(如适用)推迟至最终决议宣布其获得自由之日。

**第12条** 两个或两个以上国家要求引渡同一人,并且对于所有或多个这些国家而言,该引渡均系适当,则被请求引渡人在以下情况下被移交:

I. 移交至根据引渡条约提出请求的请求国;

II. 当多个国家援引引渡条约时,移交至犯罪发生地国;

III. 当发生此种情况时,移交至对于引渡请求指称的犯罪应受到更严厉惩罚的请求国;并且

IV. 在任何情况下,移交至为引渡目的首次提出引渡或临时逮捕请求的请求国。

**第13条** 根据前条规定获得引渡优先权的国家可以拒绝接受未获得引渡优先权的第三国的引渡请求。

**第14条** 墨西哥公民不得被移交至外国,但行政部门认为的特殊情况除外。

**第15条** 被请求引渡人在引渡请求所指称的事件之后才获得墨西哥公民的身份的,此身份不能成为移交的障碍。

# 第2章 程序

**第16条** 正式的引渡请求和请求国所依据的文件应当包括:

I. 引渡请求所指称的犯罪的描述。

II. 证明犯罪的主体和被请求引渡人应负责任的证据。被请求引渡人已被请求国法院定罪的,应当附上可执行的判决的真实副本。

III. 与请求国没有引渡条约的情况下,本法第10条所述的证明。

IV. 请求国关于界定犯罪和确定处罚的法律文本的复印件,其中应当涉及诉讼时效和可适用的处罚的规定以及在犯罪发生时这些规定有效性的权威声明。

V. 已针对被请求引渡人发出的逮捕令(如适用)的真实文本。

VI. 被请求引渡人的资料和个人经历的文件,这些文件可以识别被请求引渡人的身份,并在可能的情况下找到被请求引渡人的位置。

本条规定的文件和任何以外语呈现和撰写的其他文件应当附上西班牙文翻译,并根据联邦刑事诉讼法的规定进行合法化。

**第17条** 当一国表示有意图提出对某人的正式引渡请求,并且请求对其采取预防措施时,请求国的请求包含引渡请求所指称犯罪的描述以及主管当局对被请求引渡人发出逮捕令的证明的,可以同意这些请求。

外交部认为有采取措施必要的,应向共和国总检察长移交该请求,总检察长应立即

向对应的地区法院法官提出申请,地区法院法官应当应总检察长的申请作出适当措施,这些措施应包括保证措施或者根据条约或法律规定的其他合理措施。

**第 18 条** 自前条规定的措施执行之日起计算,在根据《墨西哥合众国宪法》第 119 条规定的两个月内,请求国未向外交部提交正式的引渡请求的,立即解除上述措施。

审理法官应将本条所述期限的开始之日向外交部作出通知,外交部应将此事项通知至请求国。

**第 19 条** 外交部收到正式的引渡请求后,应立即对其进行审查。外交部认为不予受理的,应作出不予受理决定并通知请求国。

**第 20 条** 条约或本法第 16 条规定的要求未得到满足的,外交部应通知请求国,以使其纠正指称的遗漏或缺陷。被请求引渡人受到预防措施约束的,应当按照本法第 18 条的规定执行。

**第 21 条** 请求被批准的,外交部应将请求连同审理文件一并送交至共和国总检察长,地区管辖法院法官可以在共和国总检察长向其提出申请后,下令遵守命令;下令拘留被请求引渡人;并且在必要时,根据请求国的请求下令扣押被请求引渡人与所指控犯罪有关的或可能是证据的文件、金钱或其所拥有的其他物品。

**第 22 条** 被请求引渡人所在地地区管辖法院法官知悉被请求引渡人下落时,应由其管辖,被请求引渡人下落不明的,由联邦区刑事事项地区法官管辖。

**第 23 条** 地区管辖法院法官的审理系一审终局且不能上诉,管辖权问题同样也不能上诉。

**第 24 条** 被请求引渡人一旦被逮捕,应立即使其在相应的地区管辖法院出庭并告知其引渡请求的内容及请求所附文件的内容。

在同一审讯中,被逮捕人可以指定 1 名辩护人;被逮捕人没有或不愿指定的,由其在辩护人的官方名册中进行选择;还没有确定辩护人的,由法官为其确定。

被逮捕人在指定辩护人时未在场的,可以向法官请求推迟开庭至同意其辩护人的身份之日。

**第 25 条** 被逮捕人应由其自己或其辩护人进行辩护,并且其可在不超过 3 日的期限内提出以下异议:

I. 引渡请求不符合适用条约的规定,或在没有引渡请求时,与本法的规定不符。

II. 被逮捕人不是被请求引渡人。

被逮捕人证明其异议的期限为 20 日。法官认为有必要的,可以延长这一期限,并由检察官办公室进行初步听证。在此期间,检察官办公室可以提供其认为适当的证据。

第 26 条　被逮捕人的犯罪发生在在墨西哥领土上的，其具有获得保释的权利。被逮捕人提出获得保释请求的，法官在审查正式引渡请求的材料、被逮捕人个人情况和所涉犯罪的严重性后，可以准予其请求。

第 27 条　在本法第 25 条规定的期限结束时，或在此之前必要措施被解除的，法官应在随后的 5 日内向外交部发出通知，说明其关于解除行为及解除行为依据的法律意见。

即使被逮捕人未作出答辩，法官也应依职权审查本法第 25 条允许的异议情况。

第 28 条　被逮捕人在本法第 25 条规定的期间内没有提出异议或明确同意对其之引渡的，法官无须进一步程序处理并应在 3 日内作出意见。

第 29 条　法官应将其意见连同审理文件一并发予外交部，以使外交部负责人作出下一条规定的决定。被逮捕人在该期间应留在原措施实施单位所在地。

第 30 条　外交部应在随后的 20 日内，根据审理文件和法官意见作出准予或拒绝引渡的决定。

在同一决定中（如适用），外交部应就本法第 21 条所述对象之交付作出决定。

第 31 条　决定系拒绝引渡的，外交部应立即下令释放被逮捕人，但符合下一条规定的除外。

第 32 条　以被逮捕人系墨西哥公民为理由而拒绝引渡的，外交部应向被逮捕人和共和国总检察长通知其决定，同时交由总检察长处理并向其送交审理文件，以便公共事务部可以将案件记录到管辖法院（如适用）。

第 33 条　决定系准予引渡的，外交部应通知被逮捕人。

此决定只能通过宪法权利保护诉讼提出异议。

被逮捕人或其代理人在 15 日内未提出保护宪法权利的申请，或申请在适当情况下被明确拒绝的，外交部应向请求国通知此有利于引渡的决定并且下令向请求国移交被逮捕人。

第 34 条　被逮捕人的移交由共和国总检察长办公室向请求国授权代表在边境口岸或被请求引渡人过境须乘坐的飞机上进行，并且事先通知内政部。

在飞机上进行移交的，飞机准备起飞时墨西哥当局停止干预。

第 35 条　请求国在被请求引渡人交由其支配之日起 60 个日历日内不对被请求引渡人进行管理，被请求引渡人应重新获得自由并且请求国不得因同一引渡请求所指称的犯罪再对其进行逮捕或对其行使管辖。

第 36 条　对于根据条约不具有强制性的引渡义务，外国请求此项引渡的，联盟执行机构可以根据本法第 10 条的规定进行同意。

**第 37 条**　由引渡引起的任何费用由联邦财政部支付,费用由提出引渡请求的请求国承担。

## 过渡性规定

**第 1 条**　本法在联邦"官方公报"公布后的次日生效,并废除 1897 年 5 月 1 日的《引渡法》。

**第 2 条**　本法生效后正在进行的引渡继续受其在本法生效前所适用的法律的拘束。

墨西哥城,1975 年 12 月 18 日 - Emilio M. González Parra, S. P, -Luis del Toro Calero, D. P.- Germán Corona del Rosal, S. S.- Rogelio GarcíaGonzález, D. S.- 签名。

根据《墨西哥合众国宪法》第 89 条第 I 项的规定,并为使其得到适当公布和遵守,我于 1975 年 12 月 22 日在墨西哥城联邦行政机构颁布本法令。- Luis EcheverríaAlvarez.- 签名 - 外交部 Emilio O. Rabasa.- 签名 .- 外交部, Mario Moya Palencia.- 签名 .。

## 修订法令的过渡性规定

修订和增加《国际引渡法》条款的法令

1984 年 12 月 4 日在联邦官方公报上公布

**第 1 条**　修订《国际引渡法》第 3 条、第 18 条为如下:

⋯⋯

## 过渡性规定

**第 1 条**　本法令在联邦官方公报公布后的次日生效。

墨西哥城,1984 年 10 月 31 日 - Alejandro SobarzoLoaiza.- S.U.P., Ricardo Castillo Peralta.- D.P., Rafael Armando Herrera Morales.- S.S., Nicolás Orozco Ramírez, D.S.- 签名。

根据《墨西哥合众国宪法》第 89 条第 I 项的规定,并为使其得到适当公布和遵守,我于 1984 年 11 月 6 日在墨西哥城联邦行政机构颁布本法令。-Miguel de la Madrid Hurtado.- 签名 .- 外交部, Bernardo Sepúlveda Amor.- 签名 .- 外交部, Manuel Bartlett D.- 签名。

本法令系关于修订、增加和废除《联邦区普通管辖事项刑法典》、《全共和国联邦管辖事项刑法典》、《联邦刑事诉讼法》、《联邦地区刑事诉讼法》、《墨西哥合众国政治宪法》第 103 条、《宪法权利保护法》第 107 条、《国际引渡法》、《联邦地区共同事项和全共和国联邦事项民法典》、《联邦公务员责任法》、《联邦财政法院组织法》、《联邦地区行政争议法庭法》、《联邦防止和惩治酷刑法》、《联邦预算、会计和公共支出法》以及《联邦司法机构组织法》的多项条款。

1994 年 1 月 10 日在联邦官方公报上公布

**第 1 条**　修订《国际引渡法》中的以下条款：第 6 条第 1 款第 I 项，第 10 条第 V 项，第 16 条第 II 项，第 33 条第 2 款、第 3 款以及第 35 条。修订如下：

……

# 过渡性规定

1. 本法令于 1994 年 2 月 1 日生效。

2. 本法令生效之前启动的危害健康罪所遵循的程序，即使新规定已重新编号，应继续适用本法令所载之新规定。

3. 本法令生效之前的犯罪人，包括被起诉人或被判刑人，应适用犯罪时有效的《刑法典》条款的规定，但不妨碍酌情适用该法第 56 条的规定。

4. 废除所有与本法令相抵触之规定。

墨西哥城，1993 年 12 月 21 日 - CuauhtémocLópezSánchez，总统 .- 参议员 . Eduardo Robledo Rincón，总统 .- Dip. Sergio González Santa Cruz，秘书 .- 参议员 . Antonio Melgar Aranda，秘书 .- 签名。

根据《墨西哥合众国宪法》第 89 条第 I 项的规定，并为使其得到适当公布和遵守，我于 1993 年 12 月 23 日在墨西哥城联邦行政机构颁布本法令。-Carlos Salinas de Gortari.- 签名 .- 内政部长，José PatrocinioGonzález Blanco Garrido.- 签名。

本法令系关于修订、增加和废除 1994 年 1 月 10 日公布的《联邦区普通管辖事项刑法典》、《全共和国联邦管辖事项刑法典》、《联邦刑事诉讼法》、《联邦地区刑事诉讼法》、《墨西哥合众国政治宪法》第 103 条、《宪法权利保护法》第 107 条、《国际引渡法》、《联邦地区共同事项和全共和国联邦事项民法典》、《联邦公务员责任法》、《联邦财政法院组织法》、《联邦地区行政争议法庭法》、《联邦防止和惩治酷刑法》、《联邦预算、会计和公共支出法》以及《联邦司法机构组织法》的多项条款。

1994 年 2 月 1 日在联邦官方公报上公布

III. 引渡法

1. 在第 39 页，第 1 栏，第 5 条，第 3 款，第 3 行的记载为：第 I 项……

其应当载为：第 1 款第 I 项……

## 修订刑事事项各项规定的法令

1999 年 5 月 18 日在联邦官方公报上公布

**第 4 条**　《国际引渡法》第 16 条第 II 项修订如下：

……

## 过渡性规定

1. 本法令在联邦官方公报公布后的次日生效。

2. 其他联邦条款中援引的《联邦区普通管辖事项刑法典》和《全共和国联邦管辖事项刑法典》应理解为《联邦刑法典》。

墨西哥城，1999 年 4 月 29 日 - HéctorXiménezGonzález，总统 .- Dip. María Mercedes Maciel Ortiz，总统 .- Sen. Sonia AlcántaraMagos，秘书 .- Dip. Leticia Villegas Nava，秘书 .- 签名。

根据《墨西哥合众国宪法》第 89 条第 I 项的规定，并为使其得到适当公布和遵守，我于 1993 年 12 月 23 日在墨西哥城联邦行政机构颁布本法令。- Ernesto Zedillo Ponce de León.- 签名 .- 内政部长，Francisco Labastida Ochoa.- 签名。

本法令系关于颁布《防止、调查和惩处酷刑和其他残忍、不人道或有辱人格的待遇或处罚通则》；并对《联邦刑法》《国家人权委员会法》《国家公共安全制度法》《国际引渡法》的各项规定进行修订、增加和废除。

2017 年 6 月 26 日在联邦官方公报上公布

《国际引渡法》增加第 10 条之 2，内容如下：

……

## 过渡性规定

**第 1 条**　本法令在联邦官方公报公布后的次日生效。

**第 2 条**　1991 年 12 月 27 日在联邦官方公报上公布的《联邦防止和惩罚酷刑法》已废止。

自本法生效之日起发生的事件所启动的程序，应根据《刑事诉讼法》和本法的规定进行。

在本法生效日期之前启动的程序应继续根据启动时的适用法律进行。

被判刑人应根据现行立法的规定继续服刑。

指控被判刑人或被起诉人所依据的证据，系通过酷刑和任何其他侵犯人权或基本权利的行为直接获得，以及通过合法手段获得但源自上述行为的，则该证据缺乏证明价值，被判刑人或被起诉人可以提出上诉和相应的附带救济。

**第 3 条** 自本法令生效之日起 180 日内，联邦各实体的立法机关应当根据本法令协调其法律框架。

**第 4 条** 自本法令生效之日起 180 日内，三级政府当局应在其职权范围内，通过并公布《防止、调查和惩处酷刑和其他残忍、不人道或有辱人格的待遇或处罚通则》中提到的议定书和标准。

**第 5 条** 自本法令生效之日起 180 日内，共和国总检察长办公室应公布《防止、调查和惩处酷刑和其他残忍、不人道或有辱人格的待遇或处罚通则》的国家方案，并应拥有管理酷刑罪国家登记处所必要的技术基础设施。

前款规定期限届满后 90 日内，联邦各实体的检察院应当公布相应记录。

**第 6 条** 自本法令生效之日起 90 日内，联邦和联邦各实体应当设立和运作其调查酷刑罪的专门检察官办公室，但由于缺乏足够资源而必须由相应专门行政单位执行的除外。

**第 7 条** 自本法令生效之日起 180 日内，三级政府当局应在其职权范围内，根据《防止、调查和惩处酷刑和其他残忍、不人道或有辱人格的待遇或处罚通则》的规定，为其公务员启动持续培训方案。

**第 8 条** 自本法令生效之日起 90 日内，三级政府当局应在其职权范围内，采取必要步骤及实施必要法律和行政措施，向司法代理机构提供其为履行法律所必要的组织和职业机构。

**第 9 条** 自本法令生效之日起 180 日内，国家人权委员会应当正式设立防止酷刑和其他残忍、不人道或有辱人格的待遇或处罚的国家机制，并应在该机制设立后的常会上公布其运作的法律依据。

在本条第 1 款规定期间结束后的 90 日内，国家人权委员会应当以与本条第 1 款规定相同的方式公布一般准则，以确定访问期间应遵守的模式和程序。

自本法令在联邦官方公报公布之日起 90 日内，国家预防机制的负责人应当任命执行主任。

本法第 73 条第 II 项所指称的技术委员会组成成员的选举应一次性完成，并考虑以下渐进因素：

当选的 4 名专家中，2 名任期 2 年，另 2 名任期 4 年，由参议院根据多数票决定；根据前述规定，技术委员会的组成成员存在任期交错的更替，自上述期间选出成员的 2 年期结束时起，替代成员应根据法律规定当选 4 年。

国家预防机制技术委员会负责人在担任国家人权委员会主席期间应继续任职。

**第 10 条** 本法令对联邦公共行政的附属机构和实体生效时产生的支出应由其本财政年度及随后财政年度的核定预算支付。同样，联邦各实体也应对其进行必要的预算及调整，以履行本法令规定的义务。

**第 11 条** 国家人权委员会为防止酷刑国家机制运作而产生的支出应由其本财政年度及随后财政年度的核定预算支付。

**第 12 条** 各州立法机构和墨西哥城立法机构应根据适用的法律合理分配资源，以履行本法令规定的义务。

**第 13 条** 联邦内实体不存在针对受害人的保护委员会的，该实体的公共机构应当根据《防止、调查和惩处酷刑和其他残忍、不人道或有辱人格的待遇或处罚通则》向受害人提供保护。

根据《受害人一般法》第 79 条的规定，保护受害人执行委员会同样是向受害人提供保护的适格主体。在本条第 1 款确定的情况下，本法第 91 条第 I 款提到的请求应当由相应联邦实体的政府部长签署。

**第 14 条** 根据本法令过渡性规定的要求，共和国总检察长办公室开始运作国家酷刑罪登记处，执行委员会和司法代理机构的，可以签署合作协议，并向该登记处移交酷刑罪受害人的信息。

**第 15 条** 自本法令生效之日起 180 日内，保护受害人执行委员会应采取必要步骤以进行遵守该法令规定的必要修改。

**第 16 条** 为履行《防止、调查和惩处酷刑和其他残忍、不人道或有辱人格的待遇或处罚通则》的规定，自本法令生效之日起 180 日内，保护受害人执行委员会应对其组织法和其他必要的内部条例以及管理援助基金、协助和综合赔偿基金资源的信托基金进行调整。

墨西哥城，2017 年 4 月 26 日 - Dip. María Guadalupe MurguíaGutiérrez，总统 .- Sen. Pablo Escudero Morales，总统 - Dip. María Eugenia Ocampo Bedolla，秘书 - Sen. María

Elena Barrera Tapia，秘书 .- 签名。

根据《墨西哥合众国宪法》第 89 条第 I 项的规定，并为使其得到适当公布和遵守，我于 2017 年 6 月 21 日在墨西哥城联邦行政机构颁布本法令。- Enrique PeñaNieto.- 签名 - 内政部长 Miguel Ángel Osorio Chong.- 签名。

本法令系关于颁布《共和国总检察长办公室法》，废除《共和国总检察长办公室组织法》，并修订、增加和废除不同法律制度的各项规定。

2021 年 5 月 20 日在联邦官方公报上公布

**第 42 条** 修订《国际引渡法》中的以下条款：第 3 条第 2 款、第 17 条第 2 款、第 21 条、第 32 条和第 34 条第 1 款。修订如下：

……

# 过渡性规定

**第 1 条** 本法令在联邦官方公报公布后的次日生效，并为履行颁布《共和国总检察长办公室组织法》法令的第 13 条过渡性规定而颁布。

**第 2 条** 废除《共和国总检察长办公室组织法》。

在所有的规范性文件中，涉及共和国总检察长办公室或共和国总检察长的，应理解为在有效的宪法职能范围内，分别指共和国总检察长办公室或其负责人。

**第 3 条** 根据宪法和法律规定进行的指定、任命和正在进行的任命程序，涉及共和国总检察长办公室、各专门检察官办公室、内部控制机构的负责人和担任行政机关、权力下放机构和总检察长办公室范围内机构的其他负责人，以及总检察长办公室公民委员会成员的，应在其任职期间内继续有效，或直至其职能行使完毕为止，或在适当的情况下，直至待决程序完成为止。

**第 4 条** 自本法令生效的次日起 90 日内，共和国总检察长办公室负责人应颁布《共和国总检察长办公室组织章程》，并且自该法颁布之日起 180 日内，共和国总检察长办公室负责人应颁布《职业服务条例》。

上述规定和条例颁布之前，已实施的规定和法律行为在不违反本法令的情况下应继续适用。

共和国总检察长或共和国总检察长办公室缔结或发出的法律文书、协定、机构间协定、合同或类似行为应视为有效,并在不违反本法令且不影响缔约各方随后批准、修改、终止或酌情予以废除或废止的权利的情况下,对该机构具有约束力。

**第 5 条** 自该法令生效之日起,被称为国家刑事科学机构的权力下放机构应从联邦公务员制度中撤除,其应成为共和国总检察长办公室内具有法人资格和自有资产并享有技术和管理自主权的机构。

目前为国家刑事科学机构服务的公务员有权参加向职业服务过渡的评估程序。

有意继续向国家刑事科学机构提供服务的人员为获得职业服务资格应当遵守《职业服务条例》规定的评估程序,对于不提交或不认可评估程序的公务员,应终止其与国家刑事科学机构的关系。

国家刑事科学机构应当根据理事会批准的人事清算方案,在职业服务建立后终止与其员工的劳动关系。在职业服务建立之前,劳动关系应继续存在。

该法令生效后,属于联邦公共行政部门的国家刑事科学机构理事会成员应当离职,其职位将由总检察长办公室负责人确定的人员担任。

自该法令生效之日起 60 日内,理事会应颁布一项新的《组织法》,并建立一个职业服务机构,以及一个对不得转入已建立的职业服务机构的人员进行清算的方案。

根据本法令过渡性规定第 11 条的要求,本法令生效时机构所有的物力、财力和预算资源(包括动产),应移交给共和国总检察长办公室国家刑事科学机构。

**第 6 条** 在本法令生效之日或之后正在处理或开始处理的事项,应由主管机关根据适用的法律或根据本法令赋予之权力予以处理,直至由本法令产生的法规和其他条例颁布为止。

**第 7 条** 自本法令生效之日起,由当时的共和国总检察长办公室任命或被其管理的工作人员,不论其对应职务或职位性质如何,都应保留其作为公务员而取得的权利。有意继续向共和国总检察长办公室提供服务的人员为获得职业服务资格应当遵守《职业服务条例》规定的评估程序,对于不提交或不认可评估程序的公务员,应终止其与共和国总检察长办公室的关系。

根据指导方针 L/001/19 和 L/003/19,总检察长办公室雇用的人员应以其有效的任命为准。上述指导方针规定了临时工作人员以及分配到当时的共和国总检察长办公室并继续在共和国总检察长办公室工作的人员的雇用。

**第 8 条** 由当时的共和国总检察长办公室任命或被其管理的工作人员,在本法令生效之日以任何理由均不得转入职业服务的,应当遵守为此目的颁发的清算方案。

**第 9 条** 首席执行官办公室的负责人应在 90 个日历日内组成名为"改进总检察长

办公室基金"的信托基金,或修改相同、相似或类似性质的现有法律文本的宗旨。

第 10 条　首席执行官办公室的负责人应发布一项指导方针,其中应包括移交在本法令生效时总检察长办公室所有的人力、物力、财力或预算资源(包括动产),以及解决总检察长办公室解散后的债务和其他未决债务的清算的规定。

本法令废除过渡性规定《总检察长办公室组织法》第 9 条中确立的临时战略计划,该计划归于无效。

第 11 条　在本法令生效之日,应由总检察长办公室或其管辖范围内的机构或由联邦所有的不动产,在分配或计划分配给共和国总检察长办公室时,应成为其资产的一部分。

本法令生效后,分配给共和国总检察长办公室的动产和其他物力、财力或预算资源应成为其资产的一部分。

第 12 条　自本法令生效之日起 1 年内,共和国总检察长办公室负责人应颁布《共和国总检察长办公室司法检察战略计划》,根据本法令第 88 条提及的义务设立的机构,其实质性工作应据上述战略计划开展。共和国总检察长办公室负责人应当根据该法令第 88 条第 3 款的规定提交相同的文件。

《司法检察战略计划》应在本法令生效后 6 个月的第二届常会期间提交共和国参议院。

为了发布《司法检察战略计划》,总检察长办公室应听取公民委员会的意见。该公民委员会的设立不应妨碍《司法检察战略计划》的提出。

第 13 条　系负责与总检察长办公室公务员行政责任有关程序的共和国总检察长办公室的行政机关,该行政机关应在本法令生效之日起 90 个日历日内将上述程序提交给内部控制机构,使其在考虑到本法令规定的权限同时对上述程序进行处理和解决。

第 14 条　国家刑事科学机构的审计,在本法令生效之日起应由共和国总检察长办公室的内部控制机构负责,但不应影响联邦高级审计机构的权力。

本法令生效时已开始处理的审计和待处理的审计应由公务员秘书处解决。

国家刑事科学机构内的内部控制机构的组织结构以及物力、财力或预算资源,应当移交给总检察长办公室的内部控制机构。

第 15 条　在本法令生效之前由总检察长办公室或总检察长投保的、可予管理的或其合法目的地已确定的资产,将根据适用的法律提供给归还被盗者机构。

第 16 条　废除与本法令规定冲突的所有规定。

墨西哥城，2021 年 4 月 29 日 - Dip. María Guadalupe MurguíaGutiérrez，总统 .- Sen. Oscar Eduardo RamírezAguilar，总统 .- Dip. Lizbeth Mata Lozano，秘书 - Sen. María Merced GonzálezGonzález，秘书 .- 签名。

根据《墨西哥合众国宪法》第 89 条第 I 项的规定，并为使其得到适当公布和遵守，我于 2021 年 5 月 18 日在墨西哥城联邦行政机构颁布本法令。- Andrés Manuel LópezObrador.- 签名 - 内政部长，Dra. Olga María del Carmen Sánchez Cordero Dávila.- 签名。

# 德意志联邦共和国气候保护法<sup>*</sup>

（2019年12月12日德意志联邦共和国联邦议会通过，本法自2019年12月18日起施行。2021年8月18日德意志联邦共和国联邦议会修订。）

## 第一章　基本规定

### 第一条　立法目的

本法目的是确保实现国家气候保护目标和遵守欧盟气候目标，免受全球气候变化之影响，同时应当考虑到生态、社会和经济后果。该法基于《联合国气候变化框架公约》中《巴黎协定》规定的义务，根据该协定，把全球平均气温之升高控制在2℃之内，尽可能限制在比工业化前水平升温控制在1.5℃之内，以减少全球气候变化的影响。

### 第二条　定义

本法之定义，是指：

第一款　本法所称温室气体，是指二氧化碳、甲烷、一氧化二氮、六氟化硫、三氟化氮以及正在施行的《欧洲治理条例》附件五的第二部分中定义的部分氢氟碳化物和全氟碳化物。

第二款　本法所称温室气体排放，是指人为排放的温室气体，以每吨二氧化碳当量计。一吨二氧化碳当量是一吨二氧化碳，或者全球变暖潜能值相当于一吨二氧化碳的另一种温室气体的数量。

该当量基于：

1. 欧盟委员会2014年3月12日发布的2014年第666号授权条例，即欧盟标准清单系统的基本要求和考虑全球变暖潜能值。

2. 欧洲议会和欧盟理事会第2013年第525号条例。

3. 基于《欧洲治理条例》第26条第6款第2项的后续颁布条例的国际商定清单指南。

---

* 译者：钟一鸣，北京外国语大学法学院助教。

第三款 本法所称《欧洲治理条例》,是指:

1. 欧洲议会和欧盟理事会 2018 年 12 月 11 日修订的《关于能源联盟与气候行动的欧盟 2018/1999 条例》。

2. 欧洲议会和欧盟理事会修订的 2009 年第 663 号和 2009 年第 715 号条例。

3. 欧洲议会和欧盟理事会通过的 94/22/EC、98/70/EC、2009/31/EC、2009/73/EC、2010/31/EU、2012/27/EU、2013/30/EU、2009/119/EC、2015/652/EU 条例和废除经第 2019/504/EU 决定的第 525/2013/EU 条例。

第四款 本法所称《欧洲气候保护条例》,是指欧洲议会和欧盟理事会于 2018 年 5 月 30 日颁布的 2018/842/EU 条例,规定了 2021 年至 2030 年期间具有约束力的各国家年度温室气体减排目标,以促进气候行动和履行《巴黎协定》下的承诺以及 525/2013/EU 条例。

第五款 本法所称《欧洲气候报告条例》,是指 2014 年 6 月 30 日欧盟委员会通过的 749/2014/EU 实施条例,关于成员国根据条例 525/ 2013/EU 提交和验证的报告信息数据的结构、格式、程序。

第六款 本法所称《巴黎协定》,是指《联合国气候变化框架公约》缔约国于 2015 年 12 月 12 日签署,并经 2016 年 9 月 28 日联邦议会批准的协定。

第七款 本法所称气候保护计划,是指德国根据《巴黎协定》和《欧洲治理条例》第 15 条制定的长期战略。

第八款 本法所称土地利用、土地利用变化和林业部门,是指附则第一节第 7 条中定义的土地利用、土地利用变化和林业部门;不适用于第 3 条第 1 款、第 4 条、第 7 条和第 8 条。

第九款 温室气体净碳中和:温室气体的人为排放量和消除量之间的平衡。

# 第二章 气候目标和年排放量

### 第三条 其一:国家气候保护目标

第一款 与 1990 年相比,温室气体排放逐步减少,具体如下:

第一项 到 2030 年至少减少 65%。

第二项 到 2040 年至少减少 88%。

第二款 到 2045 年,温室气体排放量应当减少到实现碳中和。2050 年后,应当实现温室气体的碳负排放。

第三款 在减少温室气体排放的联合国气候变化框架内,实现部分国家气候保护目标的可能性不受影响。

第四款　如果更高的国家气候保护目标对于实现欧洲或国际气候保护目标是必要的，联邦政府应当启动必要步骤，根据第1款提高目标值。气候保护目标可以增加，但不能降低。

### 第三条　其二：各部门土地利用、土地利用变化和林业的贡献

第一款　加强各部门土地利用、土地利用变化和林业对气候保护的贡献。各目标年和该部门土地利用、土地利用变化和林业的前三个自然年之年排放平均值应当改进如下：

第一项　到2030年，至少减少2500万吨二氧化碳当量。

第二项　到2040年，至少减少3500万吨二氧化碳当量。

第三项　到2045年，至少减少4000万吨二氧化碳当量。

碳排放平衡基于第5条第2款第3项的数据。

第二款　主要负责各部门土地利用、土地利用变化和林业的联邦部门根据其职责范围，应当负责遵守第1款规定的目标。它的任务是提出和实施符合第1款中规定的目标所需的国家措施。第4条第4款的第3句和第4句应当参照适用。

第三款　联邦政府被授权制定不需要联邦参议院批准的以下法令：

第一项　根据联邦法律的规定，规范财务和会计制度。

第二项　规范处理正常的自然干扰因素。

第三项　对各部门土地利用、土地利用变化和林业温室气体排放和二氧化碳减排综合报告的方法和依据作出更详细的规定，特别是根据第1款编制的年碳中和表。

第四项　对遥感数据的收集、使用和评价的更详细的规定。特别是通过卫星遥感系统，用于各部门土地利用、土地利用变化和林业的温室气体报告。

### 第四条　允许年排放量、年减排目标和授权条例

第一款　为实现第3条第1款规定的国家气候保护目标，通过明确下列行业的年排放量，以确定年度减排目标：

第一项　能源工业；

第二项　工业；

第三项　交通业；

第四项　建筑业；

第五项　农业；

第六项　垃圾废物处理业及其他行业。

各行业的排放源和界定参见附则一。截至2030年的年排放量以附则二为依据。在

能源工业领域，温室气体排放量在规定的年排放量之间尽可能稳定地下降。联邦政府将根据《欧洲气候保护条例》和《欧洲排放交易指令》可能发生的变化，审查附则二中规定的年度排放水平，以实施欧盟增加的 2030 年气候目标，不迟于在其生效后 6 个月提出一项立法草案，在认为必要时调整附则二中允许的年度排放水平。2031 年至 2040 年的年度减排目标基于附则三。最迟在 2032 年，联邦政府将提交立法草案，设定 2041 年至 2045 年的年度减排目标。根据第 6 款的法律规定，将年度减排目标细分为 2031 年至 2045 年各部门的允许年度排放量。年排放量和年减排目标在本法所指的范围内具有约束力，主观权利和可诉性不受本法或本法的约束。

第二款　联邦政府被授权不需要联邦参议院批准更改附则一中各部门的排放源分配，前提是该修改对于确保温室气体排放的统一国际报告是必要的，并且不与联邦法律相冲突。

第三款　如果一个行业从 2021 年开始的温室气体排放量超过或低于相应的允许年排放量，则差额将平均计入该行业的剩余年排放量，直至第 3 条第 1 款规定的下一个目标年。《欧洲气候保护条例》的目标不受影响。

第四款　根据其职责范围主要负责某个部门的联邦部门负责履行年度排放量。它的任务是安排必要的国家措施，特别是根据第 8 节和第 9 节提出和实施措施。联邦政府内部的职责分工不受影响。

如果根据第一句，各联邦部门的职责重叠，特别是考虑到第 9 条的气候保护计划，联邦政府可以根据第一句分配责任。

第五款　联邦政府有权在不经联邦参议院同意的情况下，通过法令从下一个自然年年初开始更改附则二中各部门的年排放量。这些变化必须与实现该法律的气候保护目标以及欧盟法律的要求相一致。该法令需要得到德国联邦议院的批准。如果德国联邦议院在收到法令后 3 周后仍未处理，则视为已经批准未修改的法令。

第六款　联邦政府将通过法令分别在 2024 年确定 2031 年至 2040 年和在 2034 年确定 2041 年至 2045 年各行业的允许年排放量，基本均匀递减。这些年排放量必须与实现本法的国家气候保护目标、第 1 款第 6 句和第 7 句规定的年度减排目标以及欧盟法律的要求相一致。必须确保在每个部门可以实现温室气体的显著减少。除非依第 4 条第 7 款作出修改，否则适用允许年排放量。根据第 1 句制定的法令需要得到德国联邦议院的批准。如果德国联邦议院在收到法令 6 周后仍未对其进行处理，则视为已批准未修改的法令。

第七款　联邦政府将于 2028 年向德国联邦议院提交一份关于欧盟内部二氧化碳

定价情况和技术发展的报告。在报告中,联邦政府还将根据情况发展,研究是否可以在 2031 年以后免除为各个行业分配允许年排放量。在这种情况下,联邦政府将提交相应的立法草案。

**第五条 排放数据和授权条例**

第一款 从 2020 年报告年开始,联邦环境署根据附则一创建各行业温室气体排放数据;从 2020 年报告年开始,基于《欧洲气候报告条例》或根据《欧洲治理法》第 26 条的方法制定后续条例。联邦环境署在每年的 3 月 15 日之前,根据第 10 条公布该年排放数据并将其发送给气候问题专家委员会。

第二款 自 2021 报告年度起,除排放数据外,还提供以下数据:

第一项 对于各自的报告年度,每个部门的排放数据是否超过或低于附则二规定的年排放量。

第二项 根据第 4 条第 3 款的规定,报告年后各年各部门的年排放量。

第三项 对于各部门土地利用、土地利用变化和林业部门温室气体的来源和减排量。

第四项 附件中应当附有自报告年 2020 年始、发送给欧盟委员会的往年排放数据,其中单独展示了受《欧洲气候报告条例》约束的各行业的排放份额。

第三款 联邦环境署被允许收集完成第 1 款和第 2 款规定所需的数据。不包括根据私法和公法从自然人和法人以及社团法人收集数据。倘使这些数据已经或将根据其他法律规定传达给联邦或州政府,在收集数据的范围内,联邦环境局被授予访问这些数据的权限,前提是收集数据是完成第 1 款规定职责所必需的。这也适用于为其他目的收集数据的情况。

第四款 联邦政府被授权制定不需要联邦参议院批准的以下法令:

第一项 定义数据查明和传输的责任。

第二项 确定何种数据必须被查明和传输。

第三项 定义数据查明和传输的要求。

第四项 规范数据查明和传输的程序。

**第六条 罚款条例**

第一款 任何人故意或过失违反第 5 条第 4 款规定的法令或基于该法令的可执行规章,只要该法令针对特定事实构成,并涉及本罚款规定,即属行政违法。

第二款 行政违法行为,可处最高 5 万欧元罚款。

### 第七条　欧洲气候保护条例实施条例

第一款　为履行《欧洲气候保护条例》规定的义务而购买排放配额由负责执行《欧洲气候保护条例》的联邦部门根据联邦预算中的可用资金集中进行。在购买排放配额时，联邦部必须根据第 1 句，确保卖方国家承诺将产生的收入用于应对气候变化。

第二款　联邦政府应向德国联邦议院和联邦参议院提交一份数字概述以及联邦预算草案，其中特别包含以下内容：

第一项　上一日历年和 2021 年以来，各行业按照附则二的年排放量遵守情况和超排或减排的情况概述。

第二项　《欧洲气候保护条例》中预算年可用排放量分配概述。

第三项　过去一个自然年获得的排放分配数量和自 2021 年以来获得的排放分配总额。此外，还必须包括用于采购的预算资金概述。

### 第八条　超过允许年排放量的应急方案

第一款　如果根据第 5 条第 1 款和第 2 款的排放数据，在报告年内超过了允许年排放量，根据第 4 条第 4 款负责的联邦政府部门，应当提交根据第 11 条第 1 款的评估，向气候问题专家委员会提交后 3 个月内的排放数据，为相应部门制定一项应急方案，以确保符合该行业接下来几年的年排放水平。

第二款　联邦政府就受影响部门或其他部门采取的措施或跨部门措施提出建议，并尽快作出决定。在此过程中，可以考虑《欧洲气候保护条例》的现有范围，并根据第 4 条第 5 款更改行业的年排放量。在起草有关措施的决议草案之前，这些措施所依据的温室气体减排预测必须提交气候问题专家委员会审查。审查结果附于决议草案。

第三款　联邦政府将已决定的措施通知德国联邦议院。

第四款　对于能源工业，从报告年 2023 年开始，每 3 年相应适用第 1 款至第 3 款。

# 第三章　气候保护规划

### 第九条　超过允许年排放量的应急方案

第一款　联邦政府至少在气候保护计划每次更新后通过气候保护计划。此外，如果未达到目标，现有的气候保护计划将更新为包括根据第 8 条第 2 款采取的措施。在每个气候保护计划中，联邦政府根据第 10 条第 2 款考虑当前气候保护预测报告，确定将采取哪些措施来实现各个行业的国家气候保护目标。根据第 2 句采取应急方案的决定性因素是符合第 4 条规定的允许年排放量。此外，联邦政府决定将采取哪些措施来实现第 3 条规定的目标。

第二款 气候保护计划最迟在气候保护计划更新后的一个自然年内确定。在更新气候保护计划后的 6 个月内，负责各行业的联邦部门根据第 4 条第 4 款提出了适合实现各自部门所需的额外温室气体减排的措施。除了对预期的温室气体减排效果进行科学评估外，提议的措施还包含对可能的经济、社会和生态后果的科学评估。这些评估还尽可能包括对就业形势、经济结构、平等生活条件以及自然资源使用率的影响。联邦环境、自然保护和核安全部与联邦经济事务和能源部协商，以确定拟议措施的温室气体总体预期减排效果。

第三款 对于每个气候保护计划，联邦政府在公共决策咨询机制中应当充分尊重各联邦州、地方当局、商业协会和民间社团组织，以及气候保护科学平台和联邦政府的科学咨询机构。

**第十条 气候报告**

第一款 联邦政府制成的年度气候保护报告，应当包含各行业温室气体排放趋势、第 9 条所述气候保护计划的实施情况和第 8 条所述应急方案的实施情况和预期温室气体减排效果的预测。气候保护报告首次在 2024 年公布，其后每两年公布一次，展示欧盟内部二氧化碳定价的现状和趋势，以及技术和国际发展及其与国家二氧化碳定价和国家气候保护的兼容性目标，包括根据第 4 条第 1 款对行业的影响。联邦政府在 6 月 30 日之前将上一年的气候保护报告转递给德国联邦议院。

第二款 从 2021 年开始，联邦政府应根据《欧洲治理条例》第 18 条的规定，每两年编制一次气候保护预测报告，其中应包括对温室气体排放的预测，包括温室气体排放来源和各部门土地利用、土地利用变化和林业部门的减排量，以及缓解这些问题的国家政策和措施。联邦政府在当年 3 月 31 日之前将气候保护预测报告转递给德国联邦议院。

第三款 气候保护预测报告对根据《欧洲治理条例》第 17 条的国家综合进展报告具有决定性意义，该协议应由联邦经济事务和能源部与联邦环境、自然保护和核安全部共同制成。

# 第四章 气候问题专家委员会

**第十一条 针对气候问题和授权条例的独立专家委员会**

第一款 成立由 5 名不同学科专家组成的气候问题专家委员会。联邦政府任命成员的任期为 5 年，其中包括至少 1 名在气候科学、经济学、环境科学和社会科学领域中具有出色科学知识和经验的成员。根据第 4 条第 1 款的规定，整个专家委员会还应反映部门的总体专业知识，必须确保女性和男性的平等代表权，一次重新任命是可能的。

第二款　气候问题专家委员会以无记名投票方式从其成员中选举 1 名主席和 1 名副主席，气候问题专家委员会有独立议事规则。

第三款　气候问题专家委员会仅受本法规定的授权限制，依法独立行使职能。联邦政府根据联邦预算承担气候问题专家委员会的费用。

第四款　气候问题专家委员会的工作应有事务所的支持。这是由联邦政府设立的，在职权上隶属于气候问题专家委员会。

第五款　联邦政府被授权制定不需要联邦参议院批准的以下法令，发布关于注册办事处、办事处、会员的统一津贴、差旅费报销、保密和其他组织事项的规定。

### 第十二条　针对气候问题专家委员会之任务

第一款　气候问题专家委员会根据第 5 条第 1 款和第 2 款对排放数据进行审查，并在联邦环境署发出后 1 个月内将公布的数据评估提交给联邦政府和德国联邦议院。

第二款　在根据第 8 条第 2 款为联邦政府准备有关措施的决议草案之前，气候问题专家委员会应审查这些措施所依据的温室气体减排预测。

第三款　联邦政府在采取以下措施之前，应就其所依据的温室气体减排预测征求气候问题专家委员会的意见：

第一项　依照本法变更或者确定年排放量；

第二项　更新气候保护计划；

第三项　根据第 9 条决定气候保护计划。

第四款　气候问题专家委员会应在 2022 年首次，然后每两年向德国联邦议院和联邦政府提交关于温室气体排放的以往趋势、年排放趋势和为实现本法规定目标而采取措施有效性的专家意见。此外，德国联邦议院或联邦政府可授权气候问题专家委员会编写特别报告。

第五款　《联邦数据保护法》第 2 条第 1 款所指的联邦政府所有公共机构应授予气候问题专家委员会访问其执行职责所需的数据并提供这些数据的权限。联邦政府应保护第三方的公司商业秘密以及个人数据。气候问题专家委员会可以就气候保护相关问题听取和咨询当局和其他专家，特别是商业组织和环境协会的代表。

## 第五章　政府的榜样职责

### 第十三条　考虑因素

第一款　在他们的计划和决定中，联邦政府必须考虑到本法的目的和为实现它而设定的目标。联邦州、市和市协会在各自职责范围内设计考虑要求的权限不受影响。在规划、选择和实施投资以及在联邦一级采购时，必须使用二氧化碳价格，至少是《燃料排放交易法》第10条第2款适用的最低价格或固定价格，作为避免或造成温室效应的基础气体排放。

第二款　在规划、选择和实施投资以及采购过程中，联邦政府应当考虑这些投资如何能够有助于实现第3条规定的国家气候保护目标。如果可能有多种实施方案，则应当考虑到与相应措施目标的其他相关标准，优先考虑在措施的整个生命周期内以最低的成本实现减少温室气体排放目标的方案。预算外费用应当与其对温室气体减排的贡献相称，采购应当遵守《公共采购法》的适用范围。

第三款　在适用经济效益标准时，联邦政府应当比较考虑投资或采购生命周期内产生的成本和结余。

**第十四条　联邦与州合作**

第一款　尽管有统一的联邦法律，各州可以制定各自州气候保护法。各州现有的气候保护法应继续适用，且不影响与联邦法律的体系协调性。

第二款　联邦和各州应当以适当的方式合作，以实现本法的目标。

**第十五条　气候中立的联邦政府**

第一款　联邦政府应当设定目标，在2030年前以气候中立的方式运行联邦行政机构。为实现这一目标，联邦政府最迟应当在2023年之前采取措施，此后每5年一次，如果联邦政府和其他联邦隶属、没有独立法人资格的联邦机构，则应当遵守这些措施。如果需要条例来实现第1句中提到的目标，联邦政府应当在通过措施后的半年内向德国联邦议院提交一份草案。

第二款　联邦政府的气候中立性应当节约能源，通过有效提供、转换、使用和储存能源，以及有效使用可再生能源和选择尽可能气候友好的交通运输工具来实现；应当关注自然资源的有效利用。如果联邦在国外采取行政行动，如建造或翻新联邦建筑物，应当考虑到当地法规、技术标准和市场条件。

第三款　联邦政府应当努力确保在其监督下的企业法人、机关法人、基金会法人、社团法人和财团法人以气候中立方式进行行政活动。

第四款　联邦政府应当与各州开展经验交流，支持各州进行审查。在制定与第1款至第3款规定的条例或相类似的条例时，应当支持各州在其职权范围内的工作。

# 附则

### 附则一　行业

根据《欧洲气候报告条例》或根据《欧洲治理条例》第 26 条第 7 款的后续条例，这些行业根据通用报告格式的来源类别进行划分。

| 行业 | 根据通用报告格式的来源类别说明 | 根据通用报告格式的来源类别 |
|---|---|---|
| 能源工业 | 能源工业中的燃料燃烧；<br>管道运输（其他运输）；<br>燃料的逃逸排放 | 1.A.3.e<br>1.A.1<br>1.B |
| 工业 | 制造业和建筑业的燃料燃烧；<br>工业流程和产品使用；<br>二氧化碳运输和储存 | 1.A.2<br>2<br>1.C |
| 建筑业 | 化石燃料的燃烧；<br>贸易和政府部门；<br>财政预算；<br>其他相关活动化石燃料的燃烧（尤其是军事设施） | 1.A.4.a<br>1.A.4.b<br>1.A.5 |
| 交通业 | 国内民用航空运输；<br>公路运输；<br>铁路运输；<br>国内船舶运输；<br>不包括管道运输 | 1.A.3.a<br>1.A.3.b<br>1.A.3.c<br>1.A.3.d |
| 农业 | 农业、林业和渔业中的化石燃料燃烧 | 3<br>1.A.4.c |
| 垃圾废物处理业及其他行业 | 垃圾废物和废水；<br>其他 | 5<br>6 |
| 土地利用、土地利用变化和林业 | 森林、田野、草原、湿地、定居点，木制品，土地利用类别之间的变化 | 4 |

### 附则二　2031 年至 2040 年的年度减排目标

| 年排放量 / 百万吨二氧化碳当量 | 2020 | 2021 | 2022 | 2023 | 2024 | 2025 | 2026 | 2027 | 2028 | 2029 | 2030 |
|---|---|---|---|---|---|---|---|---|---|---|---|
| 能源工业 | 280 | 257 | | | | | | | | | 108 |
| 工业 | 186 | 182 | 177 | 172 | 165 | 157 | 149 | 140 | 132 | 125 | 118 |
| 建筑业 | 118 | 113 | 108 | 102 | 97 | 92 | 87 | 82 | 77 | 72 | 67 |
| 交通业 | 150 | 145 | 139 | 134 | 128 | 123 | 117 | 112 | 105 | 96 | 85 |
| 农业 | 70 | 68 | 67 | 66 | 65 | 63 | 62 | 61 | 59 | 57 | 56 |

续表

| 年排放量/百万吨二氧化碳当量 | 2020 | 2021 | 2022 | 2023 | 2024 | 2025 | 2026 | 2027 | 2028 | 2029 | 2030 |
|---|---|---|---|---|---|---|---|---|---|---|---|
| 垃圾废物处理业及其他行业 | 9 | 9 | 8 | 8 | 7 | 7 | 6 | 6 | 5 | 5 | 4 |

**附则三　2031 年至 2040 年的年度减排目标**

| | 2031 | 2032 | 2033 | 2034 | 2035 | 2036 | 2037 | 2038 | 2039 | 2040 |
|---|---|---|---|---|---|---|---|---|---|---|
| 与 1990 年相比的温室气体减排目标 | 67% | 70% | 72% | 74% | 77% | 79% | 81% | 83% | 86% | 88% |

# 马来西亚联邦 2023 年陆路公共交通（修正案）法案*

马来西亚联邦议会颁布了如下法令：

**简称与实施**

1.（1）该法案可被引用为《2023 年陆路公共交通（修正案）法案》，是《2010 年陆路公共交通法案》的修正案。

（2）本法案的实施日期是部长通过公告在公报中指定的日期，部长可以指定不同的日期来实施本法的不同条款。

**第 2 节的修订**

2.《2010 年陆路公共交通法案》（"第 715 号法案"），在本法中被称为"主要法案"，其第 2 节被修订为：

（a）在定义"货车"时表示：

（i）在第（b）款中，把结尾的逗号替换成分号；以及

（ii）在第（b）款后面插入以下文字：

"包括一辆网约车；和"

（b）在"机动车辆"的定义后插入以下定义：

"网约车"是指机动车辆用于任意旅程的货物运输，对每件货物收取相应的运费，其中的安排、预订或交易，以及这趟旅程的运费通过中介交易业务提供的便利的电子移动应用程序进行。

**第 6 节修正案**

3. 主要法案第 6（5）（d）款，将"持照人和持照经营者"改成

"持照人、持照经营者和公众成员"。

---

\* 本文系上海外国语大学校级规划基金项目"马来文化圈的法律文化研究"的前期成果。译者：张榕，上海外国语大学东方语学院讲师。

**增五编**

4. 在主要法案的第五编之后插入以下：

# 增五编
# 陆路公共交通的国际流通

根据国际协议的许可证、执照等。

144a.（1）为实施任何促进陆路公共交通的国际流通的国际协定，部长可制定对执行本编可能有利或必要的规范。

（2）在不损害第（1）款规定的通用性的情况下，可为以下目的订立规范：

（a）承认被临时带入马来西亚的许可证、执照、通行证、证书或其他适用于陆路公共交通的官方文件，带入者为在马来西亚境外居住的人员，且他们只打算在马来西亚临时停留，包括装卸货物或乘客和过境；

（b）规范被临时带入马来西亚的许可证、执照、通行证、证书或其他适用于陆路公共交通的官方文件，带入者为在马来西亚境外居住的人员，且他们只打算在马来西亚临时停留，包括装卸货物或乘客和过境；

（c）规范第（a）项和第（b）项中所指的陆路公共交通在使用、操作和技术要求等方面的工作，包括：

（i）使用或提供服务的范围、时间、频率和路线或区域；

（ii）所携带文件的类型和形式以及每个陆路公共交通所展示的信息；和

（iii）保留和制作与本节有关的账目、文件和记录，以供检验和验证；以及

（d）规定与本条有关的应付报酬或收费及其支付方式。

**第 252 节修正案**

5. 主要法案第 252（1）小节删除第（k）款和第（l）款。

**过渡条款**

6. 任何经营或提供有关货车服务中介业务的人，自本法施行之日起一年内，应当根据主要法案第 12a 节申请执照。

# 解释性陈述

1. 该法案旨在修改《2010 年陆路公共交通法案》（"第 715 号法案"）。拟议的法案特别旨在扩大规范关于货运服务的中介业务的许可，并赋予生效任何国际协定的权力，以促进陆路公共交通的国际流通。

2. 第 1 条包含简称和拟议法案实施的规定。

3. 第 2 条旨在修改第 715 号法案第 2 节，引入新定义"网约车"，并修改"货车"的定义，将网约车纳入其中。

4. 第 3 条旨在修改第 715 号法案第 6（5）（d）款。对根据第 715 号法案第 6 节发出的执照，陆路公共交通局长有权在公共成员可支付给终端被许可人的法定最高报酬的基础上附加条件，这项权力也覆盖终端的使用过程。

5. 第 4 条旨在第 715 号法案中引入一个新的 Va 编，授权部长根据任何国际协议制定规范，以促进陆路公共交通的国际流通。

6. 第 5 条旨在删除第 715 号法案第 252（1）小节的第（k）款和第（l）款。这些删除是由于第 715 号法案引入了一个新的 Va 编。

7. 第 6 条旨在规定过渡条款。

## 所涉经费问题

本法案不使政府负担任何额外的财政开支。［PN（U2）3305］

# 二、刑法

# 文莱达鲁萨王国刑事资产追缴法（洗钱部分）<sup>*</sup>

依照文莱达鲁萨王国宪法第 83（3）条制定本法。

## 第二部分　洗钱活动

**洗钱犯罪**

3.（1）明知或有合理理由相信或怀疑是直接或间接通过实施违法犯罪活动产生的所得或收益，或未采取合理措施查明某一财产是否为犯罪所得，有下列行为之一的，处 50 万美元以下罚金，10 年以下监禁，或二者并处；法人团体犯该罪的，对法人团体判处 100 万美元以下罚金：

（a）直接或间接参与涉及犯罪所得资金或财产的交易的；

（b）获取、接收、转换、兑换、携带、持有、隐瞒、使用、处分任何犯罪所得资金或财产，或将其汇往文莱达鲁萨王国境外或汇至境内的；

（c）以隐瞒、掩饰其不法来源或协助任何实施相关犯罪的个人逃避法律追究为目的，转换、转移直接或间接来源于严重犯罪的资金或财产的；

（d）隐瞒、掩饰直接或间接通过实施严重犯罪所取得财产的真实性质、来源、所在地、处分、转移、权利凭证、相关权利状态、所有权归属的；或

（e）为实施前述第（a）款、第（b）款、第（c）款或第（d）款中行为的人员提供协助的。

（2）为避免产生疑惑，洗钱犯罪的构成不以证明实施了严重犯罪为前提。

## 第一章　洗钱活动与恐怖融资活动的预防措施

**以虚假名义开设账户**

4.（1）任何个人不得以伪造名、假名、匿名或错误名义在相关业务经营者处开设、操作或授权开设操作账户。

---

\*　译者：郑曦，北京外国语大学法学院教授，博士生导师；张榕，上海外国语大学东方语学院讲师。

（2）个人有 2 个及以上不同常用名的，不得使用前述某一常用名在相关业务经营者处开设账户，除非其已向该经营者事先披露其余的所有常用名。

（3）个人以某一特定名称在业务往来中向相关业务经营者披露其他常用名的，该相关业务经营者应对此种披露进行记录，并在接到相关监管机关书面要求时向该监管机关提交该记录的副本。

（4）依据本节规定：

（a）个人以伪造名、假名、匿名或错误名义开设账户，指个人使用其常用名以外的其他名称开设账户，或作为账户签字人；

（b）个人以伪造名、假名、匿名或错误名义操作账户，指个人使用其常用名以外的其他名称实施与账户相关的任何行为（无论是进行存款、取款、与相关业务经营者通信还是其他任何方式）；以及

（c）伪造名、假名、匿名或错误名义账户，指本法令实施前或实施后以伪造名、假名、匿名或错误名义开设的账户。

（5）任何个人违反本节规定即构成犯罪，对其处 100 万美元以下罚金，1 年以下监禁，或二者并处。

**身份识别义务**

5.（1）有下列情形之一的，金融机构或指定非金融性企业或专业人员者应承担身份识别义务：

（a）与客户建立业务关系的；

（b）从事法定额以上的交易的，包括单个企业内或表现具有关联性的数个企业间进行交易的情形；

（c）办理 1500 美元（或同等金额外币）及以上电汇转账的；

（d）怀疑存在洗钱活动或恐怖融资活动的；或

（e）对先前所获取身份识别数据的真实性、充分性存在怀疑的。

（2）作为本节项下的义务之一，金融机构或指定非金融性企业或专业人员应当对收益权所有人进行身份识别，除非有权机关就不必进行此种身份识别的特定情形如公众公司所有权关系等有明确规定。

（3）满足下列条件，金融机构或指定非金融性企业或专业人员可以依赖于中介方或其他第三方展开身份识别程序：

（a）不存在洗钱活动或恐怖融资活动嫌疑；

（b）所有客户或收益权所有人的身份信息于账户开设时或业务关系展开时即已获得

提供；且

（c）该金融机构或指定非金融性企业或专业人员确信，该第三方：

（i）接到相关请求时能立即提供身份识别信息或其他尽职调查义务相关文件的副本；且

（ii）其在设立地国家需遵守与反洗钱金融行动特别工作组所确定标准相一致的相关要求或受到这样的国家管辖，并具备遵守这些要求的充分措施。

（4）分节（3）（c）项下所指的第三方不得就所涉的客户身份识别及收益权所有关系信息、文献等主张职业特权或援引类似原则或规定。

（5）有权机关可以明确符合分节（3）（c）（ii）要求的国家的管辖权。

（6）尽管本分节中规定有其他条文，依赖于第三方的金融机构或指定非金融性企业或专业人员就遵守本法令中包含尽职调查义务、报告义务等在内的所有义务承担最终责任。

（7）金融机构或指定非金融性企业或专业人员与不能亲自到场接受身份识别的客户开展业务关系或进行交易时，应当充分采取措施以应对特定的洗钱活动与恐怖融资活动风险。

（8）分节（7）中所指的措施，应能确保其至少与客户亲自到场时进行的尽职调查同等有效，且依据有权机关的规定或要求，其可要求提供额外的书面证据，或补充性手段以核实、证明所提供的文件，或金融机构出具的确认证明或其他书面证据或手段。

**需向客户获取的信息**

6.（1）作为第5节项下的义务之一，金融机构或指定非金融性企业或专业人员应当向每位客户获取并核实：

（a）客户为个人的，其全名与地址、身份证号或任何官方身份文件详情、出生日期与出生地；

（b）客户为法人的，其公司名称、总部地址、董事身份、公司证明或表明其法律地位或法律形式的类似证据、调整约束该法人的相关规定以及有助于了解该法人所有权、控制情况的其他必要信息；

（c）涉及法律协议的，受托人姓名、委托人姓名、明示信托受益人以及任何其他有权管理、变更或以其他方式控制协议的相关方姓名；

（d）客户身份以外的任何代表该客户实施行为的个人的身份，包括能够证明该个人代表行为获得授权的相关证据；

（e）各笔业务关系目的与性质的相关信息：

（i）金融机构或指定非金融性企业或专业人员得以履行本法令项下义务所需的涉及客户性质与业务的充分信息。

（2）办理第5（1）（c）节中的电汇转账，应在转账附随信息中要求提供涉及交易个人的以下信息：

（a）发款人姓名；

（b）发款人账号，没有账号的，唯一参考码；

（c）发款人地址，没有地址的，国民身份证号、客户身份识别号码或出生日期与地点；

（d）收款人姓名；以及

（e）收款人账号，没有账号的，唯一参考码。

（3）金融机构就与其既已存在业务关系的客户确信已获知并核实其真实身份的，不必核实该客户身份，分节（2）中的规定不予适用。

（4）金融机构在一系列支付中作为中介人的，应当转发其在电汇转账中所获取的所有信息。

（5）有权机关可针对如下事项发布指令，对分节（2）中的相关规定作出变通：

（a）针对境内转账，只要法律法规允许发款人的全部信息以其他方式向收款人金融机构或相关机构提供；以及

（b）针对单个发款人发起多笔转账以打包方式处理的跨境转账，只要法律法规允许其中包含发款人账号或唯一参考码，且该转账包组中包含完全可于收款国内追踪的发款人全部信息。

（6）分节（2）（3）的规定不适用于信用卡、借记卡交易引起的转账：

交易引起的转账中附有信用卡或借记卡号的，就金融机构间对其自身账户实施的转账，分节（2）（3）的规定亦不适用。

（7）分节（1）中的机构接收的电汇转账中未包含发款人完整信息的，应当采取措施向汇款申请机构或收款人获取并核实所缺信息；无法获取或核实所缺信息的，应当拒绝接受该转账，并向金融情报单位报告。

（8）第5（1）（c）节中的交易为国际电汇转账的，金融机构或指定非金融性企业或专业人员需在转账信息或付款表格中包含分节（2）中的信息。

**身份识别程序**

7.（1）金融机构或指定非金融性企业或专业人员就拟与其开展业务关系或进行交易的申请人，应当通过以下方式采取合理措施核实其真实身份以及相关收益权所有人身份：

（a）制作一份能合理确立申请人真实身份的官方档案；以及

（b）申请人为法人团体的，应要求其向公司注册官提交一份公司成立证明与最新的年度报表。

（2）申请人请求与其建立长期业务关系或进行其他交易的，金融机构或指定非金融性企业或专业人员应当采取合理措施确定该个人是否代他人实施行为。

（3）金融机构或非金融性企业或专业人员认为请求与之进行交易的申请人系代他人实施行为的，应当采取措施确定该申请人在所提议交易中所代表或所为之谋取最终利益者的真实身份，无论该申请人是作为受托人、被指定人、代理人还是其他身份实施了行为。

（4）确定何者构成分节（1）或分节（3）中所指合理措施时，应将所有情形纳入考量，尤其是下列情形：

（a）申请人总部所在地国或成立地国是否有对其适用的强制性规定预防利用金融系统从事洗钱活动；以及

（b）相关行业内间或存在的通用习惯或惯例。

（5）有下列情形之一的，本节要求提供身份证据的规定不再适用：

（a）申请人为适用本法令的金融机构或指定非金融性企业或专业人员的；或

（b）申请人已就某业务关系中发生的单笔或系列交易提供了充分身份证据的。

**应进行用户身份识别与认证的情形**

8. 每位客户的身份识别与认证以及其他本节规定信息的获取，应当在账户开设前或业务关系建立前（或者，存在洗钱或恐怖融资嫌疑或对所获客户身份识别信息真实性或充分性存在怀疑的，开展进一步业务前）进行。

满足下列条件的，就身份验证待业务开展后合理可行时进行的具体情形，有权机关可作出规定：

（a）洗钱或恐怖融资活动的风险得到有效控制；且

（b）迟延认证为不妨碍正常经营行为所必需。

**高风险用户与政治公众人物**

9. 金融机构或指定非金融性企业或专业人员应当：

（a）识别所从事活动具有高度洗钱以及恐怖融资风险性的客户，并针对该类客户加强身份识别、验证与持续尽职调查程序；以及

（b）判断客户或收益权所有人是否属于政治公众人物，若是，则应当：

（i）在同客户建立业务关系前或某既有客户被认定为政治公众人物时事后立即取得高级管理人员同意；

（ii）采取一切合理措施确定该客户财物、资金以及其他资产的来源；且

（iii）对该客户以及业务关系进行强化、持续的监控，预防洗钱、恐怖融资或其他犯罪活动的实施，以便金融机构或指定非金融性机构或专业人员履行本法令项下包括所有尽职调查义务和报告义务等在内的义务。

**跨境代理银行关系中的身份识别与账户开设**

10. 开展跨境代理银行关系时，金融机构应当：

（a）识别、认证与之开展代理银行关系的代理机构身份；

（b）搜集该代理机构所从事活动性质相关的信息；

（c）根据公开信息，评估该代理机构信誉状况以及其所受监管的性质；

（d）在建立代理银行关系前取得高级管理人员同意；

（e）评估该代理机构就反洗钱、打击恐怖融资实行管控的情况；

（f）就代理银行关系中各方的相应责任订立协议；

（g）就通过支付型账户，确保代理机构已核实其客户身份，就客户持续监控配备相应机制，并能于收到要求时提供相关的身份识别信息；

（h）不与空壳公司建立或继续业务关系；且

（i）国外代理机构允许空壳公司使用其账户的，不与这样的代理机构建立或继续业务关系。

**无法履行用户身份识别义务**

11. 金融机构或指定非金融性企业或专业人员就某一客户无法履行第5节至第10节规定的，不得为该客户开设账户或与其维持业务关系，同时应在适当时间依据本法令规定立即向金融情报单位报告。

**特定类型交易的特殊监管**

12. 金融机构或指定非金融性企业或专业人员应当：

（a）特别留意一切复杂、异常的大宗交易以及一切无明显经济目的或显著法律目的的异常交易模式。

（b）特别留意就打击洗钱与恐怖融资活动不适用或不完全适用相关国际标准的国家境内或来源于其境内的个人、法人或法律协议相关的业务关系以及交易。

（c）尽可能地调查第（a）款、第（b）款两款中交易的背景与目的，并以书面形式记录调查结果。调查结果应当依照第16节的相关规定予以保存，且能于金融情报单位、监管机构或任何经授权执法机构请求时立即提供。

（d）采取部长、有权机关或者可能的规章间或规定的特别措施，以应对第（b）款中规

定业务关系或交易相关联的风险。

**持续尽职调查的附加程序**

13.（1）金融机构或指定非金融性企业或专业人员应当就业务关系展开持续的尽职调查，其中应当包括：

（a）保存客户或收益权所有人相关的现有信息与记录；

（b）仔细调查所进行的交易，确保交易与其对客户的已知情况、客户商业或个人行为以及风险预测相一致；以及

（c）确保第9节与第10节项下有关高风险客户、政治公众人物以及代理银行关系的义务获得履行。

（2）金融机构或指定非金融性企业或专业人员就本法令生效时与其存在业务关系的客户以及收益权所有人，在风险敏感范围内根据客户、业务关系、产品或交易的种类与性质或其他部长、有权机关或者可能规章的规定，适用本部分身份识别与认证的相关规定。

**记录保存程序**

14.（1）金融机构或指定非金融性企业或专业人员应当创建并保存：

（a）根据分节（3）等的规定，其所开展所有交易的相关记录，或根据分节（3）的规定，其所开展的同等外币交易的相关记录；

（b）依据第6节规定取得个人身份相关证据的，能表明所取得证据性质且包含该证据副本或相关能确保取得该证据副本的信息的有关记录。

（2）金融机构或指定非金融性企业或专业人员的客户账户应以账户持有人真实姓名进行保存。

（3）分节（1）（a）规定的记录应当包含如下用以身份识别的详细资料：

（a）个人从事下列活动之一的，其姓名、地址以及职业（或适当时其经营活动或主要业务）：

（i）进行单笔或系列交易的；或

（ii）若可得知，在所进行的该单笔或系列交易中行为被代表的。

（b）金融机构或指定非金融性企业或专业人员就识别前款（a）中所规定个人的身份所采取的方式；

（c）交易性质与日期；

（d）涉及的币种与金额；

（e）金融机构或指定非金融性企业或专业人员处任何交易涉及账户的类型与识别码；

（f）交易涉及现金以外可转让票据的，票据出票人姓名、付款人（若有）姓名、票据金额与出票日期、票据编号（若有）以及票据上的任何背书内容；

（g）金融机构或指定非金融性企业或专业人员、准备记录的官员、雇员或代理人的名称与地址。

（4）相关交易完成之日或实施最后行为之日起至少 7 年，金融机构或指定非金融性企业或专业人员应当就分节（1）中规定的记录予以保存。

（5）就本法令实施前发生的交易或转账，金融机构或指定非金融性企业或专业人员应当为特定账户或个人在特定期间内披露其所持有、保管或控制的涉及该交易或转账的相关记录。

## 第二章　可疑交易与合规性报告

### 可疑交易报告义务

15.（1）依据分节（2）的规定，金融机构或指定非金融性企业或专业人员，以及其董事、主管人员、官员、股东、专业人员以及雇员，怀疑或有合理理由怀疑某交易或拟进行的交易涉及财产牵涉或关联严重犯罪或洗钱犯罪活动的，制作可疑报告进行记录后，应当立即呈报金融情报单位。

（2）尽管有分节（1）的规定，诉讼代理人、事务律师、公证人等其他独立法律职业人员以及会计师仅在下列情形中有义务提交报告：

（a）代表客户参与下列活动相关的金融交易的：

（i）不动产买卖；

（ii）客户资金、证券或其他资产管理；

（iii）银行、储蓄或证券账户管理；

（vi）公司成立、运营、管理责任负担安排；以及

（v）法人或法律协议设立、运作或管理，与企业实体转让；以及

（b）相关怀疑所依据的相关信息无法在下列过程中从客户处取得或获得的：

（i）核查其客户法律地位过程中；或

（ii）在司法、行政、仲裁或调停程序中或相关场合为该客户辩护或代理过程中，包括就提起或撤销诉讼出具意见的情形，无论此种信息是在诉讼前、诉讼中还是诉讼后取得或获得。

（3）金融情报单位基于合理理由怀疑某起交易或拟进行的交易可能牵涉洗钱犯罪、重大犯罪或恐怖融资犯罪的，其以书面形式指令相关报告机构继续或停止该交易或拟进

行交易的期限可以自行决定：

但须满足下列条件：

（a）指令以书面形式作出的，期限不得超过 5 个工作日；

（b）指令以口头形式作出的，期限不得超过 24 小时，且需在口头指令作出后 24 小时内以书面形式确认；

（c）5 日指令期限届满前，金融情报机构可向法院申请延长指令期限。

（4）涉及下列活动之一的，尽管有分节（1）的规定，信托与公司服务提供者代表客户准备或进行交易时应提交报告：

（a）担任法人设立代理人的；

（b）担任（或安排他人担任）公司主管人员或高级秘书、合伙企业合伙人，或其他法人中的类似职位的；

（c）为公司、合伙企业或其他法人或法律协议提供注册住所、办公地址或办公处、通信或行政地址的；

（d）担任（或安排他人担任）明示信托受托人的；

（e）担任（或安排他人担任）他人名义持股人的。

（5）指定非金融性企业及专业人员的相关监管机关在履行职责时发现可能牵涉洗钱犯罪或严重犯罪相关事实的，应当通知金融情报单位。

（6）有权机关应当发布与报告提交程序相关的指令或准则，并发行颁布相关准则，以协助金融机构或指定非金融性企业或专业人员履行其在本节项下承担的义务。

**现金交易报告义务**

16.（1）就任何金额等于或高于法定额的单笔或表现为具有关联性的数笔现金交易，金融机构或指定非金融性企业或专业人员以及高价值商品交易商应当及时向金融情报单位报告，最迟不超过 5 个工作日，此规定对任何拟进行的交易同等适用。

（2）本节所指"高价值商品交易商"指从事高价值商品交易的个人，包括从事机动车辆交易的个人或有权机关在公报中可能通知公布的相关个人。

**可疑交易报告与现金交易报告相关人员身份与信息的保护**

17.（1）除为本法令正当管理目的外，任何个人不得披露能够或可能透露准备或作出可疑交易报告或现金交易报告或处理该基础交易者身份的任何信息。

（2）除非高级法院认为相关信息的披露为实现公正所必要，否则不得要求个人在任何司法诉讼程序中披露可疑交易报告或现金交易报告或报告中包含或相关的任何信息，或准备或作出此种报告或处理该基础交易者的身份。

**善意举报可疑交易的责任免除**

18.金融机构或指定非金融性企业或专业人员,其董事、主管人员、官员、股东、专业人员以及雇员出于善意依据本法令规定提交报告或提供信息的,不得因违反银行或专业保密义务或关系对其提起任何刑事、民事、纪律性或行政性程序。

**不履行可疑交易或现金交易报告义务的后果**

19.任何个人不履行第15节和第16节中向金融情报单位提交报告义务的,构成犯罪,处5万美元以下罚金,5年以下监禁,或二者并处。

**禁止暗中通报**

20.(1)除在分节(2)规定情形下或法律另有其他书面规定,任何金融机构或指定非金融性企业或专业人员,或其董事、主管人员、官员、股东、专业人员以及雇员不得向其客户或任何第三方披露其将要、正在或已经向金融情报单位提交可疑洗钱活动或恐怖融资活动相关报告或任何其他信息,或其正在或已经就某严重犯罪、洗钱犯罪或其他实质性类似的犯罪开展调查。

(2)为发挥个人在本法令或其他法规中任何条款实施中的作用,或诉讼代理人、公证人等其他独立法律职业人员以及担任独立法律职业人的会计师为劝阻客户参与非法活动的,可以进行相关披露。

(3)任何个人违反分节(1)中的规定即构成犯罪,处50万美元以下罚金,5年以下监禁,或二者并处。

**内部报告程序**

21.金融机构或指定非金融性企业或专业人员应当订立并维护内部报告程序以:

(a)明确雇员就其履职过程中所注意到的使其知晓或怀疑他人从事洗钱活动的任何信息应当报告的对象;

(b)确保第(a)款所明确的个人有合理途径获取相关信息,以判断是否存在充足理由依据第15(1)节规定进行报告;以及

(c)前述所明确的个人认为存在充足理由进行报告的,要求其依据第15(1)节的规定呈报。

**其他内部报告程序**

22.(1)金融机构或指定非金融性企业或专业人员应当拟定并实施预防洗钱与恐怖融资活动的相关计划。这些计划应当包括如下内容:

(a)完成本法令项下义务的内部政策、程序或控制方式;

(b)完善的筛选程序,确保高标准用人;

（c）官员或雇员的持续培训机制，令其了解洗钱活动与恐怖融资活动相关的法律法规，帮助其识别可能与洗钱或恐怖融资活动相关的交易或行为，并指导其在前述情形下履行相关程序；

（d）预防滥用技术开发成果的政策与程序，包括有关的资金或价值电子存储与转移手段等；以及

（e）独立的审计安排，以评议、核查本法令的合规性以及依据本法令所采取措施的有效性。

（2）金融机构或指定非金融性企业或专业人员应当在管理层中指定一名合规专员，负责该机构对本法令的实施与持续合规。该合规专员应能随时获取或找到该金融机构或指定非金融性企业或专业人员的所有账簿、记录与雇员，以履行其职责。

**不履行记录保存或提供义务的后果**

23. 任何个人因故意或过失实施下列行为之一的，构成犯罪，处 100 万美元以下罚金，1 年以下监禁，或二者并处；持续犯罪的，自宣判之日起，持续犯罪期间每日加处 10 万美元的罚金：

（a）未依据第 14 节规定保存账簿与报告的；

（b）毁损或移除上述记录的；

（c）依法要求其出具上述账簿或记录时，不能及时提供上述信息的。

**不履行尽职调查义务或维持内部控制义务的后果**

24. 任何个人因故意或过失实施下列行为之一的，构成犯罪，处 100 万美元以下罚金，1 年以下监禁，或二者并处；持续犯罪的，自宣判之日起，持续犯罪期间每日加处 10 万美元的罚金：

（a）未依据第 5 节、第 6 节、第 7 节与第 13 节的规定对客户、账户或交易进行尽职调查的；

（b）未履行第 9 节与第 12 节规定的特别监管义务的；或

（c）未依据第 21 节与第 22 节规定维持内部控制计划的。

**虚假或误导性陈述**

25. 故意实施下列行为之一的，构成犯罪，处 2 万美元罚金，1 年以下监禁，或两者并处：

（a）作出虚假或误导性陈述的；

（b）提供虚假或误导性信息的；或

（c）其他未就本部分项下包括可疑交易报告、现金交易报告义务等在内的义务相关

联重要事实作出陈述的情形。

**措施及制裁**

26. 任何监督管理部门或纪律处分部门发现金融机构、指定非金融性企业、专业人员或其他受监管机构违反本法规定的义务的,可加处以下一项或多项措施及制裁:

(a)书面警告;

(b)要求遵守相关指示的命令;

(c)要求金融机构、指定非金融性企业、专业人员或其他受监管机构就其正在进行的行为定期报告的命令;

(d)禁止相关个人在部门内就职;

(e)替换或限制经理、主任、委托人、合伙人、实际控制人包括临时管理人的权力;

(f)针对金融机构、指定非金融性企业或专业人员开具的临时行政措施;

(g)吊销、撤回金融机构、指定非金融性企业或专业人员的营业执照,或对其作出限制。

**禁止空壳银行**

27.(1)任何人不得在文莱达鲁萨王国开设或运作空壳银行。

(2)任何从事以下行为的人:

(a)在文莱达鲁萨王国开设空壳银行;或

(b)与空壳银行或允许其账户被空壳银行借用之外国金融机构建立或维持商业关系,即被视为犯罪,将处100万美元以下的罚金,一年以下监禁,或并罚。若在定罪后继续违法行为,将加处10万美元/日的罚金。

**外国子公司与分支机构的遵守义务**

28. 金融机构应要求其外国分支机构以及其持有多数股权的子公司在其所在国国内法律法规允许的程度内遵守本章节的要求。若金融机构的分支机构与其持有多数股权子公司所在地法律禁止本章节遵守义务的执行,则以任何理由,该金融机构应以其认为合适的步骤向监督主管部门进行通告。

**保密义务的推翻**

29. 任何其他成文法所规定的保密条款都不得作为金融机构、指定非金融性企业或专业人员遵守其本法项下义务的理由。

# 第三章　金融情报机构

**金融情报机构之职权**

30.金融情报机构拥有以下职权：

（a）收取由以下渠道获取的报告和信息：

（i）由文莱达鲁萨王国执法机构或任何政府机关/机构提供的信息；

（ii）由他方自愿提供的与洗钱、严重犯罪、恐怖融资或其他本法规定的犯罪相关的信息；

（iii）由他国任何机关提供的信息；

（iv）由国际组织提供的信息。

（b）分析、评估和散布报告及信息；

（c）出具与用户识别、保留记录、报告义务和识别可疑交易相关的指导文件；

（d）在用户识别、保留记录、报告义务和识别可疑交易相关的指导文件等方面向金融机构、指定非金融性企业或专业人员提供培训项目；

（e）在洗钱、恐怖融资的趋势与发展，侦查、预防、阻止洗钱和恐怖融资方式的改进等方面开展调查研究；

（f）开展反洗钱、反恐怖融资的公众宣传教育工作，提高公众的警惕意识；

（g）为实现本法之目的，与他国政府机关/机构、国际组织保持联络，签订协议，交换信息。

**信息获取**

31.（1）对于金融情报机构依职权获取的任何信息，机构均有权要求任何实体或个人遵照第15节、第16节规定的报告义务，向金融情报机构报告其认为履行职能所必需的附加信息。对附加信息的补充应在规定的时间期限内提交，且格式应符合金融情报机构的要求。

（2）对于金融情报机构认为实现职能所必需的信息，机构有权在金融机构、指定非金融性企业或专业人员保管信息的地点当场查验信息，此种权利包括但不限于：

（a）在通常工作时间进入金融机构、指定非金融性企业或专业人员的办公场所查验记录，向金融机构、指定非金融性企业或专业人员的任何雇员询问与记录相关的任何问题，记录笔记并带走记录副本；

（b）收集金融情报机构认为与洗钱、严重犯罪、恐怖融资或其他违反本法的犯罪相关的任何信息，包括商用数据库或其他收集保存的信息，包括政府机关/机构存留的数据库内的信息；

（c）从政府部分获取因实施，或意图实施洗钱、严重犯罪、恐怖融资或其他本法规定的犯罪而正在接受调查之人的任何个人记录；

（d）为实现本法之目的，从任何外国政府机关、外国执法机关、外国监督机关及外国审计机关处获取信息；

（e）自接受可疑交易报告之日起满7年，若无与该报告或该报告所涉及之人员相关的进一步活动或信息，或自与该报告或报告所涉及之人员相关的上一次行动迄今已满7年，则销毁该报告；

（f）为执行本法之目的，或为推动金融情报机构或执法机关的调查，对于金融情报机构收到的相关信息或报告，指导金融机构、指定非金融性企业或专业人员按照适当的步骤进行处理；

（g）对数据和记录进行汇编，在必要时在文莱达鲁萨王国境内或其他地区散播信息，以及针对收到的信息提出建议；

（h）在恰当的时候，定期向金融机构、指定非金融性企业、专业人员、相关政府部门、办公单位、机关和机构就报告和信息的结果作出反馈；

（i）为实现本法之目的，进一步获取报告中提到交易或人员的信息；

（j）在遵守本法保密要求的前提下，向任何政府部门、办公单位或机关披露报告及报告中提炼的信息。

（3）分节（2）中的"指定非金融性企业"和"专业人员"的解释同第2节、第15（2）节。

### 与保密和信息使用相关的义务

32.（1）在金融情报机构内执行任务，或为金融情报机构执行任务的任何人，均需对其工作范围内获取的任何信息严格保密；任务终止后此种保密义务仍将持续，仅在本法特殊规定或法院提出要求时存在例外。

（2）任何现任或已离职的金融情报机构的工作人员，任何在金融情报机构内执行任务或为金融情报机构执行任务之人，若违反保密义务，泄露第（1）节项下规定需进行保密的信息，将处5万美元以下的罚金，5年以下监禁，或二者并罚。

### 与获取的报告或信息相关之行为

33.（1）若金融情报机构根据其分析与评估，有合理理由怀疑某次交易、可能进行的交易或其他活动与洗钱、严重犯罪、恐怖融资有关，则金融情报机构可就任何报告，或从属于报告中的信息求助于文莱达鲁萨王国的执法机关寻求帮助。金融情报机构可将信息副本交送至相关监督部门。

（2）若金融情报机构由合理理由怀疑某次交易、可能进行的交易或其他活动与洗钱、严重犯罪、恐怖融资有关，机构可以书面指示报道机构继续或停止对交易或可能进行的交易的跟进，且该期限由金融情报机构决定。

**注意：**

（a）任何书面指示不得超过 5 个工作日；

（b）任何口头指示不得超过 24 小时，且必须口头指示的 24 小时内以书面形式进行确认；

（c）在 5 个工作日期满之前，金融情报机构可向法院申请对该期限进行延长。

**与外国相应机构分享信息**

34.（1）在金融情报机构与具有相似功能的他国情报机关签订合作协议的基础上，金融情报机构可与任何他国执行相似职能的情报机关分享信息。

（2）为实现本法之目的，金融情报机构可与国际组织签订合作协议，披露报告或报告中所含的信息。

（3）当他国执行相似职能的情报机关的调查涉及对洗钱或严重犯罪的侦查或起诉，金融情报机构可代表他国执行相似职能的情报机关展开调查。

（4）除（3）之外，金融情报机构可以：

（a）检索其数据库，包括与报告或可疑交易相关的信息，机构可直接或间接进入的数据库，包括法律执行机关的数据库、行政机关的数据库、公共数据库及商用数据库；

（b）从金融机构、指定非金融性企业或专业人员处获取与调查相关的信息；

（c）在金融情报机构可以在国内获取该信息的前提下，从公民处获取与调查相关的信息；

（d）在金融情报机构的职权范围之内，为支持他国执行相似职能的情报机关的调查采取任何行动。

# 越南社会主义共和国反恐怖主义法<sup>*</sup>

根据 1992 年《越南社会主义共和国宪法》（经第 51/2001/QH10 号决议修订、补充若干条款），国会颁布《反恐怖主义法》。

# 第一章　总　则

**第一条　调整范围**

本法规定了反恐怖主义的原则、政策、措施、力量，反恐怖主义国际合作以及机构、组织、个人的职责。

**第二条　适用对象**

本法适用于越南公民、机构和组织；在越南境内居住和活动的国际组织、外国组织和外国人，但越南社会主义共和国加入的国际条约另有规定的除外。

**第三条　词语解释**

在本法中，下列词语解释如下：

1.恐怖主义，是指组织、个人以反对人民政权，强迫人民政权、外国组织和国际组织，妨碍越南社会主义共和国的国际关系或引发公众恐慌为目的的行为，包括：

（1）侵犯他人生命、健康、人身自由或威胁侵犯他人生命、精神的；

（2）霸占、损坏、破坏或威胁破坏机构、组织和个人的财产，攻击、侵害、阻碍、扰乱机构、组织和个人的计算机网络、电信网络、互联网和数字设备运行的；

（3）引导制造、生产、使用或制造、生产、储藏、运输、交易武器、爆炸物、放射物、有毒物、易燃物和用于实施本条第 1 款第（1）项、第（2）项规定行为的其他用品、工具的；

（4）宣传、引诱、教唆、强迫、雇佣或提供便利、协助实施本条第 1 款第（1）项、第（2）项规定行为的；

（5）建立、参与组织、招募、培训、训练实施本条第 1 款（1）项、第（2）项、第（3）项、第（4）项规定行为的对象的；

---

<sup>*</sup>　译者：陶文文，北京外国语大学亚洲学院博士生。

（6）越南社会主义共和国加入的反恐怖主义国际条约规定的其他恐怖主义行为。

2.恐怖主义融资，是指为任何形式的恐怖主义组织和个人筹集、资助资金和财产的行为。

3.反恐怖主义，包括防范恐怖主义、恐怖主义融资和打击恐怖主义、恐怖主义融资的活动。

**第四条　反恐怖主义的原则**

1.在越南共产党领导、国家统一管理和全社会的参与下，以人民公安力量主持配合人民军队为核心。

2.遵守宪法和法律，保障祖国独立、主权、领土统一和完整、国家利益和机构、组织、个人的合法权益。

3.防范为主，主动发现、及时阻止、严正处理进行恐怖主义和恐怖主义融资的组织和个人。

4.保护人民生命、健康安全以及机构、组织的财产安全，最大限度地降低损失。

**第五条　反恐怖主义的政策**

1.国家审判并严惩一切恐怖主义和恐怖主义融资行为，同步采取措施组织反恐怖主义工作，宣传、动员组织和个人参与反恐怖主义活动。

2.国家具有调动科技成果为反恐怖主义活动服务的政策。

3.国家优先为反恐怖主义、反恐怖主义融资力量投资专业技术设备和工具，并为其提供制度和政策保障。

4.国家具有保护参加反恐怖主义活动的组织和个人的政策和措施。参加反恐怖主义活动的个人遭受人身伤害、健康损害或者死亡的，其本人或其亲属有权享受法律规定的制度和政策优待。组织和个人的财产被调用为反恐怖主义活动服务如有损失的，应当予以赔偿。

5.在反恐怖主义活动中有功劳的组织和个人，依照竞赛、表彰法律的规定予以表彰。

6.国家采取宽大政策对待主动放弃恐怖主义、恐怖主义融资意图；自行中止实施恐怖主义、恐怖主义融资行为，或在恐怖主义、恐怖主义融资行为被告发前，积极阻止、减轻危害，补救后果，并自首、诚实报告，积极帮助责任机构发现、制止、调查、起诉和审理恐怖主义、恐怖主义融资的组织和个人。

**第六条　禁止行为**

1.本法第3条第1款、第2款规定的恐怖主义、恐怖主义融资行为。

2.藏匿、窝藏、不检举恐怖主义、恐怖主义融资。

3. 在反恐怖主义工作中泄露国家机密。

4. 故意散布有关恐怖主义、恐怖主义融资的虚假信息,阻碍、妨碍反恐怖主义活动。

5. 利用反恐怖主义工作的职权侵犯国家利益和组织、个人的合法权益。

### 第七条　反恐怖主义的责任

1. 反恐怖主义是机构、组织和公民的责任。

2. 机构领导人、组织负责人在其职权范围内,负责执行反恐怖主义法律。

3. 在越南境内居住和活动的国际组织、外国组织和外国人,有责任依照本法和其他相关法律的规定,参与反恐怖主义活动。

### 第八条　越南祖国阵线及其成员组织的职责

越南祖国阵线及其成员组织在其职权范围内,有责任宣传和动员人民严格执行反恐怖主义法律,监督反恐怖主义法律的执行。

### 第九条　对恐怖主义罪犯和恐怖主义融资罪犯的调查、起诉和审判

对恐怖主义罪犯和恐怖主义融资罪犯的调查、起诉和审判应当遵守《刑法》《刑事诉讼法》及其他相关法律的规定。

### 第十条　对与恐怖主义和恐怖主义融资有关的资金和财产的处理

1. 对与恐怖主义、恐怖主义融资有关的资金和财产,应当依法予以暂停流通、封锁、查封、暂扣和处理。

2. 暂停流通、封锁、查封、暂扣、处理与恐怖主义、恐怖主义融资有关的资金和财产的条件、手续、权限和形式,由政府作具体规定。

### 第十一条　反恐怖主义活动的保障经费

1. 反恐怖主义活动保障经费的来源包括:

(1) 国家财政预算;

(2) 其他合法的经费来源。

2. 反恐怖主义活动保障经费的管理和使用,应当按法律规定执行。

## 第二章　反恐怖主义活动的组织

### 第十二条　反恐怖主义指导委员会

1. 政府设立国家反恐怖主义指导委员会,国家反恐怖主义指导委员会的成员按兼职制度工作。

公安部是国家反恐怖主义指导委员会的常设机构,设有专职咨询和协助机构。

2. 省级人民委员会设立省级反恐怖主义指导委员会。省级反恐怖主义指导委员会的

成员按兼职制度工作。

省公安厅是省级反恐怖主义指导委员会的常设机构,设有咨询和协助机构。

3. 根据政府总理下达的任务及其指导,部长和部级首长设立部委反恐怖主义指导委员会。

**第十三条　反恐怖主义指导委员会的任务和权限**

1. 国家反恐怖主义指导委员会的任务和权限如下:

（1）向政府和政府总理提供组织和指导全国反恐怖主义活动的咨询;

（2）协助政府和政府总理组织开展跨部门反恐怖主义协作和国际反恐怖主义合作;

（3）协助政府和政府总理检查、督促和指导反恐怖主义工作。

2. 省级反恐怖主义指导委员会的任务和权限如下:

（1）向同级人民委员会和人民委员会主席提供组织和指导当地反恐怖主义活动的咨询;

（2）协助同级人民委员会和人民委员会主席组织开展当地跨部门反恐怖主义协作;

（3）协助同级人民委员会和人民委员会主席检查、督促和指导反恐怖主义工作。

3. 各部委反恐怖主义指导委员会协助部长、部级机构首长,组织、指导其负责领域的反恐怖主义工作,并配合其他部委、地方、机构执行反恐怖主义工作。

4. 各级反恐怖主义指导委员会的组织、任务、权限和协调关系,由政府作具体规定。

**第十四条　反恐怖主义力量**

1. 反恐怖主义力量包括:

（1）公安部、国防部下属的受命执行反恐怖主义任务的机构、单位;

（2）其他被调集参与反恐怖主义的力量。

2. 本条第 1 款第（1）项规定的机构、单位的任务和权限,由公安部部长、国防部部长作具体规定。

**第十五条　反恐怖主义指挥员**

1. 反恐怖主义指挥员由职权机构决定。

2. 职权机构尚未决定反恐怖主义指挥员的,恐怖主义活动发生地的国家机构、人民武装部队和人民委员会负责人有职责按照本法第 16 条第 2 款的规定采取反恐怖主义措施。

3. 飞机、船舶离开机场、港口后发生恐怖主义活动的,该运输工具的指挥人员有责任指挥反恐怖主义工作。

4. 政府对本条内容作详细规定。

### 第十六条 反恐怖主义指挥员的任务和权限

1. 本法第 15 条第 1 款规定的反恐怖主义指挥员,具有下列任务和权限:

(1)为职权机构决定必要的反恐怖主义方案和措施提供参谋和建议;

(2)根据职权机构决定的方案和措施指挥反恐怖主义工作;

(3)遭遇紧急情况但职权机构尚未决定方案和措施的,反恐怖主义指挥官有职责采取本法第 30 条第 2 款规定的措施,但该措施具有政治和外交影响、侵犯他人生命或破坏特殊价值财产的情况除外。

2. 本法第 15 条第 2 款规定的国家机构、人民武装部队、人民委员会领导人有职责采取本法第 30 条第 2 款第(1)项、第(2)项、第(3)项、第(4)项、第(6)项、第(7)项、第(8)项、第(11)项规定的反恐怖主义紧急措施,但该措施具有政治和外交影响、侵犯他人生命或破坏特殊价值财产的情况除外。

3. 本法第 15 条第 3 款规定的反恐怖主义指挥负责人有职责依法采取措施阻止和制止恐怖主义行为。

4. 本条第 1 款、第 2 款、第 3 款规定的人员对其行为和决定负法律责任。

### 第十七条 反恐怖主义武器、工具、手段的配备和使用

1. 反恐怖主义力量应优先配备反恐怖主义的武器、辅助工具和专业技术手段。

2. 反恐怖主义力量使用武器、辅助工具和专业技术手段,应符合本法和其他相关法律的规定。

### 第十八条 调集反恐怖主义的力量和手段,征购和征用用于反恐怖主义的财产

1. 发生恐怖主义活动时,法律规定的职权人员可以调集力量和手段打击恐怖主义。被调集进行反恐怖主义活动的机构、组织和个人有责任予以执行。

2. 发生恐怖主义活动时,征购和征用用于反恐怖主义的财产应遵守财产征购、征用法律的规定。

# 第三章 防范恐怖主义

### 第十九条 防范恐怖主义的措施

采取本法第 20 条至第 27 条规定的措施及法律规定的其他措施防范恐怖主义和恐怖主义融资。

### 第二十条 反恐怖主义的通知、宣传、教育

1. 职权机构和人员有责任进行反恐怖主义的通知、宣传和教育,以提高反恐怖主义的意识、责任感和有效性。

2.反恐怖主义的通知、宣传、教育内容包括：

（1）恐怖主义的危机、演变和情况，恐怖主义的活动手段和方式、危险性、危害；

（2）反恐怖主义的措施、经验、政策和法律；

（3）机构、组织和个人在反恐怖主义活动中的责任；

（4）其他反恐怖主义的必要内容。

### 第二十一条　治安行政管理

1.通过其活动进行治安行政管理的职权机构和人员，有责任及时主动发现恐怖主义组织和个人的原因、条件、阴谋、方式、手段和活动，并采取相应的处理措施。

2.通过治安行政管理防范恐怖主义的措施，包括：

（1）管理公民居留、档案、身份信息；

（2）管理武器、爆炸物、辅助工具、易燃物、有毒物和放射物；

（3）保卫和保护越南境内与国家安全、国防工程、军区、外交使团办事处、外国领事机构、国际组织代表机构有关的重要工程；

（4）巡查、监管、监控与治安、机场、港口、火车站、汽车站、口岸、边境地区、人员聚集场所及其他公共场所等有关的重点目标；

（5）管理入境、出境和过境；

（6）法律规定的其他治安行政管理措施。

### 第二十二条　交通运输活动的监管

监管公路、铁路、水路、海路和航空交通运输的职权机构和人员，有责任主动发现、及时制止和处理利用上述方式进行恐怖主义活动的行为。

### 第二十三条　资金和财产交易的监管

监管资金和财产交易的职权机构和人员，有责任关注、监督和制止有恐怖主义迹象的资金和财产交易；依法对应上报价值的资金和财产交易进行监督，以及时发现有恐怖主义迹象的交易。

### 第二十四条　入境、出境、过境工具和货物的监管

监管入境、出境、过境工具和货物的职权机构和人员，有责任严格监管入境、出境、过境的工具和货物，以及时发现、制止、处理利用上述方式进行恐怖主义活动的行为。

### 第二十五条　出版、报刊、邮政、电信和其他信息形式的监管

出版、报刊、邮政、电信和其他信息形式活动的职权机构和人员，有责任监管和及时发现、制止、处理利用上述方式进行恐怖主义活动的行为。

**第二十六条　食品、疾病防治药物卫生安全保障活动的监管**

监管粮食、食品、饲料、化肥、治疗药物、预防药物、兽药、植物保护药物、化验标本卫生安全的职权机构和人员，有责任及时发现、制止、处理利用上述方式进行恐怖主义活动的行为。

**第二十七条　制定和组织实施反恐怖主义方案**

1.公安部、国防部、有关部委、各级人民委员会在其职责范围内，负责制定、训练、演习和组织实施反恐怖主义方案。

2.经批准的反恐怖主义方案中确定的机构、组织和单位有责任予以执行。

# 第四章　打击恐怖主义

**第二十八条　发现恐怖主义**

1.机构、组织和个人通过其活动积极发现恐怖主义。

2.本法第14条第1款第（1）项规定的反恐怖主义力量，有责任采取专业技术措施发现恐怖主义，指导和协助机构、组织和个人认识、发现、通报、检举恐怖主义活动。

**第二十九条　对恐怖主义通报和检举的接收和处理**

1.机构、组织和个人发现恐怖主义迹象或行为时，应及时通知本法第14条第1款第（1）项规定的反恐怖主义力量或就近的公安机关、军队和人民委员会。公安机关、军队和人民委员会有责任充分受理有关恐怖主义的通报和检举。

2.公安机关、军队和人民委员会在收到本条第1款规定的有关恐怖主义的通报和检举或自行发现恐怖主义迹象和行为后，应立即通知本法第14条第1款第（1）项规定的反恐怖主义力量，对举报人信息保密；发现已经发生、正在发生或者有理由相信即将发生恐怖活动的，依照本法第16条第2款的规定采取反恐怖主义紧急措施。

3.本法第14条第1款第（1）项规定的反恐怖主义力量在收到有关恐怖主义的通报和检举后，应及时处理，并向职权机构和职权反恐怖主义委员会报告。发现已经发生、正在发生或者有理由相信即将发生恐怖活动的，依照本法第16条第2款的规定采取反恐怖主义紧急措施。

4.发生恐怖活动时，反恐怖主义指导委员会必须向上级反恐怖主义指导委员会报告，反恐怖主义单位应直接向上级反恐怖主义单位报告。

**第三十条　反恐怖主义措施**

1.应当采取本法和保护国家安全保护、保障社会治安法律规定的措施打击恐怖主义。

2.反恐怖主义紧急措施是在恐怖活动已经发生、正在发生或有理由相信即将发生时

立即采取的措施,旨在及时制止恐怖活动,消除和限制恐怖主义危害。反恐怖主义紧急措施包括:

(1)包围和封锁发生恐怖活动的地区;

(2)解救人质,紧急救助受害者,隔离人员,将交通工具和财产转移出恐怖主义危险区;

(3)与恐怖分子谈判;

(4)包围、追踪、控制和逮捕恐怖分子,解除用于恐怖活动的武器、工具和手段;

(5)攻击、消灭恐怖分子,销毁用于恐怖活动的武器、工具和手段;

(6)暂停用于恐怖活动的交通工具、信息和通信工具;

(7)破坏、拆除妨碍反恐怖主义活动的房屋和建筑,移除妨碍反恐怖主义活动的障碍物,设置阻碍恐怖活动的障碍物;

(8)保护、移动、隐藏、伪装恐怖活动袭击对象的工程和目标;

(9)调集力量和手段打击恐怖主义;

(10)检查、冻结与恐怖主义有关的账户和资金来源,停止与恐怖主义有关的资金和财产交易,暂时扣押与恐怖主义有关的资金和财产;

(11)开封、查验、扣押与恐怖主义有关的信件、电报、邮包、邮件、包裹和货物;

(12)收集与恐怖主义有关的材料和证据。

3.本条第2款规定的采取反恐怖主义紧急措施的权限、条件、程序和手续,由政府作具体规定。

**第三十一条 打击外交使团办事处、外国领事机构、国际组织代表机构及其成员住所的恐怖主义**

1.当有理由相信在越南境内的外交使团办事处、外国领事机构、国际组织代表机构及其成员住所已经发生、正在发生或即将发生恐怖活动时,有关机构、组织和个人或知情人应当及时通知本法第14条第1款第(1)项规定的反恐怖主义力量或就近的公安机关、军队、人民委员会。公安机关、军队和人民委员会收到有关恐怖主义的通报和检举后,应当依照本法第29条的规定受理。

2.在外交使团办事处、外国领事机构、国际组织代表机构及其成员住所进行反恐怖主义活动时,越南机构、组织和个人必须遵守本法和越南社会主义共和国加入的各项国际条约的规定。

**第三十二条 打击越南驻外机构、组织和公民的恐怖主义活动**

当有理由相信越南驻外机构、组织或公民已经发生、正在发生或即将发生恐怖活动时,越南社会主义共和国驻外代表机构领导人应当立即根据其权限采取符合国际法律和所在国法律的必要措施,并及时向外交部和国家反恐指导委员会报告。

# 第五章　打击恐怖主义融资

**第三十三条　恐怖主义融资活动的发现,对恐怖主义融资活动通报和检举的受理**

1. 国家银行、金融机构、从事非金融行业的相关组织和个人以及其他组织和个人发现恐怖主义融资活动的迹象和行为时,应及时向本法第14条第1款第(1)项规定的反恐怖主义力量报告。

2. 本法第14条第1款第(1)项规定的反恐怖主义力量,有责任充分接收有关恐怖主义融资的通报和检举并迅速处理,向职权机构和职权反恐怖主义指导委员会汇报;在发现已经发生、正在发生或有理由相信即将发生恐怖主义融资活动时,应立即采取本法第30条第2款第(6)项、第(9)项、第(10)项、第(11)项、第(12)项规定的反恐怖主义紧急措施。

**第三十四条　识别、更新客户信息和采取临时措施**

从事非金融行业的金融机构、组织和个人有义务采取措施识别和更新客户信息;当怀疑客户或客户的交易与恐怖主义融资活动有关或客户被列入黑名单时,应当向公安部反恐怖主义力量、越南国家银行下属职能部门报告,并应当根据反洗钱法律采取临时措施。

**第三十五条　现金、贵金属、珠宝和流通票据跨境流动的监管**

根据本法第24条和《反洗钱法》第24条规定的监管现金、贵金属、珠宝和流通票据经越南边境流动的职权组织和个人,有责任及时发现、制止、处理利用上述方式进行恐怖主义融资的行为。

# 第六章　反恐怖主义国际合作

**第三十六条　国际合作的原则**

越南社会主义共和国在遵守越南法律和越南社会主义共和国加入的国际反恐怖主义条约,尊重国际法的基本原则,保障祖国的独立、主权、领土统一和完整,保护国家利益和组织、个人合法权益的基础上,开展反恐怖主义领域的国际合作。

**第三十七条　国际合作的内容和责任**

1. 国际合作的内容包括:

(1)交换反恐怖主义的信息;

（2）进行反恐怖主义训练和演习；

（3）提高反恐怖主义的法律能力，进行反恐怖主义知识和技能的培训和训练；

（4）加强反恐怖主义的物质条件；

（5）解决恐怖主义案件；

（6）根据越南法律和越南社会主义共和国加入的国际条约的规定，开展其他国际合作内容。

2.公安部主持并配合有关部委，协助政府谈判、提议签署或加入与反恐怖主义有关的国际条约，主持并配合有关部委执行反恐怖主义工作。

### 第三十八条　解决恐怖主义案件的国际合作

解决恐怖主义案件的国际合作，按照本法第4条、第36条以及越南社会主义共和国加入的国际条约规定的原则进行。越南社会主义共和国与有关国家未加入多边条约或未签署双边条约的，越南职权机构在本法第4条、第36条规定以及符合本国需要和能力的原则上，开展解决恐怖主义案件的国家合作。

## 第七章　国家机构在反恐怖主义工作中的职责

### 第三十九条　反恐怖主义工作的国家管理机构

1.政府对反恐怖主义工作实行国家统一管理。

2.公安部向政府负责，主持并配合国防部及有关部委对反恐怖主义工作进行国家管理。

3.各级人民委员会在其职权范围内，有责任对本地区的反恐怖主义工作进行国家管理。

### 第四十条　公安部的职责

1.公安部在反恐怖主义国家管理工作中的职责如下：

（1）向政府提议制定和完善反恐怖主义法律；

（2）主持、配合制定和呈报颁布机构或根据职权颁布反恐怖主义的法律法规、战略、项目、计划、方案和措施；

（3）主持、配合有关部委，并指导省级人民委员会组织执行反恐怖主义的法律法规、战略、项目、计划、方案和措施；

（4）主持、配合国防部、有关机构和组织颁布和组织执行培训、培养反恐怖主义干部的规定；

（5）主持、配合有关机构和组织执行反恐怖主义的汇报和总结制度，建议、提议与反

恐怖主义有关的解决办法;

（6）监察、检查、解决反恐怖主义工作中的投诉和控告;

（7）根据本法第37条第2款的规定，开展国际反恐怖主义合作。

2.公安部在组织、执行反恐怖主义工作时，履行下列职责:

（1）为人民公安反恐力量配备和保障装备;

（2）主持、配合有关部委、机构、组织，根据本法第三、四、五章的规定，在全国范围内指导和组织执行反恐怖主义工作，配合国防部在其管理对象和地区内指导和组织执行反恐怖主义工作;

（3）指导下属机构单位执行本法第三、四、五章规定的任务和职权，发现、调查和依法处理进行恐怖主义、恐怖主义融资的组织和个人;

（4）执行本法及其他相关法律规定的其他任务。

**第四十一条　国防部的职责**

1.配合公安部执行本法第40条第1款第（3）项、第（4）第和第2款第（2）项规定的任务。

2.主持、配合公安部、有关机构、组织在国防部管理的目标和地区执行反恐怖主义工作。

3.为国防部反恐怖主义力量配备和保障装备并指导其活动。

4.指导下属机构单位配合人民公安机构单位，制定、训练、演练、组织执行反恐怖主义方案。

5.指导边防部队配合人民公安机关单位、海关及其他机关单位，通过监管边防口岸出境、入境、过境人员的方式执行反恐怖主义措施。

6.配合公安部、外交部根据职权开展国际反恐怖主义合作。

**第四十二条　外交部的职责**

1.在职权范围内，依照本法和其他有关法律的规定，组织实施反恐怖主义活动。

2.根据职权人员的调动决定，指导下属机关单位做好参加反恐怖主义工作的准备。

3.指导越南社会主义共和国驻外使团领导人配合所在国有关部门进行反恐怖主义工作。

4.配合公安部制定和组织反恐怖主义方案的训练、演习。

5.发生恐怖主义活动时，配合公安部、国防部和驻越南外交使团办事处、外国领事馆、国际组织代表机构所在地方制定保护方案、处置方案。

6.配合职能机构保护在越南访问和执行公务的外国代表团的安全。在发生恐怖活动时,配合有关机构和地方管理、指导外国记者的新闻活动。

7. 与恐怖主义高发国家驻越南外交使团和领事使团配合交流情报,提出防范、制止措施,制定、训练、演练各种反恐怖主义情形。

8. 配合公安部及其他相关部委开展国际反恐怖主义合作,参加反恐怖主义国际条约和国际协定的谈判、签署、加入和落实。

**第四十三条　交通运输部的职责**

1. 在职权范围内,依照本法和其他有关法律组织实施反恐怖主义活动。

2. 根据职权人员的调动决定,指导下属机关单位做好参加反恐怖主义工作的准备。

3. 配合公安部、国防部、有关部委和地方人民委员会制定、训练、演练、组织实施预防和打击劫机、劫船、劫持人质以及飞机、船舶、火车和其他交通工具发生爆炸的方案,保障机场、港口、火车站和汽车站的安全。

4. 配合公安部、国防部和地方人民委员会,维护重要机场、火车站、码头、汽车站、海港、桥梁、公路隧道的治安;监管司机、乘客和交通工具,以发现、制止和处理恐怖活动。

**第四十四条　财政部的职责**

1. 在职权范围内,依照本法和其他有关法律组织实施反恐怖主义活动。

2. 根据职权人员的调动决定,指导下属机关单位做好参加反恐怖主义工作的准备。

3. 指导海关配合人民公安机构、边防部队和其他有关机构监管入境、出境、过境的货物和运输工具,执行反恐怖主义措施。

**第四十五条　越南国家银行的职责**

1. 在职权范围内,依照本法和其他有关法律,组织实施反恐怖主义活动。

2. 根据责任人的调动决定,指导下属机构单位做好参加反恐怖主义工作的准备。

3. 接收金融机构和从事非金融行业的组织和个人有关恐怖主义和恐怖主义融资的可疑交易信息和报告;有依据怀疑交易涉及恐怖主义或恐怖主义融资的,应当及时通知公安部反恐怖主义力量并配合查证。

4. 配合公安部开展国际反恐怖主义合作。

**第四十六条　信息通信部的职责**

1. 在职权范围内,依照本法和其他有关法律,组织实施反恐怖主义活动。

2. 根据职权人员的调动决定,指导下属机关单位做好参加反恐怖主义工作的准备。

3. 指导出版、报刊、邮政、电信和信息技术单位和企业开展下列活动:

(1)组织反恐怖主义活动的信息安全保障工作。

(2)配合公安机关、军队制定和开展出版、报刊、邮政、电信、信息技术和联络网站点的反恐怖主义措施；监管出版、报刊、邮政、电信和信息技术活动，以发现和处理利用上述方式进行恐怖活动、恐怖主义融资活动的行为。

（3）管控在公众媒体上发布的恐怖主义信息，宣传、教育、提高干部和人民的反恐怖主义意识，打击恐怖主义组织、个人的信息和通信活动。

**第四十七条 有关部委在反恐怖主义工作中的职责**

1. 在职权范围内，依照本法和其他有关法律，组织实施反恐怖主义活动。

2. 配合公安部在其职责范围内执行反恐怖主义国家管理工作。

3. 根据职权人员的调动决定，指导下属机关单位做好参加反恐怖主义工作的准备。

**第四十八条 人民检察院和人民法院的职责**

人民检察院、人民法院应当在职责范围内，及时处理恐怖主义、恐怖主义融资犯罪行为，依法配合有关机构和组织执行反恐怖主义工作。

**第四十九条 各级人民委员会的职责**

1. 在职权范围内，执行本地区反恐怖主义的国家管理工作，依照本法和其他有关法律的规定组织实施反恐怖主义活动。

2. 配合越南祖国阵线和同级政治社会组织，开展全民运动，维护国家安全，参加反恐怖主义活动。

3. 指导当地人民武装力量和职能部门制定、开展执行当地反恐怖主义工作。

4. 向职权部门呈报反恐怖主义的财政预算，根据国家财政预算法规定管理和使用反恐怖主义财政预算。

# 第八章 条款施行

**第五十条 施行效力**

本法自 2013 年 10 月 1 日起施行。

**第五十一条 详细规定和施行指南**

政府对本法各条款作详细规定，并指导施行。

本法于 2013 年 6 月 12 日由越南社会主义共和国第十三届国会第五次会议通过。

# 奥地利共和国网络仇恨打击法<sup>*</sup>

## 第一章 《一般公民法》的修订

经联邦法案 BGBl.I 第 16/2020 号最后修订的《一般公民法》（Allgemeines bürgerliches Gesetzbuch - ABGB），JGS 第 946/1811 号，（应修订）如下：

1. 在第 17 条之后，应插入以下第 17a 条，包含标题：

"人格权的行使

§ 17a.（1）人格权本质上是不可转让的。

（2）只有在不违背公共道德的情况下，才能允许对个人权利进行干涉。除非法律另有规定，否则对侵占人格权核心区的同意，只能由有决策能力的人格权人本人作出。

（3）一个人的人格权在他或她死后应继续具有保护效力。侵犯人格权的行为可以由死者的一级亲属和幸存的配偶、登记的伴侣或同居者在其有生之年提出，其他长辈或晚辈的亲属只能在死者死后十年内提出。在任何情况下，出于档案、科学和艺术目的而为公共利益对人格权进行干涉是允许的。"

2. 第 20 条包含标题，内容如下：

"要求禁止和消除的权利

§ 20.（1）任何人格权受到侵犯或担心此类侵犯的人都可以提起诉讼，要求禁止或消除非法情况。 禁止性救济的要求还包括对与禁止义务相冲突的情况进行补救的权利。在第 17a 条第 3 款的条件下，被指名的人也可以起诉。

（2）如果在与雇员的活动有关的媒体中，其名誉或隐私受到侵犯，并且这种行为可能会严重损害雇主雇用雇员的机会或雇主（对雇员）的判断，则无论该雇员的主张如何，雇主都有自己的禁止救济和消除权。这同样适用于志愿者和法人团体。雇主提出主张的权利不取决于雇员的同意。雇主没有义务对侵犯雇员个人权利的行为采取法律行动，特别是基于劳动法规定的注意义务。

---

\* 译者：王豪丽，北京外国语大学法学院助教。

（3）如果实施侵犯人格权的人或受到侵权行为威胁的人为此使用中介机构的服务，也可以起诉该中介机构，要求提供禁止救济和清除权。然而，如果该中介符合《电子商务法》规定的免责条件，他只能在发出警告后被起诉。《电子商务法》第 13 条规定的服务提供商不被视为本款意义上的中介。"

3. 在第 1328a 条第 2 款中，应在第二句中的"取决于"一词之后插入"在根据媒体法负责的人干预的情况下"。

4. 在第 1503 条中加入以下第 16 款。

"（16）第 17a 条、第 20 条和第 1328a 条第 2 款，经联邦法案 BGBl.I 第 148/2020 号修正，应于 2021 年 1 月 1 日生效。第 20 条第 2 款和第 1328a 条第 2 款应适用于 2020 年 12 月 31 日之后实施侵权行为的案件。"

## 第二章 《管辖权法》的修订

经联邦法案 BGBl.I No.61/2019 最后修订的管辖标准 RGBl.No.111/1895，（应修订）如下：

1. 在第 49 条第 2 款中，应在第 5 项之后插入以下第 6 项。

"6.《民事诉讼法》第 549 条规定的争端；"

2. 在第 59 条之后插入以下第 59a 条：

"§59a. 在根据《民事诉讼法》第 549 条提出的禁止救济诉讼中，争议的金额为 5000 欧元。"

3. 在第 122 条之后应插入以下第四部分：

"第四部分

生效、失效和过渡性条款

§123. 经《联邦法律公报》第 148/2020 期修订的第 49 条和第 59a 条应于 2021 年 1 月 1 日生效，并适用于 2020 年 12 月 31 日之后提起的诉讼。"

## 第三章 《民事诉讼法》的修订

经联邦法案 BGBl.I No.109/2018 最后修订的《民事诉讼法》，RGBl.No.113/1895，（应修订）如下：

1. 在第 502 条第 5 款中，第 4 项末尾的句号应替换为分号，并增加以下第 5 项：

"5. 对于第 549 条规定的争端。"

2. 在第 548 条之后插入以下第二段：

"第二段

授权程序

电子通信网络中严重侵犯个人权利的诉讼（程序）

§549.（1）由于电子通信网络中的个人权利受到严重侵犯，影响到自然人的人格尊严，而专门提出了禁止性救济要求的此类关于诉讼的法律纠纷中，如果所指控的要求可以从起诉书的陈述中得出结论，法院应根据原告的申请，在不事先进行口头听证，也不听取被告意见的情况下，直接发布禁止性命令。起诉书应附有来自电子通信网络的证据，清晰地描述该侵权内容。

（2）禁止令应包含停止涉嫌侵权行为的声明和'禁止令'字样，并应说明被告如果否认所主张的权利，应在 14 天内提出异议。需要注意的是，其只能通过提出异议来反对该禁止令，提出异议后，将对该诉讼正式启动审理程序。

（3）禁止令应与起诉书一起送达被告。只有在送达后 14 天的强制期限内，才能对禁止令提出异议，可以对禁止令中关于费用的决定提出上诉。第 556 条第 5 款、第 557 条第 2 款至第 6 款和第 558 条应参照适用。

（4）如果继续实施被指控的侵权行为对原告来说是不合理的，或带来相当大的不利因素，或不符合奥地利法律制度的基本价值，法院可应原告的要求，对禁令给予临时执行的权利。'临时执行决定'应在授予决议送达后立即生效，直至诉讼程序最终结束。不得对该决定提出上诉。

（5）联邦司法部部长被授权发布起诉和申请禁止令的表格，并在互联网上的司法系统网站上保留该表格。"

3. 第 555 条之前的"第二段"标题应删除。

4. 在第 618 条之后插入以下第七部分：

"第七部分

生效、失效和过渡性条款

§619. 第 502 条、第 549 条以及第 148/2020 号联邦法律公报 I 版中对章节名称的更改于 2021 年 1 月 1 日生效。第 502 条和第 549 条适用于 2020 年 12 月 31 日之后提起的诉讼。联邦法律 148/2020 版本中的第 502 条第 5 款第 5 项将于 2030 年 12 月 31 日到期，并且不再适用于 2030 年 12 月 31 日之后提起的诉讼。"

## 第四章 《执行法》的修订

经联邦法案 BGBl.I 第 16/2020 号最后修订的 RGBl.79/1896 号《执行法典》应修订如下：

在第 1 条第 2 款中，应删除词组"授权"和"以及在公共责任诉讼中"，并在分号之前插入"以及根据《民事诉讼法》第 549 条未及时提出反对意见或被授予临时执行力的禁止令"。

## 第五章 《律师工资待遇法》的修订

经第 19/2020 号《联邦法律公报》最新修订的第 189/1969 号《律师工资待遇法》（RATG）应作如下修订。

1. 在第 10 条第 6 款中，在"根据"一词之后插入"第 20 条以及根据……"短语。

2. 在第 10 条第 6 款第（b）项之后，应插入以下结束句：

"如果是根据《民事诉讼法》第 549 条提出的禁止令（救济）诉讼，该物品的价值应为 5000 欧元。"

3. 在第 26a 条中增加以下第 3 款：

"（3）§10. 经联邦法案 BGBl.I. 修订的关税项目 2 第一节第 1 款第（b）项和第（c）项、关税项目 3A 第一节第 1 款第（b）项和关税项目 4 第一节第 2 款。第 148/2020 号应于 2021 年 1 月 1 日生效。"

4. 在关税项目 2 第一节第 1 款第（b）项中，"授权诉讼"一词应改为"根据《民事诉讼法》第 549 条的诉讼和申请"

5. 在关税项目 2 第一节第 1 款第（c）项前半句中，"以及根据《民事诉讼法》第 549 条的禁令"应插在"支付令"之后，"支付令"应替换为"支付或禁止令"。

6. 在关税项目 2 第一节第 1 款第（c）项后半句中，在"支付令"一词之后插入"以及根据《民事诉讼法》第 549 条的禁止令"。

7. 在关税项目 3A 第一节第 1 款第（b）项中，应在"支付令"一词之后插入"以及根据《民事诉讼法》第 549 条的禁止令"。

8. 在关税项目 4 第一节第 2 款中，在引号"33 段 2"之后插入"，33a"。

## 第六章 《电子商务法》的修订

经第 34/2015 号《联邦法律公报》第 152/2001 号最后修订的《电子商务法》-ECG，应修订如下。

1. 在第 18 条第 4 款之后插入以下第 4a 款。

"（4a）根据第 18 条第 4 款提出的索赔必须在非诉讼程序中向负责在商业事务中行使管辖权的初审法院提出。"

2. 在第 28 条中增加以下第 3 款。

"（3）第 148/2020 号联邦法律公报 I 版中的第 18 条第 4a 款于 2021 年 1 月 1 日生效，不适用于本联邦法律生效前未决的争议。"

# 第七章 《法院费用法》的修订

联邦法律公报第 501/1984 号《法院费用法》（GGG），经联邦法律公报 I 第 20 号最后修订，（应修订）如下。

1. 在第 16 条第 1 款第 1 项（d）添加以下：

"（e）根据《民事诉讼法》第 549 条规定的授权程序；"

2. 在价目表 12（c）中，应在项目 2 之前插入以下项目 1：

| 价目表 | 对象 | 费用评估 | 费用金额 |
| --- | --- | --- | --- |
| | 根据 ECG 第 18 条第 4a 款的知情权诉讼 | | 82 欧元 |

3. 在价目表 13 中，第 a 项的内容是：

| | a）自诉人和自诉人根据《刑事诉讼法》第 445 条提出的财产令申请 | 269 欧元 |
| --- | --- | --- |

4. 在第六章，增加以下第 71 项：

"71. 第 148/2020 号联邦法律公报 I 版第 16 条第 1 款，价目表第 12 款第（c）项第 1 点和第 13 款第（a）项将于 2021 年 1 月 1 日生效。第 31a 条应适用于本联邦法设立的新收费项目，但条件是新确定的起点是奥地利联邦统计局 2017 年 3 月公布的消费者价格指数的最终指数。"

# 第八章 《刑法》的修订

联邦法律公报第 60/1974 号《刑法》，经联邦法律公报第 111/2019 号最后修订，（应修订）如下：

1.§ 第 107c 条含标题，内容如下：

"通过电信或计算机系统进行持续骚扰。

§107c.1. 任何人通过电信手段或使用计算机系统，以可能不合理地干扰一个人的生活方式：

（1）长时间以可被多数人察觉的方式损害个人名誉；或

（2）未经当事人同意，长时间使多数人知晓个人私密生活的事件或图像记录，将被判处 1 年以下的有期徒刑或不超过 720 个日罚单位的罚金。

（3）如果该行为导致第 1 款所述的受害者自杀或自杀未遂，如果行为人持续实施第 1 款所述的针对受害者的行为超过 1 年，或者如果第 1 款规定的被多数人'察觉'的时间超过 1 年，行为人应被判处 3 年以下有期徒刑。"

2. 在第 120 条之后，插入以下第 120a 条，含标题。

"未经授权的图像记录

§120a.（1）任何人未经他人同意，故意拍摄他人的生殖器、阴部、臀部、女性乳房或覆盖这些部位的内衣，而该人已将这些部位保护起来，或者处于住所内或特别隐蔽的房间内，应被判处不超过 6 个月以下有期徒刑或不超过 360 个日罚单位的罚金。

（2）任何人在未经被拍摄者同意的情况下，向第三方提供或公布第（1）款所述的照片，将被判处 12 个月以下的有期徒刑或不超过 720 个日罚单位的罚款，除非根据其他法令，该罪行可处以相同或更严厉的处罚。

（3）只有在得到受害者授权的情况下，才能对犯罪者进行起诉。"

3. 在第 283 条第 1 款第 1 项中，应删除"残疾"一词之前的"身体或精神的"。

4. 第 283 条第 1 款第 2 项的内容如下：

"2. 侮辱第 1 项中提及的群体之一或侮辱作为该群体成员的个人，意图以可能损害该群体或个人的方式侵犯该群体或个人成员的人格尊严，贬低他们的公众舆论，或"

# 第九章　媒体法的修订

经《联邦法律公报 I》第 32/2018 号最后修订的《联邦新闻和其他新闻媒体法》（媒体法 -MedienG），第 314/1981 号，（应修订）如下：

1. 在第 6 条之前，应插入以下标题和名称：

"第一小节

赔偿特征"

2. 第 6 条第 1 款的内容如下：

"（1）如在媒体中产生诽谤、侮辱、嘲弄或诽谤等客观事实，当事人有权就所遭受的个人损害向媒体所有者提出赔偿（第 8 条第 1 款）。"

3. 第 7 条第 1 款的内容如下：

"（1）如果一个人高度私人化的生活领域在媒体上被讨论或描述，有可能使他暴露在公众视野下,当事人可以向媒体所有者提出索赔,要求对其遭受的个人损害进行赔偿(第8条第1款)。"

4. 第7a条第1款内容如下:

"(1)如果姓名、照片或其他信息在某一媒体上公布,有可能导致一个人的身份被没有直接交集的人际圈子知晓,而这个人

a. 已成为可由法院命令惩处的罪行的受害者(《刑事诉讼法》第65条第1款);或

b. 涉嫌此类行为或已被判定有这种行为;

c. 在国民议会的调查委员会上作为调查对象被听取。

如果此人值得保护的利益因此受到侵犯,当事人应有权就所遭受的个人损害向媒体所有者索赔(第8条第1款),除非由于当事人的公共地位,由于与公共生活的某些其他联系或其他原因,公布这一信息具有压倒性的公共利益。"

5. 在第7a条中,应在第1款之后插入以下第1a款:

"(1a)如果某人的姓名或照片在某一媒体上公布,而该人

1. 是第1款第1项或第2项中提到的人的亲属(《刑法》第72条),但根据《刑事诉讼法》第65条第1款第(b)项,他本人不是受害者;或

2. 是应受法院命令处罚的行为的证人。

如果此人值得保护的利益因此受到侵犯,当事人应有权就所遭受的个人损害向媒体所有者索赔(第8条第1款),除非该信息的发布具有压倒性的公共利益(第1款)。"

6. 第7a条第2款第1项,内容如下:

"1. 在第1款第1项或第1a款的情况下,可能会侵犯私人生活领域,或者暴露、损害受害者、亲属或证人的合法安全利益,"

7. 在第7a条第3款第3项中,应在"基于"一词之后插入一个逗号。

8. 第7b条第1款,内容如下:

"(1)如果在媒体中,将涉嫌犯有应受法律惩罚的罪行但未最终定罪的人说成是被定罪或有罪,或说成是该罪行的实施者,而不仅仅是涉嫌该罪行,当事人应有权就遭受的个人损害向媒体所有者索赔(第8条第1款)。"

9. 在第7c条第1款中,第一句中的"伤害"一词应改为"个人损害"(第8条第1款),第二句应删除。

10. 第8条第1款、第2款内容如下:

"(1)第6条、第7条、第7a条、第7b条或第7c条规定的赔偿金额应特别根据出版物的范围、价值和出版物的影响来评估,如媒体的传播性质和程度,如果是网站,还包括

访问该出版物的最终用户的数量；如果出版物是在本款规定的先前可比出版物的任何一审裁决之前进行的，则通常应视为影响较小。如果根据本分节的几项规定，当事人有权获得赔偿，则应确定相应较高的单个赔偿金额。应考虑到维护媒体所有者的经济存在。赔偿金额应定为最低 100 欧元，不超过 40000 欧元，或者根据第 6 条、第 7 条或第 7c 条，在出版物影响特别严重，媒体所有者或其雇员有严重疏忽或故意行为的情况下，赔偿金额为 100 000 欧元。

（2）根据第 6 条、第 7 条、第 7a 条、第 7b 条或第 7c 条提出的赔偿金额要求，可由当事人在媒体所有者作为被告参与的刑事诉讼中或根据第 41 条第 6 款提出，直到主要审理结束。如果不进行这样的刑事诉讼，可以通过独立的申请来主张权利（第 8a 条）。在根据第 6 条、第 7 条、第 7a 条、第 7b 条或第 7c 条对赔偿要求作出裁决时，法院不应受到有关人员的法律评估的约束；但有关人员可以声明他或她将不依赖本分节的个别条款。"

11. 在第 8a 条第 2 款中，应在"6 个月"之后插入，"但如果申请人是《刑事诉讼法》第 65 条第 1 款第（a）项和第（b）项所述的受害者，则应在一年内……"，并将"审判"一词改为"审理程序"。

12. 原第 8a 条第 4 款应插在第 8 条第 3 款之后，第 8a 条应增加以下第 4 款：

"（4）第 8 条第 4 款应适用。"

13. 在第 9 条之前应插入以下名称和标题：

"第二小节

对刑事诉讼结果的反驳和后续通知"

14. 第 10 条第 1 款第 3 项中，"主要程序"一词应改为"刑事诉讼"。

15. 在第 11 条第 1 款第 10 项中，"撤回指控"应改为"撤回起诉"。

16. 在第 13 条第 7 款中，"限制"一词应替换为"干预"一词。

17. 在第 14 条第 2 款中，应在"独任法官"一词之后插入词组"州法院的"。

18. 在第 14 条第 3 款的末尾，在"允许"之后添加以下短语："明显不合理的申请只能在公开口头听证后被驳回，除非申请人明确放弃这种听证。"

19. 第 15 条第 1 款内容如下：

"（1）如果在法定期限内未提出异议，法院必须在法定期限届满后五个工作日内以决议方式作出裁决。申请无须听证即可获得批准；但是，如果申请明显不合理，则必须在公开口头听证会后作出决定，除非申请人明确放弃这种听证会。"

20. 在第 15 条第 3 款中，"公开口头听证"应改为"执行审判程序"。

21. 在第 16 条第 1 款中，"公开口头听证"应改为"执行审判程序"。

22. 在第 20 条第 2 款中,"出版申请"一词应改为"出版委托"。

23. 在第 22 条之前,应插入以下标题和名称:

"第三小节

摄像和录音的传播"

24. 在第 23 条之前,应插入以下标题和名称:

"第四小节

禁止对刑事诉讼的影响"

25. 在第 30 条中,"einer"一词应改为"eines"。

26. 在第 32 条第二句中,应在"威胁"一词之后插入"或者通过可检索的定期电子媒体上的内容实施"。

27. 在第 33 条第 2 款中,第一句中的"由于排除惩罚的原因不可能"应改为"由于排除惩罚的原因不可能,例如,由于该罪行的追诉时效已经届满"。

28. 第 33 款第 3 条应予以删除。

29. 应在第 33 条之后插入以下第 33a 条及其标题。

"因损害雇主的利益而被撤回

§ 33a.(1)如果在与雇员活动有关的媒体上出现诽谤、侮辱、嘲弄或诋毁的客观事实,或者如果他或她受到该危险的威胁(第 74 条第 1 款 Z 第 5 项 StGB),并且如果该行为可能严重降低雇主雇用该雇员的可能性,或严重损害雇主(对雇员)的判断,雇主有权提出申请,要求撤回发布的媒体片段或删除网站的相关部分,这同样适用于志愿者和法人团体。雇主的主张不取决于雇员的同意。雇主没有义务在法庭上提出有关侵犯雇员个人权利的索赔,特别是基于劳动法规定的注意义务。

(2)如果根据第 6 条第 2 款第 2 项或第 4 项有排除的理由,则在诽谤案中不存在撤回的权利。

(3)雇主有权在刑事诉讼主要审理结束前申请"撤回",或提交独立申请。程序的申请参见第 33 条第 4 款、第 5 款。

(4)该申请也可以在有关人员就同一出版物提出的申请所进行的独立程序中提出,反之亦然。

30. 在第 34 条第 3 款中,第一句中的"由于排除惩罚的原因不可能"应改为"由于排除惩罚的原因不可能,例如,由于该罪行的追诉时效已经届满"。第二句中的"和第 3 款是"应改为"是"。

31. 在第 36 条第 1 款中,引文"第 33 条"应改为引文"第 33 条或第 33a 条"。

32. 在第 36 条第 2 款中，应在"媒体内容犯罪"一词之后插入"或根据第 33a 条"的短语。

33. 在第 36a 条之后，应插入以下第 36b 条及其标题：

"执行撤回、扣押决定和在网络上发布针对服务提供者的判决书

§ 36b. 如果媒体所有者在国外定居，或者媒体所有者因其他原因不能被起诉，法院应根据检察官或独立诉讼申请人的要求，命令托管服务提供商(《电子商务法》-ECG,《联邦法律公报 I》第 152/2001 号)删除网站的相关部分(撤回或扣押 -§33、33a、36)或公布判决的部分内容(§34)。"

34. 在第 41 条第 1 款中，在引号"33 条第 2 款"之后的括号中，应插入引号"，33a 条第 3 款"。

35. 第 41 条第 5 款内容如下：

"(5)《刑事诉讼法》第 71 条应适用于基于自诉的诉讼；同样，其中对财产法命令的独立诉讼的规定应比照适用于根据第 8a 条、第 33 条第 2 款、第 33a 条第 3 款和第 34 条第 3 款提起的独立诉讼。法院应根据《刑事诉讼法》第 485 条审查起诉书或启动独立程序的申请书，对于《刑事诉讼法》第 485 条第 1 款第 3 项连同第 212 条第 2 款第 1 项和第 2 项规定的案件，应在公开听证后作出决定，除非自诉人或申请人明确放弃这种听证。"

36. 在第 41 条中，现有的第 7 款应重新编号为"(8)"并在第 7 款之后插入；第 7 款应改为：

"(7)在第 1 款所述的程序中，如果根据第 36b 条要求执行没收(第 33 条)或公布判决时(第 34 条)，托管服务提供商将被传唤到主要听证会，但即便他不出席，根据 § 36b 对申请的诉讼、判决和执行也不会暂停。托管服务提供者有权就第 36b 条的要求进行陈述。如果托管服务提供者根据第 36b 条被命令执行扣押(第 36 条)，或在有关的最终决定后才申请并被命令执行没收、公布判决，则应将指示扣押的命令或关于没收、公布判决的决定以及根据第 36b 条指示他执行决定的命令送达给他。"

37. 在第 41 条中，应在第 8 款之后增加以下第 9 款。

"(9)社会心理和法律程序支持(《刑事诉讼法》第 66b 条第 2 款)也应根据《刑事诉讼法》第 66b 条第 1 款所列人员的要求，在其中规定的条件下，根据第 8a 条、第 33 条第 2 款和第 34 条第 3 款提出独立申请。"

38. 在第 42 条中，应在"犯罪"一词之前插入"司法的"一词。

39. 在第 50 条第 1 款中，"媒体经营者"一词应被"媒体所有者"一词取代。

40. 在第 55 条中增加以下第 11 款：

"（11）第三节的第一、第二、第三和第四小节，第 6 条第 1 款，第 7 条第 1 款，第 7a 条第 1 款、第 1a 款和第 2 款，第 7b 条第 1 款，第 7c 条第 1 款，第 8 条第 1 款、第 2 款和第 4 款，第 8a 条第 2 款和第 4 款，第 10 条第 1 款第 3 项，第 11 条第 1 款第 10 项，第 13 条第 7 项，第 14 条第 1 款的名称和标题，第 2 条和第 3 条，第 15 条第 1 款和第 3 款、第 16 条第 1 款、第 20 条第 2 款、第 30 条、第 32 条、第 33 条第 2 款、第 33a 条、第 34 条第 3 款、第 36 条第 1 款和第 2 款、第 36b 条，第 41 条第 1 款、第 5 款、第 7 款、第 8 款和第 9 款，第 42 条和第 50 条第 1 项的修正案联邦法律公报—第 148/2020 号版本应于 2021 年 1 月 1 日生效；在同一日第 33 条第 3 款失效。"

41. 应在第 56 条中增加以下第 3 款：

"经《联邦法律公报》第 148/2020 号修订的第 6 条第 1 款，第 7 条第 1 款，第 7a 条第 1 款、第 1a 款和第 2 款，第 7b 条第 1 款，第 7c 条第 1 款，第 8 条第 1 款、第 2 款和第 4 款，第 8a 条第 2 款和第 4 款，第 10 条第 1 款第 3 项，第 11 条第 1 款第 10 项，第 13 条第 7 款，第 14 条第 2 款和第 3 款，第 15 条第 1 款和第 3 款，第 16 条第 1 款，第 20 条第 2 款，第 30 条，第 32 条，第 33 条第 2 款，第 33a 条，第 34 条，第 36 条第 1 款和第 2 款，第 36b 条，第 41 条第 1 款、第 5 款、第 7 款、第 8 款和第 9 款，第 42 条和第 50 条第 1 款，仅适用于《联邦法律公报》第 148/2020 号生效后传播的演出通知。"

42. 现有的第 57 条应重新编号为"第 58 条"；在第 56 条之后插入以下第 57 条，含标题：

"欧盟指令的执行

§57. 第 33 条、第 33a 条、第 36 条、第 36a 条和第 36b 条用于执行

1. 关于打击恐怖主义并取代理事会决议 2002/475/JHA 和修正理事会决议 2005/671/JHA 的第 2017/541 号指令（欧盟）第 21 条，OJ No.L 88, 31.3.2017, 第 6 页；和

2. 关于打击对儿童的性虐待、性剥削和儿童色情制品并取代理事会决议 2004/68/JHA 的第 2011/93/EU 号指令第 25 条，OJ No L 335, 17.12.2011, 第 1 页。"

# 第十章 《刑事诉讼法》1975 的修订

《刑事诉讼法》1975，《联邦法律公报》第 631/1975 号，经《联邦法律公报》第 24/2020 号最后修订，（应修订）如下：

1. 在目录中，应在第 66a 条的内容后插入以下内容：

"第 66b 条 法律援助。"

2. 第 30 条第 1 款第 3a 项，"继续"一词应改为"持续"。

3. 在第 31 条第 1 款中，第 5 款末尾的句号应替换为逗号，并增加以下第 6 款。

"6. 决定申请命令调查被告的程序（第 71 条第 1 款，第二句）。"

4. 现有的第 49 条应重新编号为"（1）"并增加以下第（2）款。

"（2）被告人有权让受害人、私人当事方或自诉人查阅档案（第 68 条），但仅限于保障其利益所需的范围。"

5. 第 66 条第 2 款和第 4 款应删除。

6. 在第 66a 条之后，应插入以下第 66b 条，含标题。

"法律援助"

§ 66b.（1）下列人员：

a）第 65 条第 1 款款第（a）项或第（b）项规定的受害者。

b）遭受恐怖主义犯罪的受害者（第 65 条第 1 款）（《刑法》第 278c 条）。

c）遭受持续迫害（《刑法》第 107a 条）、通过电信或计算机系统持续骚扰（《刑法》第 107c 条）和煽动仇恨（《刑法》第 283 条）的受害者（第 65 条第 1 款）。

d）诽谤（《刑法》第 111 条）、已被驳回的刑事犯罪的指控（《刑法》第 113 条）、侮辱（《刑法》第 115 条）和诬蔑（《刑法》第 297 条）的受害者（第 65 条第 1 款），如果根据某些迹象可以推定这种行为是通过电信或计算机系统实施的；并且

e）近距离目睹过暴力的未成年人（家庭暴力、对儿童实施的暴力）。

应其要求，应当在诉讼期间提供社会心理和法律援助，只要这对保障他们的诉讼权利是必要的，并应尽可能地考虑他们的个人情况。在任何情况下，性自主权可能受到侵犯且未满 14 周岁的受害者都应在诉讼期间获得社会心理援助。

（2）社会心理援助包括为当事人将要面临的诉讼过程和与之相关的情绪压力做好准备，以及陪同他们参加侦查阶段和审判阶段的审讯、法律援助、法律咨询和律师代理。

（3）联邦司法部部长有权在审查法律要求后，以合同形式委托合适的机构为第 1 款所述人员提供法律援助，并在与联邦总理府妇女和融合事务部部长以及联邦劳动、家庭和青年部长商定后，发布关于委托此类机构的要求的详细规定，特别是关于法律援助提供者的培训和进一步教育。

7. 第 67 条第 7 款和第 381 条第 1 款第 9 项中，括号内的"第 66 条第 2 款"应被括号内的（第 66b 条）所取代。

8. 第 70 条第 2 款中的"第 65 条第 1 款第（a）项和第（b）项以及恐怖主义罪行（《刑法》第 278c 条）的受害者（第 65 条第 1 款）"应改为"第 66b 条第 1 款第（a）项至第（d）

项"。

9. 第 71 条内容如下：

"§71.（1）法律规定了'告诉才处理'的犯罪。调查涉嫌诽谤刑事犯罪的被告（《刑法》第 111 条）、对已被驳回的刑事犯罪的指控（《刑法》第 113 条）或侮辱（《刑法》第 115 条）等刑事犯罪，如果这些罪行是通过电信或者计算机网络实施的，受害人可向法院（第 31 条第 1 款第 6 项）申请第 76a 条或第 135 条第 2 款第 2 项规定的权利，该权利必须符合举证申请的要求（第 55 条）。受害人应在理由陈述中说明申请的理由，除非是明显的理由。法院应根据有关规定，下令采取所要求的调查措施。第 104 条最后一句和第 210 条第 3 款第二句应参照适用。

（2）一旦调查结束，法院应立即将本条第 1 款规定的决议送达被告，并告知他有权提出申诉（第 87 条）。一旦对被告作出最终决定，法院必须将根据第 76a 条查明的资料或书面传输的结果通知受害者（第 134 条第 5 项）。否则，必须告知受害者无法追踪被告或不允许披露资料。

（3）对本条第 1 款所述罪行的审理应在自诉的基础上进行，自诉必须符合起诉书的要求（第 211 条），或在自诉人根据第 445 条独立申请财产令的基础上进行。在根据第 1 款提出申请的情况下，应在根据第 2 款第二句提供信息后的六周内向主管法院提出私人指控。自诉的理由和根据私法提出的任何要求都应在理由陈述中列出，除非这些理由很明显。这一点也应适用于根据第 445 条独立申请财产令的情形。

（4）在《刑法》第 117 条第 2 款和第 3 款的情况下，如果受害者或其上级未授权或撤回刑事起诉，则受害者有权提起自诉（第 92 条）。明确放弃这项权利或原谅犯罪行为的人无权提起诉讼。《刑法》第 57 条和第 58 条不受影响。

（5）法院应当驳回逾期（第 3 款）的自诉和根据第 445 条提出的独立的财产令；此外，应将自诉书或根据第 445 条提出的财产令申请送达被告人或反对者和责任方，并告知他们有权在 14 天内发表意见。此后，除非根据第 451 条或第 485 条进行处理，否则法院应安排主要听证会。

（6）在审判程序中，自诉人原则上应享有与公诉人相同的权利；但是，只有在为保存证据或财产要求所必需的情况下才有权申请强制措施。自诉人无权申请第九部分规定的强制措施。

（7）如果自诉人不出席审判程序或不提出必要的申请，应假定其放弃起诉。在这种情况下，应下令中止诉讼。"

10. 在第 76a 条第 1 款中，应在"通信服务"一词之后插入"和其他服务提供者（ECG

第 3 条第 2 款)",并在"用户(TKG 第 90 条第 7 款)"之后插入"或其他服务的使用者(ECG 第 3 条第 4 款)"的短语。

11. 在第 390 条第 1 款中,应在第 1 款之后插入以下第 1a 款:

"(1a)在通过电信手段或使用计算机系统实施的诽谤(《刑法》第 111 条)、对已被驳回的刑事犯罪的指控(《刑法》第 113 条)或侮辱(《刑法》第 115 条)的刑事诉讼中,自诉人或申请人(第 71 条第 1 款)只有在故意提出虚假指控的情况下才应支付费用。"

12. 在第 393 条中,在第 4 款之后插入以下第 4a 款:

"(4a)如果因通过电信手段或使用计算机系统实施的诽谤(《刑法典》第 111 条)、对已被驳回的刑事犯罪的指控(《刑法典》第 113 条)、侮辱(《刑法典》第 115 条)的刑事诉讼以有罪判决以外的方式终止,自诉人应偿还被告在审判程序和上诉中的所有辩护费用,除非根据第 4 款已有偿还的义务。"

12a. 在第 39 条第 1 款中,应在"第 4 款"之后插入"或第(4a)款"的字样。

13. 在第 514 条中增加了以下第 46 款:

"(46)目录中第 66b 条的标题以及《联邦法律公报》版本中第 30 条第 1 款第 3a 项、第 31 条第 1 款、第 49 条、第 66b 条、第 67 条第 7 款、第 70 条第 2 款、第 71 条、第 76a 条第 1 款、第 381 条第 1 款第 9 项、第 390 条第 1a 款、第 393a 条第 4a 款、第 395 条第 1 款和第 516a 条第 12 款应于 2021 年 1 月 1 日起生效。同时,第 66 条第 2 款和第 4 款,联邦法律公报 BGBl.I 第 148/2020 号版本中的第 390 条第 1a 款和第 393 条第 4a 款应于 2023 年 12 月 31 日失效。"

14. 应在第 516a 条中增加以下第 12 款:

"(12)经《联邦法律公报》第 148/2020 号《联邦法律公报》修订的第 66b 条旨在执行关于犯罪受害者权利、资助和保护的最低标准的第 2012/29/EU 号指令,并取代第 2001/220/JHA 号决定,OJ No. L 315, 14.11.2012, p. 57。"

# 第十一章　生效

经联邦法案 BGBl.I 第 148/20120 号修订的第 8 章应于 2021 年 1 月 1 日生效。

# 第十二章　通知

本规定的内容已根据欧洲议会和理事会 2015 年 9 月 9 日第 2015/1535 号指令的规定进行了通知,该指令规定了技术法规和信息社会服务规则领域的信息提供程序,通知号为 2020/547/A 和 2020/548/A。

# 贝宁共和国预防和制止暴力侵害妇女行为法<sup>*</sup>

国民议会在 2011 年 9 月 27 日的会议上审议通过,根据宪法法院 2011 年 12 月 8 日第 DCC 11-091 号宪法的决定,共和国总统颁布法律,其内容如下:

## 第一章　总则

**第 1 条**　本法的目的是在贝宁共和国打击一切形式的暴力侵害妇女和女童行为。

通过其刑事、民事和社会组成部分,它旨在对针对妇女和女孩的暴力行为提供多学科的回应。

**第 2 条**　根据本法的规定,对妇女的暴力行为是指在公共生活或私人生活中所有针对女性的暴力行为,引起或可能引起对妇女偏见或对妇女造成身体、性或心理伤害的行为,也包括以对女性造成以上伤害的威胁行为,胁迫或任意剥夺妇女自由的行为。

暴力行为涉及:

在私人生活领域实施的对妇女身体或精神伤害、性和心理暴力,如殴打、婚内强奸、性侵犯和性虐待、根据 2003 年 3 月 3 日第 2003-03 号关于惩治贝宁共和国切割女性生殖器官的法律规定的切割生殖器官、强迫或包办婚姻、"名誉"犯罪和其他对妇女有偏见或伤害的传统习俗。

在公共领域实施的对妇女身体或精神伤害、性和心理暴力,包括强奸、性侵犯和性虐待,根据 2006 年 9 月 5 日关于贝宁共和国制止性骚扰和保护受害者的第 2006-19 号法律规定的性骚扰行为,在工作、教育机构或其他地方的恐吓行为以及拉皮条、贩卖、强迫卖淫行为。

根据本法规定,对妇女的暴力行为也包括医疗或辅助医疗代理人在妇女分娩期间未对妇女给予所有的应有注意或未履行其专业职责。

**第 3 条**　本法应适用下列定义:

堕胎:使用某些手段或某种特定的药品导致胎儿过早排出体外,更通俗来讲,即人工

---

* 译者:杨淑闵,北京外国语大学法学院助教。

终止妇女妊娠的行为。

骚扰：为了从处于弱势或从属地位的人那里获得任何形式的好处，包括获取为自己或他人而违背妇女意愿的性利益，对妇女发号施令，使用语言、手势、文字、信息多次不断地进行威胁，施加胁迫，施加压力或使用任何其他手段的行为。

乱伦：与自己有三代以内血缘关系的人发生性关系的行为。

煽动未成年人放荡：对未成年人采取行动，以满足他人的激情，或在任何情况下作为腐败和放荡的中间人。

强迫婚姻：任何未经双方当事人自愿且知情同意下而缔结的婚姻或同居关系。

切割女性生殖器官：所有干预措施，包括出于文化或宗教原因或任何其他非治疗原因，部分或全部切除女性生殖器或外部器官或损伤女性生殖器。

恋童癖：成年人以未成年为对象获得性满足。更具体地说，是指成年人与未成年人发生性接触或性关系。

有损妇女的传统习俗：对妇女有害的习俗行为。包括：

• 怀孕或分娩时的饮食限制；

• 填喂，即过度喂养未成年女孩，目的是使他们的身体适合结婚；

• 有辱人格的守寡仪式；

• 侵犯妇女的行动自由；

• 通过孩子对妇女施加压力。

强迫卖淫：为了获得金钱或其他利益，通过暴力或以暴力相威胁或胁迫或者利用被强迫者无法自由地表示其同意而诱使一人或多人从事一种或多种性行为的事实。

拉皮条：为他人淫乐充当中间人，从而从该活动的成果中受益的行为。

强制绝育：未经妇女同意或在没有医嘱的情况下对妇女实施或使人实施的剥夺其生殖能力的行为。

强奸：未经精神状况良好的妇女的自愿同意，他人的性器官插入女性阴道、肛门或口腔的行为，或者将物体插入女性阴道或肛门的行为。然而，即使获得了16周岁以下的未成年女童的同意，采取以上行为也构成强奸。

受害者不必须抵抗犯罪者。

婚内强奸也构成强奸罪。

家庭环境中的暴力：滥用权力或故意疏忽，在家庭内外从身体上、语言上、心理上、遗产上、经济上和性上支配、制服、控制或攻击妇女，无论行为人是否与受害者有血缘或婚姻关系、同居关系，或是否与受害者有或曾经有过事实上的关系。

工作场所的暴力：违反法律规定，拒绝通过合同雇用受害者，拒绝保留工作岗位，不提供必要的工作条件；贬低所做的工作，威胁、恐吓、羞辱、剥削和基于性别的任何类型的调戏、消遣的行为。

家庭暴力：当两人已婚、同居或双方有血缘关系，或两人生活在同一间房子内，或两人过去有过亲密关系如今已经分开的情况下，一人对另一人实施的所有身体暴力或性暴力行为。

经济控制：使用某些手段阻碍或阻止他人的经济或金融发展，或阻止他人享受其社会经济权利的行为。

遗产暴力：任何影响受害者生存的行为或过失，包括改变、移除、破坏、扣留或挪用旨在满足受害者需求的物品、个人文件、财产和价值、财产权或经济资源，其中可能包括对受害者的公共或个人财产的损害。

身体暴力：因使用武力或任何武器、物体而造成非意外人身伤害的任何行为，武器或物体可能会造成人内伤、外伤或同时对人体内部或外部造成伤害。

心理或精神暴力：使任何人遭受重复的行为或言论，其目的或结果是生活条件恶化，可能侵犯他们的权利和尊严，改变他们的身心健康，或危及其计划或未来。

这也是一种伤害心理稳定的行为或疏忽，遗弃、反复无视、过度忌妒、侮辱和羞辱、贬低、边缘化、缺乏感情、冷漠、不忠、毁灭性的比较、拒绝、限制自我决定和威胁，所有这些都可能导致抑郁、孤立、失去自尊甚至自杀。

性暴力：任何贬低或损害受害者的身体和／或性的行为，因此侵犯了他或她的自由、尊严和身体完整性。

这是一种滥用权力的表现，这种权力是由男性对女性的至高无上的地位所决定的，女性因此被诋毁并被视为物品。所有其他类似的形式都伤害或破坏了妇女的尊严、完整性或自由。

恋兽癖：任何人通过欺骗、暴力、威胁或任何形式的胁迫或诡计，迫使某人与动物发生性关系的行为。

# 第二章　提高认识、预防和侦查措施

## 第一节　教育领域

**第 4 条**　未满 16 周岁的儿童，不分性别、种族和宗教，都享有接受义务教育的权利。

**第 5 条**　争取男女平等是国家的一项优先事项。

为此，像男女之间要相互尊重、学会共同生活、拒绝并谴责暴力行为、以批判性思维分析暴力和男女不平等行为等为原则和教义将被考虑纳入教学计划中。

这种教育必须确保有关于相关知识、尊重个人权利和基本自由以及了解侵犯这些权利和自由的具体情况的教学培训。同样，教育制度也将会把消除使男女之间难以实现充分平等的障碍，特别是对妇女的暴力行为纳入质量原则中。它们应提供在内容和方法上适应国家和环境的经济、社会和文化变化的培训。

**第6条**　学校负责传授知识和学习方法。

它的目标是实现男女同校制，实现男性与女性、女童与男童、青年女子与青年男子之间的真正平等，尤其是在指导和发现年轻人所遭受的暴力行为以及打击性别歧视现象方面。

**第7条**　为了确保教师获得必要的知识和技术而将关于两性平等和打击暴力侵害妇女行为的具体培训政策强制性地列入对教学人员的初步培训方案中并使它们接受评估，负责国民教育的部委，伙同负责家庭事务的部委和司法部，采取了一系列必要措施：

在尊重基本权利和自由以及男女平等的情况下，按照社区生活的民主原则，进行宽容和自由的教育；

在个人、家庭和社会生活的所有领域开展预防冲突及和平解决冲突的教育；

及早发现家庭暴力，特别是针对妇女的暴力。

**第8条**　公立或私立学校都应规定及时安排受暴力侵害并不得不改变住所的女孩的入学事项，尽快使她们进入类似或相关的学段学习。

因暴力侵害妇女行为改变住所而受影响的儿童也应该被考虑进去。

**第9条**　国家、地方当局和（或）私营机构必须为参与打击暴力侵害妇女行为的专业人员制定一项全面的补充培训方案和在职培训方案。

## 第二节　广告和媒体领域

**第10条**　任何使用对女性和男性有侮辱性、贬低性、非人性和骚扰性的表述以及关于男女之间关系报道的广告都是违法的。

**第11条**　视听和传播高级管理局（HAAC）必须确保媒体对女性和男性的公平代表权，特别是要尽可能地避免有辱人格和骚扰性的陈述，打击性别歧视的刻板印象，并避免广播节目中男女人数不均衡地出现。广播公司的工作说明书中必须包括这些原则。

视听和传播高级管理局（HAAC）必须对有关媒体行使制裁权。

**第12条**　本法一经公布，视听和传播高级管理局应负责：

• 对各种媒体节目中的色情内容进行核查。

• 在影视作品投放市场之前，要核实是否符合法律规定。影视作品包括：录像带、DVD、通过互联网传播的作品以及传播色情场景的任何媒介中的作品。

视听和传播高级管理局要特别审查对暴力、拉皮条、贩卖人口、教唆犯罪以及教唆卖淫的描述。

视听和传播高级管理局可以暂停非法内容的营销。然后，它通知内政部，并将此事提交检察官，以启动《刑法典》规定的诉讼程序。

## 第三节 社会、卫生领域

**第 13 条** 国家有义务通过社会卫生机构及早发现暴力侵害妇女案件。

为此，为了改善临床诊治和心理诊治的效果，帮助女性受害者康复，国家必须为社会卫生人员制定提高认识方案、初步和持续的培训计划。

在所有强奸案件中，司法部门必须要求主管卫生机构对受害者及其施暴者进行艾滋病毒/艾滋病和其他任何具有传染性的性病感染的强制筛查，以评估可能对受害者感染的可能性而防止受害者受到更大的伤害。

费用由国家承担。

**第 14 条** 对所有卫生专业人员以及社会医疗部门专业人员的最初培训和再培训包括针对妇女的暴力行为及其受暴力侵害的妇女在公共卫生领域产生影响的专门培训。

这项教学活动将在每个培训年限进行，包括以多学科方式进行，并将其进行评估，目的是加强对受暴力侵害的妇女的预防、早期发现、援助和康复。

大学行政管理部门和主管学校必须确保医疗、辅助医疗和社会专业人员的培训计划中包括这些培训内容。

## 第四节 在司法和准司法领域

**第 15 条** 国家有义务推动司法和准司法机构处理暴力侵害妇女案件。

为此，国家必须为司法和准司法人员制订增强认识方案、初步和在职培训方案，以改善对女性受害者的有效护理和康复。

鉴于大多数强奸和家庭暴力行为发生在私人场所，隐藏在潜在证人的视线之外，贝宁共和国司法部必须扩大罪证类别，并考虑受害者的口头证词。

仅受害者的证词就可以定罪。

**第 16 条** 对所有司法和准司法专业人员的初始和在职培训中包括针对家庭暴力和性暴力及其对公共卫生方面产生后果的专业必修课。

这种多学科培训旨在促进暴力受害女性的预防、援助和康复，并将接受有关部委的年度评估。

每个检察官办公室中必须至少任命 1 名训练有素的成员，其在所有家庭暴力和性暴力案件中代表检察官办公室处理案件。

每个一审法院必须任命至少 1 名调查法官，负责调查所有家庭暴力和性暴力案件。

国家必须强化司法警官的能力，以便在每个警察局或宪兵队都处理家庭暴力和（或）性暴力案件。

大学行政管理部门和主管学校必须确保对司法、准司法、武装部队、公安和类似治安部门的专业人员的培训方案中包含这些培训内容。

# 第三章　受暴力侵害的妇女的权利

## 第一节　知情权、社会援助和免费法律援助

**第 17 条**　国家必须切实保障妇女享有身心健全、自由、安全、平等和不受性别歧视的权利。

**第 18 条**　在每个省，社会促进中心应负责照顾受暴力侵害的妇女，以便为她们提供紧急社会服务、接待和援助服务。

这些服务旨在满足紧急需求并提供可持续的多学科支持。

多学科服务具体包括：

• 通知受害者；

• 心理和精神方面的支持；

• 社会支持；

• 医疗支持；

• 司法警察的协助；

• 法律和行政程序的跟进；

• 关于性别平等的预防性培训；

• 对职业培训与就业的支持；

• 易进入收容所。

**第 19 条**　受被害人照顾和监护的未成年人，也有权通过这些社会服务获得综合性社会救助。

**第 20 条**　受暴力侵害的妇女，包括受强迫或包办婚姻威胁的年轻女孩、被寄养的女

孩、受到性虐待的女孩,应优先被接纳进入收容所。

若发生家庭暴力或亲密伴侣暴力的双方共同居住在同一住所,被侵犯方有权继续暂住在这一住所。

## 第二节　与工作相关的权利

**第 21 条**　在公司内外遭受暴力侵害的女性员工,经其要求并经职业医师的批准,有权暂时减少或重新安排其工作时间,进行工作地点调动,分配到另一家机构,单方中止雇佣合同和辞职。

当其雇佣合同中止期满后,便可恢复之前的工作。

**第 22 条**　女性员工因受暴力侵害而导致身体或心理伤害的情况下缺勤或不遵守工作时间,只能由社会服务机构、支助服务机构或保健服务机构决定对其处罚。

员工必须在 72 小时内通知雇主。

在缺勤期间,员工享有基本工资保障。

**第 23 条**　企业负责人必须采取一切必要措施来预防、制止和(或)惩罚任何具有性暗示或性歧视内涵的言论、语言或非语言行为或者基于性别或真实或假想性行为的任何其他行为,其目的是侵犯妇女或女孩的权利和尊严,或创造一个令人生畏、有敌意、侮辱或冒犯的环境,特别是通过向员工提供信息、执行调查程序和采取预防措施。

**第 24 条**　职业医师应有权建议采取个别措施,如根据年龄、身体抵抗力、公司内外妇女遭受暴力的程度或员工的身心健康状况等方面进行考虑而调职或换岗。

**第 25 条**　作为暴力受害者的女公务员,如果为确保其保护的有效性或其获得综合社会援助的权利而被迫离开其所在地区的工作,应享有优先权,优先享有另一个适合其身体和符合其工作能力的、具有类似特征的、空缺的和有待填补的工作。

主管公共行政部门有义务将在同一地点或有关妇女明确要求的地方有待填补的空缺职位通知受暴力侵害的妇女。

**第 26 条**　作为暴力受害者的女公务员应享受本法第 21 条、第 22 条、第 23 条、第 24 条和第 25 条规定的相同条件。

## 第四章　体制框架

**第 27 条**　政府应制定和实施公共政策以打击对妇女的暴力行为。

**第 28 条**　政府应在第一届常会期间向国民议会提交一份报告,其中应说明打击暴力侵害妇女行为的政策的执行情况。

# 第五章　民事和刑事规定

## 第一节　民事规定

**第 29 条**　根据本法,如果妇女因其身心健康或其子女的身心健康受到侵犯而向法院提起诉讼,子女的住所由有利于女性受害人法官自动确定。

该决定可以由法官或法院根据判决进行修改。

**第 30 条**　在适用本法的情况下,如果妇女因其身心健全或子女的身心健全受到侵犯而向法院提起诉讼,法官应作出有利于受害妇女的裁决,自动确定其子女的住所。

法官或法院可根据判决修改决定。

## 第二节　刑事规定

**第 31 条**　对于任何涉及身体暴力或性暴力的刑事犯罪,受害人与施暴者享有本法第 3 条所界定的家庭关系这一事实,作为加重处罚情节。

对轻罪的最高处罚应增加 5 年监禁,对重罪的最高处罚应至少增加 10 年监禁。

**第 32 条**　任何犯有或参与第 3 条所定义的强迫或包办婚姻或强迫纳妾的人违反本法的,应处以 1~3 年的监禁,并处以 50 万法郎至 200 万法郎的罚款。

所有参与策划和 / 或执行此类婚姻或同居的人都同样有罪。

**第 33 条**　实施本法第 3 条所定义的心理暴力行为可处以最高 100 万法郎的罚款。

**第 34 条**　实施本法第 3 条定义的经济暴力行为可处以 50 万法郎至 200 万法郎不等的罚款,但不影响与《个人和家庭法》所规定的补偿性赔偿相等的民事赔偿金。

**第 35 条**　根据本法第 3 条的定义,强迫卖淫可处以 1~5 年的监禁和 100 万~1000万法郎的罚款。

如果犯罪之后另犯新罪或之前有漏罪,或者如果受害者是 16 周岁以下的未成年人,则刑罚将增加到至少 10 年。

**第 36 条**　根据本法第 3 条的规定,强制绝育可处以 1~5 年的监禁和 100 万~1000万法郎的罚款。

**第 37 条**　本法第 3 条定义的恋兽癖可处以至少 10 年的监禁和不少于 2500 万法郎的罚款。

**第 38 条**　所有有损妇女的传统习俗都构成普通法下的犯罪,并应受到相应的惩罚。

本法没有明确规定的所有其他暴力行为均符合现行法律。

# 第六章　杂项规定和最后条款

**第 39 条**　法令应在必要时规定本法的适用方式。

**第 40 条**　以前所有与本法相悖的规定均被废除。

**第 41 条**　本法应作为国家法律执行。

由共和国总统、国家元首、政府首脑于 2012 年 1 月 9 日在科托努作

# 三、民商法、经济法

# 以色列国结婚年龄法*

**第1条　定义**

在本法中：

"男孩"——（已删除）；

"女孩"——（已删除）；

"婚姻"——包括犹太教中的订婚，动词"结婚"① 及其所有变位也应作此解释；

"结婚年龄法中规定的社会工作者"——由福利和社会服务部部长就本法相关事由任命的社会工作者；

"未成年人"——《法律资格和监护法》5722-1962 第 3 条的定义。

**第2条　犯罪行为**

有以下行为之一者构成犯罪：

1. 与未成年男性或未成年女性结婚；

2. 与未成年男性或未成年女性缔结婚姻，或为与未成年男性或未成年女性的婚姻关系的缔结及其相关行为提供任何方面的协助；

3. 为其所监护的未成年男性或未成年女性——是其子女——缔结婚姻，将被判处《刑法》5737-1977 第 61 条第 A（3）款中规定的两年监禁或相应罚款。

**第3条　解除婚姻关系的上诉理由**

1. 如果当事人在违反第 2 条的情况下缔结了婚姻关系，并且已知根据适用于双方的个人身份状态（婚姻状况）的法律，其在违反第 2 条的情况下缔结婚姻的这一事实将作为解除其婚姻关系的理由，则解除的方式可以为离婚证（Gett）②、婚姻关系解除或以其他方式进行，则法律中的所有条款适用于双方当事人的个人身份状况。

2. 已结婚的未成年男性或未成年女性、其父母之一、其监护人之一或《结婚年龄法》

---

\* 译者：贾昀卓，北京外国语大学法学院助教。

① 希伯来语写作"אשׁ"。

② 希伯来语写作"גט"，犹太男性根据犹太律法向女性发出的解除婚姻关系文件。

中定义的社会工作者可以基于第 1 款的事由提起解除婚姻关系的诉讼。

3. 该基于第 1 款的事由提出的解除婚姻关系的诉讼,非由《结婚年龄法》中定义的社会工作者提出,且在提起诉讼时已结婚的未成年男性或未成年女性未满 18 周岁,且该社会工作者认为该诉讼的庭审对公众利益有影响——他有权出席庭审并提出个人主张。

4. 除以下情况外,无须基于第 1 款的事由提起解除婚姻关系的诉讼:

(1)该诉讼是由在结婚时未满 19 周岁的未成年男性或未成年女性提出的;或者

(2)该诉讼是由在结婚时未满 18 周岁的未成年男性或未成年女性的父母之一,或监护人之一,或《结婚年龄法》中定义的社会工作者之一提出的。

**第 4 条　减轻情节**

在对因第 2 条第 1 款的事由被定罪的当事人进行判决时,法院应考虑将以下事实作为减轻处罚的因素:

1. 应其配偶的请求,一方当事人根据适用于双方个人身份状况的法律规定,已解除或同意解除二人的婚姻关系;

2. 当事人履行了法院[①] 或已被授权的法庭[②] 作出的解除婚姻关系的判决。

**第 5 条　允许与未成年男性或未成年女性结婚**

1. 在不违反本法规定的情况下,如果该未成年男性或未成年女性年满 16 周岁,且家庭事务法院认为存在与未成年人利益相关的特殊情形使其结婚行为存在正当性,则可以批准其结婚;家庭法庭应在听取未成年男性或未成年女性(视具体情况而定)的意见后作出是否批准相关申请的裁决。

2. 在未经过《结婚年龄法》中定义的社会工作者的专业调研时,家庭事务法院不得对与年满 16 周岁但未满 17 周岁的未成年人结婚的申请作出裁决。

**第 5A 条　请求批准结婚的申请**

第 5 条中请求批准结婚的申请应由当事未成年男性、未成年女性、其父母之一、其监护人之一或请求与其结婚的人提出。

**第 5B 条　经批准的结婚**

第 2 条不适用于根据第 5 条获得批准的婚姻关系。

**第 6 条　1936 年刑法条例修正案**

对 1936 年刑法条例作如下修改:

---

① בית משפט.

② בית דין.

1. 在第 182 条中:

（1）"每个人"字样后的冒号和连字符删去;

（2）A 款开头的标记"A"删去;

（3）以逗号代替分号和第 A 款末尾的"或"字样;

（4）第 B 款和第 C 款废除;

2. 第 183 条 - 废除。

### 第 7 条　法律的实施

司法部部长负责本法的实施。

### 第 8 条　向议会汇报

1. 每年的 3 月 1 日，应按照以下第 2 款至第 6 款详述的规定，以书面形式向议会的宪法、法律与司法委员会（在本节中简称"委员会"）提交关于在报告日前的一历法纪年中本法执行情况的报告。

2. 司法部部长应向委员会报告以下事项:

（1）向家庭事务法院提交的请求批准结婚的申请数量;

（2）由家庭事务法院批准结婚的未成年人人数，并按年龄进行分组;

（3）根据第 5 条批准结婚的情形;

（4）每个地区内对第 2 条中规定的罪行所提起的公诉的数量;

（5）对依据第 2 条进行的诉讼所作出判决的数量，以及判定有罪和无罪的占比;

（6）对根据第 2 条进行的诉讼作出的是否有罪的裁定;

（7）按照年龄分组的、由婚姻登记机构为其缔结或登记婚姻关系的已婚未成年人人数——仅指在司法部的业务领域内的婚姻登记机构和宗教法庭;在本节中，"婚姻登记机构"——《结婚与离婚条例》所定义的负责登记的权力机构。

3. 宗教事务部部长应向委员会报告按照年龄分组的、由婚姻登记机构为其缔结或登记婚姻关系的已婚未成年人人数——仅指在宗教事务部的业务领域内的婚姻登记机构和宗教法庭。

4. 内政部部长应向委员会汇报以下事项:

（1）按照年龄分组，由《人口登记法》1965-5725 中所指的登记员为其在当年缔结或登记婚姻关系的、根据人口和移民局办公处规定以及在有 / 无家庭事务法院批准情况下结婚的未成年人人数;

（2）内政部就第 2 条中涉及的罪行向警方提出的申诉数量——按照由人口局和移民局办公处分组。

5. 福利和社会服务部部长应向委员会报告在依据本法进行的诉讼中向家庭事务法院提交的专业调研的数量。

6. 国内安全部部长应向委员会报告以下事项：

（1）就第 2 条中涉及的罪行向警方提出的申诉数量，以及其中由内政部所提出的申诉的数量；

（2）就第 2 条中涉及的罪行进行的调查的次数；

（3）就第 2 条中涉及的罪行提起公诉并被移交至州检察官办公室的案件数量。

# 拉比法庭判决法（婚姻关系的缔结和解除），5713-1953

### 第 1 条　婚姻关系的缔结和解除事宜的判决

在以色列的犹太人、本国公民和居民的婚姻关系的缔结和解除事宜由拉比法庭进行专门管辖。

### 第 2 条　婚姻关系的缔结和解除

在以色列应根据托拉法缔结或解除犹太人之间的婚姻关系。

### 第 3 条　解除婚姻关系的附属判决

如果已向拉比法庭提起解除犹太人间的婚姻关系的诉讼——无论由男性还是女性提起——拉比法庭将拥有对涉及解除婚姻关系诉讼的所有事项的专属管辖权，包括女性及双方子女的赡养费问题。

### 第 4 条　赡养费事宜的判决

如果一名犹太女性针对其丈夫或其丈夫的遗产，向拉比法庭提出了与离婚无关的赡养费事宜诉讼，拉比法庭因对此事无管辖权将不会听取被告的主张。

### 第 4A 条　离婚诉讼的国际管辖权

1. 在不影响第 1 条中规定的管辖权效力的情况下，如果存在以下情况之一，拉比法庭将对依据托拉法 ① 结婚的犹太人夫妻间的离婚诉讼具有专属管辖权：

（1）被告的居住地在以色列；

（2）配偶双方均为以色列公民；

（3）原告的居住地在以色列，且在提起诉讼之前其必须已在以色列居住至少一年；

（4）原告的居住地在以色列，且配偶双方的最后共同居住地在以色列；

（5）原告是以色列公民，且其居住地在以色列；

（6）原告是以色列公民，并在提起诉讼之前的两年内已在以色列居住了至少一年。

---

① הרותיד.

2. 如已根据第 1 款向拉比法庭提起诉讼：

（1）不影响外国已获得授权的法院审理配偶间的民事离婚诉讼；

（2）如果该夫妻在以离婚证的方式离婚之前已向外国获得授权的法院提出民事离婚请求，拉比法庭将无权审理和裁定该民事离婚。

3. 依据托拉法结婚的犹太人夫妻如果根据外国的法律离婚，在仅有原告为以色列公民的情况下，拉比法庭仍有权审理根据托拉法提起的离婚诉讼或取消禁止结婚的诉讼。

4. 如果原告在提起诉讼之日为身在以色列当地的以色列公民，则拉比法庭对依据托拉法结婚的犹太人夫妻的离婚诉讼具有专属管辖权；如果原告在提起诉讼之日在配偶双方的最后共同居住地，则拉比法庭不得依据任何法律解除其婚姻关系。

5. 本节规定不作授予拉比法庭对离婚相关事项的管辖权用。

6. 就本条而言，一个人的"居住地"——其生活中心或惯常居住地所在的地方。

**第 4B 条　被告为国外居民时的审判程序**

根据第 4A 条向拉比法庭提出的诉讼，该诉讼的被告居住地不在以色列的，如法庭认定其符合第 4A 条的管辖权条件，则适用以下规定：

（1）只有在向被告送达书面诉状、出席邀请及已被授权的认定法庭拥有管辖权的副本后，法庭才有权对诉求作出判决；

（2）法院判决原告胜诉的，在无被告代表出庭的情况下，被告可以在规定确定的期限内向法院提出复议请求；

（3）如果被告人未遵守法庭作出的离婚判决，法庭有权采取法律赋予其执行该判决的权力，仅在无被告代表出庭的情况下，拉比法庭不得根据《拉比法庭法（离婚判决的执行）》5755-1995（在本法中－离婚判决执行法）采取任何措施，除非原告向被告出示了已被授权的判决书副本，按照相关条款中规定的措辞通知被告有权提起离婚诉讼的复议请求并警告其根据《离婚判决执行法》采取措施；

（4）根据本节向以色列境外发出的文件应被翻译为被告居住地所在地的官方语言，在经公证人批准后将原文件与文件翻译一同发出。

**第 4B1 条　对于犹太妇女对离婚证提起诉讼的国际管辖权（该离婚无法在以色列境外处理）**

1. 在不减损第 1 条和第 4A 条中的管辖权的情况下，即使配偶双方不符合第 4A 条第 A 款所列的属地关系，拉比法庭仍对犹太妇女根据托拉法律对其丈夫提出的关于离婚证的诉讼有专属管辖权，但该婚姻关系必须是根据托拉法缔结的且该妇女未在以色列国外的法庭接受离婚证，并存在以下情况之一：

（1）在被告居住地或原告居住地，没有法庭可以依据以色列境外的托拉法处理离婚证事项（在本法中－以色列境外的法庭）；在本事项中，如果该妇女已向以色列境外的法庭提出离婚申请，除非该接收申请的法庭确定其无法根据托拉法处理离婚证事项，则不得声明"不存在可以依据以色列境外的托拉法处理离婚证事项的法庭"。

（2）女方已根据托拉法向以色列境外的法庭提出离婚申请，而男方自该法庭传唤之日起4个月内未出庭。

（3）以色列境外的法庭已判决丈夫应给予其妻子离婚证，但在依据该国现有的法律和宗教手段、为执行法庭的判决作出应尽的努力后，自法庭作出判决之日起6个月内男方仍未给予女方离婚证。

2. 根据第1款第（2）项或第（3）项提出的诉讼应附上以色列境外的法庭对于是否需要向以色列的拉比法庭提出此离婚诉讼的裁决，除非有合理的原因难以附上上述裁决。

3. 除非满足以下条件，否则拉比法庭不得审理第1款中所述的诉讼：

（1）起诉书已送达至在以色列的被告人，或在诉讼请求提交之日被告人在以色列境内且起诉书须已依法送达；

（2）如果配偶双方在结婚时也适用了国外的法律——双方根据同一法律离婚；但是，如果存在特殊情况使其难以按照上述情形在外国离婚，原告只需要为离婚事项的解决付出合理努力，向外国主管法院提出离婚诉讼即可。

4. 根据本款向拉比法庭提出的诉讼不应妨碍外国主管法院对配偶间的民事离婚诉讼的审理。

5. 如果拉比法庭证实该诉讼不满足第1款和第2款所述的条件，应立即取消对其的审理。

6. 本款的规定不授予拉比法庭对涉及离婚事项的管辖权。

7. 在不减损第6款效力的情况下，拉比法庭对根据本款提起的诉讼中已在判决中裁定的事项、外国主管法院的决定和根据外国法律签订的有效协议无管辖权，对正在由外国主管法院进行审理的诉讼也无管辖权。

**第4B2条 根据第4B1条提出关于离婚证诉讼的程序**

1. 如果已根据第4B1条向拉比法庭提出关于离婚证的诉讼，则拉比法庭应尽快确定该诉讼的庭审日期，如果在诉讼提交之日被告在以色列，则庭审日期应不晚于诉讼提交之日起一周的时间或诉讼送达至被告的时间。

2. 拉比法庭应尽快对第1款所述的诉讼作出裁决，且不得晚于该款所述的庭审日之后的30天；但是，在特殊情况下，法庭可以在不迟于上述日期的60天内作出判决并记录相关缘由；拉比大法庭庭长如果认为某案件中存在延长期限的正当理由，可以将上述判决期限再延长 30 天。

3.（1）对于法庭是否有针对根据第 1 款所提出诉讼的管辖权的决定应连同其理由一并提交；

（2）可以针对第（1）项所述的决定在其发布之日起 7 天内向拉比大法庭提起上诉，并将在提交上诉之日起 7 天内收到答复；

（3）拉比大法庭应根据庭长或其所授权的法官的决定，安排一位拉比法庭的法官或者一组审判团审理第（2）项所述的上诉，庭审将在提交起诉之日的 14 天之内举行；

（4）拉比大法庭就第（2）项所述的上诉的裁决应在庭审日起 14 天内作出。

4. 在不违反《离婚判决执行法》第 4 节 A（1）和（2）节规定的情况下，拉比法庭在判决书或决定（在本节中 – 判决）中判决双方必须离婚且当时被告在以色列的，应尽快确定离婚的日期，该日期不迟于作出判决之日起 14 天。

5. 如果双方被判决离婚，但未在本条第 4 款规定的日期离婚且被告人在以色列的，则适用《离婚判决法》的规定，但作以下变更：

（1）在第 3 条中，在第 2 款之后应改为：

"第 3 款如一个拉比法庭对居住地在以色列境外的被告处以监禁，应立即以书面形式通知拉比大法庭庭长下达此命令，且庭长有权撤销该判决或作出任何其他合理的判决。"

（2）在第 4 条中：

a. 在第 1 款第（1）项中，"从 45 天"改为"从 14 天"，"45 天"改为"14 天"；

b. 在第 1 款第（2）项中，"不迟于 21 天"改为"尽快且不迟于一周"；

c. 在第 2 款中，在"并考虑其他事项"之后应改为"在其居住地"；

d. 在第 3 款第（1）项中：

（a）在第 1 点中，"90 天"改为"30 天"；

（b）在第 2 点中，"45 天"改为"14 天"；

（c）在第 3 点中，"15 天内"改为"尽快且不迟于一周"；

（3）在第 4A 条中：

a. 在第 2 款中，"21 天"改为"一周"，"60 天"改为"30 天"；

b. 在第 3 款第（1）项、第（2）项中，"60 天"改为"30 天"。

### 第 4B3 条　向议会汇报临时规定

1. 每年 6 月 1 日，拉比法庭庭长应向议会宪法、法律和司法委员会汇报第 4B1 条和第 4B2 条法规的执行情况；其中应包括汇报日前一年有关以下事项的详细信息：

（1）根据第 4B1 条提出的诉讼的数量（在本节中－诉讼），其中拉比法庭有权审理的诉讼数量以及获得授权的原因为何；

（2）诉讼当事人的居住国信息；

（3）终审结果为（男方）应给予离婚证的诉讼数量及自提交诉讼之日至给予离婚证的时间跨度；

（4）根据《离婚判决执行法》在该诉讼中作出限制令的诉讼数量和限制令的详情；

（5）诉讼中的配偶双方根据外国法律结婚的诉讼数量，和其中配偶双方在提起诉讼时已根据同一法律离婚的诉讼数量。

2. 第 1 款所述的报告应尽可能地在符合任何法律规定的情况下，附上汇报日前一年根据上述条款作出的判决，但其中不应包含具体的、具有可识别性的各方当事人的详细信息。

3. 本条法规有效期至 2027 年 6 月 30 日。

**第 4C 条　关于在外国的离婚证及结婚许可事项的犹太律法建议**

在不减损第 9 条规定的情况下，如拉比法庭被在对依据托拉法结婚的犹太夫妇的离婚证事项或许可结婚事项进行审理时被要求参考犹太律法中的规定，且法庭对此无专属管辖权，为提供相关建议，拉比大法庭庭长有权任命一组或多组犹太法官。

**第 5 条　对 chalitza[①] 事项的审判**

如果一名无子女的、将被嫁于其亡夫兄弟的寡妇在拉比法庭起诉要求获得 chalitza，拉比法庭将对诉讼相关事项拥有专属管辖权——包括该妇女的赡养费——直到其获得 chalitza 之日。

**第 6 条　强制给予和接受离婚证**

拉比法庭在终审判决中强制要求夫妻中的男方给予女方离婚证或强制要求女方接收离婚证的，地区法院有权在判决日后的第 60 天结束时，应政府法律总顾问的要求对其进行监禁以强制其遵守判决。

**第 7 条　强制其给予 chalitza**

如果拉比法庭在终审判决中强制要求某男性解除其与其兄弟的遗孀之间的婚姻义务，则地区法院有权在判决日后的 3 个月结束时，应政府法律总顾问的要求对其进行监禁以强制其遵守判决。

**第 8 条　终审判决**

就第 6 条和第 7 条而言，如无进一步上诉，则当前判决视为终审判决。

---

① 通过特定的仪式解除寡妇与亡夫兄弟结婚的义务，为犹太律法中的规定。

### 第9条 基于同意的判决

根据本法，对于"1922—1947年以色列地委员会上的国王讲话"第51条及《继承条例》中规定的犹太人个人身份问题，拉比法庭无专属管辖权，但在各方当事人同意后拉比法庭对此事具有管辖权。

### 第10条 判决的有效性

在以色列国家成立后和本法生效前，由拉比法庭对诉讼当事人的身份问题进行庭审并依法作出的判决——且其所依据的法律在当时有效——则该判决视为有效。

### 第11条 实施条例

司法部部长负责本法的实施，经拉比大法庭庭长同意并经议会宪法、法律和司法委员会批准后其有权制定有关本法实施的相关条例。

# 婚姻关系财产法，5733-1973

## 第一章 约定制度

### 第1条 财产协议

夫妻双方订立的、对其财产关系及财产事务进行规定的协议（以下简称"财产协议"）以及该协议的变更应采用书面形式。

### 第2条 批准与认证（第3次修订）5755-1995

1.财产协议须经家庭事务法院（以下简称"法院"）或对夫妻双方的结婚离婚事宜具有司法管辖权的宗教法庭（以下简称"法庭"）的批准，此类协议的变更也需要经法院或法庭的批准。

2.已向法院或法庭证明，夫妻双方是在自愿且理解协议的含义及后果的情况下达成协议或对其进行更改的，法院或法庭方可给予批准。

3.在结婚前或缔结婚姻期间签订的协议中，婚姻登记机构的认证可以代替法院或法庭的批准。

（第2次修订）5755-1995

（1）根据《公证人法》5736-1976，在婚前签订的财产协议可由公证人认证其效力，但必须已向公证人证明夫妻双方是在自愿且理解其中含义和后果的情况下达成的该协议。

（第4次修订）5769-2008

4.经法庭判决批准其解除婚姻关系的夫妻，双方间的协议视为根据本节规定批准的财产协议；其中，"解除婚姻"——包括离婚、取消婚姻、宣布原则上婚姻无效或在不被允许离婚时依据宗教法的分居。

## 第二章 资源平衡制度 ①

**第 3 条 制度的适用情况**

1. 如夫妻双方未就财产问题作出安排，或已作出协议的——在协议未进行规定的范围内，视为同意本章规定的资源平衡制度，且该制度与符合第 2 条规定的有效财产协议相一致。

2. 未根据第 2 条第 3 款的要求进行婚前协议认证的夫妻，婚姻登记机构应在其登记结婚前向其解释本条第 1 款的内容和含义。

**第 4 条 婚姻期间无影响的事宜**

婚姻关系的缔结或其存续不对配偶双方的资产造成损害，不赋予其中一方对另一方财产的相关权利，也不使一方为另一方的债务承担责任。

**第 5 条 婚姻终止情况下的平衡权（第 4 次修订）5769-2008**

1. 在婚姻关系解除或因夫妻中的一方死亡而婚姻终止（在本法中 – 婚姻终止）的情况下，其配偶有权获得所有夫妻双方所有资产的一半价值，但以下情况除外：

（1）在婚前持有的财产或者在结婚期间被赠予或者继承的财产（遗产）；

（第 1 次修订）5750-1990

（2）国家保险局支付给夫妻中某一方的养老金，或因人身伤害或死亡依法应支付给夫妻中某一方的补偿金或抚恤金；

（3）夫妻双方书面约定的、不适用资源平衡制度的资产。

2. 因夫妻中一方的死亡而导致婚姻终止时，其继承人将替代其处理资源平衡权利的相关事宜。

（第 4 次修订）5769-2008

3. 在本法中，"夫妻双方的所有资产"包括未来的养老金权利、退休补偿、技能培训基金、福利基金 ② 和储蓄。

**第 5A 条 资源平衡制度的提前适用（第 4 次修订）5769-2008**

1. 如果已根据本章规定提交实施资源平衡制度的请求，并满足下列条件之一，第 5 条规定的资源平衡权利在婚姻终止之前也适用于夫妻双方：

（1）自下列程序之一的开始之日起算已过去一年：

a. 解除婚姻关系的程序；

---

① 译者理解为配偶双方相互享有的、对约定或法定的共同资产（甚至包括非物质性资源）按照恰当比例（通常为平均分配）分配其所属权的权利。

② 公基金的一种。

b.配偶之间财产分割的诉讼,包括根据《不动产法》5729-1969 要求解除夫妻双方共有的不动产中合伙关系的诉讼、要求对配偶的财产权利作出宣告性判决的诉讼以及关于配偶在财产、根据本章实施资源平衡制度的请求或根据第 11 条提出的请求。

（2）夫妻关系发生破裂或者在连续的一年时间内夫妻分居——即使在同一居所内——的时间总计不少于 9 个月的;如果已有司法裁决证明配偶之间存在不和,法院或法庭可缩短本款所述期限。

2.法院或法庭有权在合规的书面决定中缩短第 1 款所述的期限,如果当事人已根据本章提出了实施资源平衡制度的请求,并且法院或法庭认为其请求存在正当理由——即使不符合第 A 款的规定——且符合以下条件之一的,则可提前实施的时间:

（1）已根据《防止家庭暴力法》5751-1991 对请求人发出保护令,或根据《防止性骚扰威胁法》5762-2001 对请求人配偶发出命令,或为确保家庭安定的限制令——以上命令均在双方身份状态的庭审中下达;

（2）已因请求人的配偶对请求人或其子女实施暴力犯罪对其提起公诉;

（3）法院有合理依据认为请求人的配偶对其或其子女实施暴力犯罪,并存在危及请求人及其子女人身安全的情况,下令逮捕请求人配偶,或在上述情形或《刑事诉讼法》5756-1996 第二章第六部分（执法权 – 逮捕）所述的情况下,下令将其释放——前提是法院确定根据目前的全部或部分情况以上法令有助于保护请求人或其子女。

3.依照资源平衡制度作出判决的法院或法庭有权规定交存解除婚姻关系的书面同意作为执行条件,包括请求人所上交的给予和接收离婚证的书面同意,该同意须上交至拥有对该夫妻离婚管辖权的家庭事务法院或法庭。

4.依照资源平衡制度作出判决的法院或法庭如果认为请求人在解除婚姻关系的事项上存在非善意行为,可以延迟该制度的执行;但请求人拒绝放弃其或其子女依法享有的权利的行为不视为非善意。

5.不得以从第 1 款第（1）项第 b 点规定的程序开始之日起算不到一年为由拒绝或消灭申请执行资源平衡制度的请求,且法院或法庭有权推迟对上诉请求的审理。

### 第 6 条　平衡权利的行使

1.根据第 5 条的资源平衡制度,夫妻中的任何一方不得单独占有其配偶的资产,但不适用该制度的资产除外;夫妻双方上述的资产价值中,必须扣除其所欠的债务,但不适用该制度的债务除外。

2.如果夫妻中一方所拥有资产的价值超过另一方,则资产多的一方必须给予资产少的一方价值差额的一半——可以以实物、钱或等价值物。

3. 在夫妻双方未就适用资源平衡制度的具体资产和形式达成一致的情况下，法院或法庭可视情况作出裁决，并有权规定执行日期、保证和其他条件，包括在宽限期和行为撤销期的附加利息。

（第 1 次修订）5750-1990（第 4 次修订）5769-2008

4. 在根据第 3 款作出的裁决中，法院或法庭应考虑到与夫妻各方财务状况有关的所有情形及其未成年子女的利益，并尽可能地避免以下情况的发生：

（1）造成夫妻中的一方丧失合理的生活来源；

（2）使夫妻中的一方无法在其公司或其他工作场所继续正常工作；

（3）侵犯夫妻中的一方社会权利的行为；

（第 4 次修订）5769-2008

（4）损害双方未成年子女的利益。

**第 6A 条　出售夫妻双方用于居住的公寓（第 4 次修订）5769-2008**

出于执行资源平衡制度的考虑，法院或法庭认为必须出售夫妻双方用于居住或由夫妻双方持有用于其未成年子女居住的公寓的，如未能向其证实存在其他的、适应未成年子女及其抚养人需求的住所安排——包括适应其需求的临时住所安排，则应在一定期限内推迟执行该公寓的出售。

**第 7 条　扩大适用资源平衡制度的财产数额**

以阻碍其配偶根据第 5 条所享有的权利的实现为目的，已转移或将要转移、已赠与或将要赠与的资产——根据具体情况依照惯例应赠与他人或捐赠的财物除外——法院或法庭有权出于资源平衡的考虑仍将其视为原所有人（夫妻中的一方）所有。

**第 8 条　特殊权力（第 4 次修订）5769-2008**

如果法院或法庭认为存在特殊情况使其下述行为具有正当性，如果未在解除婚姻关系的判决中对财务关系作出裁决，其有权应夫妻中一方的要求，在资源平衡制度的框架内执行下列的一项或多项措施：

（1）规定除第 5 条所述的资产以外，其他资产的价值不适用配偶间的资源平衡制度；

（第 4 次修订）5769-2008

（2）规定不对资产的全部或部分价值按照 1:1 的比例分配，而是考虑到其期待资产——包括配偶每一方的收入能力等因素确定另外的分配比例；

（第 4 次修订）5769-2008

（3）规定将全部或部分资产的价值适用资源平衡制度，其中的"价值"为早于执行资源平衡制度日的某一日期该资产的价值，而非执行制度当日的价值；

（第 4 次修订）5769-2008

（4）规定在执行资源平衡制度不考虑配偶双方在执行制度当日所拥有的资产，而是参考早于该日期前的某一日期双方拥有的资产。

### 第 9 条　证据

关于证明财产由配偶之一拥有、持有或以其名义登记的证据，持有人对此负有不可推卸的举证责任——证明除该财产外，夫妻双方应按照价值均衡分配其他财产。

### 第 10 条　平衡权利的交易（第 4 次修订）5769-2008

如配偶中的一方无权行使平衡权利，该资源平衡权不得转让、抵押或禁止赎回。

## 第三章　针对所有制度的规定

### 第 11 条　维权手段

如果夫妻中的某一方采取了妨碍另一方在财产协议或资源平衡制度中的权利或期待权利的行为，或者有合理依据认为他将采取这种行为，法院或法庭应一方的请求采取相应措施维护其上述权利——尤其是下列的一项或多项措施：

（1）命令其提供相关信息和保证；

（2）规定需要得到配偶双方一致同意的行为；

（3）命令在依法管理、记录其中一方财产的登记簿中保存合理的注释。

### 第 12 条　对须经同意行动的批准

根据婚前协议或第 11 条第（2）项的规定需要征得另一方配偶同意才能采取的行为，当该方配偶拒绝同意实施该行为时，如法院或法庭认为此拒绝不具备正当理由则有权批准该行为的实施；当另一方配偶无法表达其观点或在合理情况下无法知悉其观点时，法院或法庭有权出于该家庭利益最大化的考虑批准该行为。

## 第四章　其他规定

### 第 13 条　法律和法庭

1. 本法不影响宗教法庭的管辖权。

2. 在本法所涉及的事项中，宗教法庭也应依照本法规定行事，但宗教法庭上的当事人均同意按照宗教法进行审理的除外。

### 第 14 条　过渡性条款

第 3 条及第二章的其他规定不适用于本法施行前已结婚的夫妻。

### 第 15 条　国际私法

配偶之间的财产关系将受其结婚时所在国的法律管辖，但双方可以在协议中根据协议订立时其所在国家的法律确定和变更二人的财产关系。

### 第 16 条　继承法的修订

在《继承法》5725-1965 中：

（1）第 11B 条，在"由双方共同拥有"之后加上"或其中一人死亡后，根据法律或双方的协议，在世者享有双方所有资产或大部分资产的一半价值"；

（2）第 11C 条，"本条款不以损害为目的"改为"本条款不适用于根据《婚姻关系财产法》5733-1973 或根据该法中定义的财产协议应支付给配偶的款项，且不以损害为目的"；

（3）在第 104A 条第 4 款中，末尾处加上"根据《婚姻关系财产法》5733-1973 或根据该法中定义的财产协议应支付给配偶的款项"。

### 第 17 条　维护权利和保障法律

本法不减损《家庭法（赡养费）修正案》5719-1959 中规定的权利以及女性根据 Ketubah[①] 享有的权利，也不影响《不动产法》5729-1969 第 101 条的效力。

### 第 18 条　实施和规定

司法部部长负责本法的实施，并有权制定实施本法的相关规定。

### 第 19 条　生效

本法于犹太历 5734 年 Tevet 月的第 7 天（公元 1974 年 1 月 1 日）开始生效。

---

① 犹太律法中夫妻双方在婚前订立的财产协议，希伯来语写作 כבותה。

# 柬埔寨王国石油及石油产品管理法<sup>*</sup>

《石油及石油产品管理法》于 2019 年 6 月 17 日由第 6 届国会第 2 次会议审议通过，并于 2019 年 6 月 25 日由第 4 届参议会第 3 次全体会议对本法形式及内容进行全面审核。本法具体内容如下：

## 第一章　总则

**第一条**　本法旨在高效推动石油领域的持续发展，保证经济利益增长、社会长久稳定以及国家繁荣昌盛。

**第二条**　本法以规定石油管理机构及管理方式为主要目标。

**第三条**　本法中规定的石油开采活动范围为柬埔寨王国国土和主权域内，包括经济特区（专属经济区）周围的海底长垣海域、海底层，以及其他柬埔寨拥有主权的领土。

**第四条**　本法中的专业词汇在附件术语词汇表中阐述。

## 第二章　管理机构及管理方式

**第五条**　所有石油资源均为国有财产。

**第六条**　矿产与能源部是监督管理石油领域相关活动的职能部门。

自然人及法人若有意从事石油领域活动，须向矿产与能源部申请批准。

矿产与能源大臣可依据现行法律，委托和转交有关石油领域部分活动的工作职能到国家级别以下的相关部门。

**第七条**　石油管理应在社会和谐、国家安定、人民安全及环境保护等领域秉持透明、问责、公平的原则。

为高效实现以上目标，石油管理须保证：

国家利益最大化；

* 译者：巩洁，北京大学外国语学院东南亚文化方向硕士研究生；顾佳赟，北京外国语大学亚洲学院柬埔寨研究中心主任、副教授。

优先开发上游产品及下游产品；

在确保国家能源安全的基础上，提供质量优良、数量充足、价格合理的石油产品；

重视环境保护，减少环境污染，重建良好环境；

对工作中的安全管理举措与健康保障条件实施有效监管；

建设、促进并提高国家在石油领域的技术水平及经商能力；

增加就业机会，促进服务行业发展；

加国家收入，提升国家在工业、商业领域的多样性和竞争力；及

直接惠及基层社区，提高石油作业区的民众生活水平。

# 第三章　上游活动管理

**第八条**　上游活动主要包括探储、勘探、开发及生产石油。

**第九条**　一切探储、勘探、开发及生产活动须基于石油协议。

矿产与能源大臣在事先获得首相批准后，可以签署符合现行法律法规的石油合同。

关于筛选合同方的条件和法律程序另行规定。

**第十条**　个体或法人均有权申请开展石油探储活动。若法人获批在特定石油区域探储，则有权申请签署该区域内特定区块的石油协议，但此项申请签署的权利不同于权利垄断。

一切探储活动均须获得矿产与能源大臣的同意。

进行探储活动的法律程序及条款由矿产与能源部公告发布。

**第十一条**　可申请签署石油协议的法人类型如下：

依据现行法律及其他法律文件而成立的公共企业；

依据商业法、商业注册法及商业企业相关法律，完成商业注册的资本公司；

依据柬埔寨王国的法律规范，在柬埔寨国内开展商业活动的外国商业公司。

**第十二条**　基于本法条例拟定的石油协议需要至少包含以下几点重要内容：

1. 石油国家收入；

2. 国家持有股份比例；

3. 石油产品分配机制；

4. 石油花销及扣除；

5. 协定区域及其开采面积返还事项；

6. 最低责任及开支计划；

7. 有关石油产品分配所有权转让的相关交接规定；

8. 石油协议有效期限、协议停止条款及有效期限延续条件；

9. 满足石油国内需求的供给义务；

10. 结束石油作业及恢复环境义务；

11. 石油作业期间安全管理、健康保障及环境保护义务；

12. 转让或售卖股票权利条件；

13. 提供报告及数据义务；

14. 开发及生产石油计划；

15. 提供石油领域培训及建设相关机构工作职能义务；

16. 采用国内人力、商品及服务义务；

17. 参与提升基层社区福祉，保护基层组织权利义务；

18. 解决争议。

**第十三条** 石油协议签署方不得获取超过 2 块石油区块，每块石油区块须单独签署协议。

**第十四条** 矿产与能源部应参照地质学特点，制定清晰明确的石油区块划分标准。

在启动开发石油区块前，为挑选签订石油协议签署方，矿产与能源部须对社会经济特征、风险水平及环境影响进行初步评估。

**第十五条** 在石油资源按照本法条款、其他相关现行法律法规完成生产后，在交接时，石油协议签署方可获得自有份额石油产品所有权。

**第十六条** 上游石油协议签署方若有意开展下游经营活动，须另行注册商业法人。

**第十七条** 石油协议自签署日起有效期不得超过 30 年。协议签署方可申请延长有效期，但延长期不得超过 15 年。

石油协议有效期分为两部分，即石油勘探期和石油开采期。勘探期不得超过 7 年，可申请延期，延长期不得超过 3 年。

关于石油协议延期申请的条件及法律程序另行规定。

**第十八条** 石油协议签署方有权继续申请、申请权益变更、实施抵押、权利转让、管理权变更，或石油协议继承。

继续申请、权益变更、实施抵押、权利转让、管理权变更，或石油协议继承的法律程序及条款另行规定。

**第十九条** 若石油协议签署方未能履行协议规定的义务或违反相关法律法规，则该石油协议可被暂停或终止。

暂停和终止的条件及法律程序另行规定。

第二十条　石油协议签署方须履行以下重要义务：

1. 依据国际标准，讲究技术和执行力，正确且高效地执行协议；

2. 保护环境和社会，开展影响环境和社会的原因评估和研究，制订环境管理计划、工地关闭及环境重建计划；

3. 保障人员健康、工作安全；

4. 保障石油生产活动区域内部及周边的公共安全；

5. 向柬埔寨人民提供教育、培训，并优先向柬埔寨人提供就业岗位；

6. 参与石油生产活动地区基层社区发展，提高人民福祉和生活水平；

7. 充分使用国内人力、商品及服务业；

8. 向矿产与能源部提供石油作业书面报告；

9. 遵守现行法律及相关法规。

第二十一条　石油协议签署方须就发现石油储备和／或发现具有商业价值石油储备，书面通知矿产与能源部，以便申请石油开采和生产许可。矿产与能源大臣须征求首相同意，方可提供开采和生产许可。

呈报通知及提供许可的条件及法律程序另行规定。

第二十二条　对于已探明的仅具商业潜力的石油资源，石油协议签署方须向矿产与能源部提出开发和生产申请。矿产与能源大臣须征求首相同意，方可有条件提供开采和生产许可。

提供开发和生产石油许可的条件及法律程序另行规定。

第二十三条　若石油协议签署方自首次获得开发许可起，5年内未能完成开发和生产，石油协议签署方须将协定开采区域移回矿产与能源部，石油协议终止。

第二十四条　出现以下情况，矿产与能源部应要求签署协议的双方或多方共同参与到协议地区的一块或多块储油层的开发生产当中：

1. 单一石油协议所涉区域储油层不具备开发和生产的商业价值，须协同其他协议签署方共同完成所有储油层的开发和生产，以挖掘其商业价值，或；

2. 多方联合开发储油层较单方作业具有更好的经济和社会效益。

联合开发和生产协议须呈交矿产与能源大臣，依照现行法律法规审定。

第二十五条　石油协议签署方有义务依照石油协议各阶段的约定，交回相关石油区域面积。

除本条第1款规定外，石油协议签署方亦可向矿产与能源大臣申请，依照自愿原则，追加交回部分或全部协定区域面积。

交回石油区域面积的条件及法律程序另行规定。

**第二十六条** 任何需要在自然保护区、森林保护区、文化区域、历史古迹和遗产保护区内，或需横穿以上区域开展的上游活动，必须遵循现行法律法规，事先争得部委或相关区域管理机构同意。

**第二十七条** 在进行石油作业前，石油协议签署方须事先与合法的土地所有者或土地管理者进行谈判，对石油作业造成的损失进行核算与赔偿。若未能取得同意，石油协议签署方可申请由矿产与能源部依照现行法律法规，在石油协议签署方与土地所有者或土地管理者之间进行调解。

赔偿条款及法律程序另行规定。

**第二十八条** 石油作业过程中的所有数据为国家所有，由矿产与能源部进行管理。

在协议有效期内，石油协议签署方可使用协议地区的相关石油数据。

在协议终止或失效后，石油协议签署方应将所有石油作业数据呈交至矿产与能源部。

**第二十九条** 石油协议签署方应向矿产与能源部提供所有与石油作业相关的信息及技术报告。

**第三十条** 矿产与能源部可公开与石油作业相关的环境和社会信息。

**第三十一条** 政府可要求石油协议签署方提供不超过自身25%的石油产品，以满足国内需要。若国家石油资源供应紧急，将禁止石油出口。

分配及满足国内供应原则另行规定。

**第三十二条** 石油协议签署方须持有石油作业安全保险、石油作业装置设备保险、环境破坏保险，以及其他符合现行法律法规要求并得到矿产与能源部同意的保险。

**第三十三条** 若一份石油协议中的签署方不止一方，则签署各方承担同等责任。

## 第四章 石油国有收入管理及国有股息

**第三十四条** 国家有权在石油作业中参股，国家参股事项由首相决定。

**第三十五条** 参与上游活动的申请人或石油协议签署方须缴纳公共服务费。

公共服务费的支付手续法律程序由矿产与能源大臣、经济与财政大臣联合发布公告规定。

**第三十六条** 在同意石油协议签署方结算石油作业开销、分配石油收益前，政府须先扣除石油税。

在扣除石油税及石油作业开销后，政府与石油协议签署方依据石油协议分配剩余石油产品收益。

税率、法律程序、定价方案、份额、定价地点另行规定。

**第三十七条** 石油协议签署方须依据现行法律法规，履行所有纳税义务。

**第三十八条** 为开展石油商业活动，公共企业的建立须依照现行法律法规。

# 第五章 下游活动管理

**第三十九条** 下游活动包括加工、运输、储存，以及石油和石油产品贸易，但不包括依照石油协议执行的石油销售及石油出口。

**第四十条** 下游活动适用于：

1. 自然人。

2. 以下类型法人：

（1）依照现行法律法规合法建立的公共企业；

（2）依据《商业规则及商业注册法》《商业企业法》完成商业注册的合资企业及资本公司；

（3）根据柬埔寨王国的现行法律，在柬埔寨国内开展业务的外国商贸公司。

**第四十一条** 进行下游活动的自然人或法人须根据现行法律法规，获得矿产与能源部颁发的执照或许可证。

自然人或法人申请的下游商务活动可以超过一项，但必须拥有开展相关活动的执照或许可证。

下游活动执照或许可证类型、保险，以及执照或许可证的办法条件及法律程序另行规定。

**第四十二条** 在建设下游活动基础设施之前，自然人或法人必须拥有矿产与能源部给予的技术安全认证。

**第四十三条** 已获下游活动执照或许可证的自然人或法人，若有意参与上游活动，须按照本法规定，另行注册商业法人。

**第四十四条** 自然人或法人若申请下游活动技术安全认证、执照或许可证，须缴纳公共服务费。

缴纳公共服务费的手续及法律程序由矿产与能源大臣、经济与财政大臣联合发布公告规定。

**第四十五条** 获得下游活动执照或许可证的自然人或法人有权继续申请、权益变更、实施抵押、权利转让、管理权变更，或执照或许可证继承。

继续申请、权益变更、实施抵押、权利转让、管理权变更，或执照或许可证继承条件及法律程序由矿产额能源大臣发布公告规定。

**第四十六条** 若自然人或法人在取得执照或许可证后，未能履行本法规定和许可证规定内容，执照或许可证可被暂停或撤销。

关于暂停或撤销的条件及法律程序另行规定。

**第四十七条** 对于投资额超过 2000 亿瑞尔的下游活动的基础设施建设计划，由矿产与能源大臣会同相关部委和申请人进行讨论，促成投资协议的达成，并在颁发许可证前争得首相同意。

**第四十八条** 矿产与能源部有责任制定以下下游活动技术规定：

1. 石油产品质量的专业类别；

2. 石油及石油产品的存储；

3. 石油及石油产品的运输；

4. 石油及石油产品站点的管理及安全；

5. 石油加工；

6. 其他下游活动技术规定。

下游活动技术规定由矿产与能源大臣发布公告规定。

**第四十九条** 矿产与能源部应制定国家级油气产品的运输及分配主规划，促进和管理油气管网输送和分配系统建设投资。矿产与能源部牵头制定主规划，并与其他相关部委、单位，和 / 或相关职能部门共同进行协调。

私人参与投资建设油气管网输送和分配系统，应仅占全部管网系统或商业供应地区的一部分，并须符合相关技术条件、安保及安全条例、社会经济状况及竞争性原则。

**第五十条** 取得下游活动执照或许可证的自然人或法人需要承担以下义务：

1. 依据国际标准，讲究技术和执行力，正确且高效地开展作业；

2. 按照环境领域的相关法律法规，正确且高效地开展作业；

3. 保障人员健康、工作安全；

4. 保障许可范围内部及周边的公共安全；

5. 充分使用国内人力、商品及服务业；

6. 遵守其他现行法律法规。

# 第六章 监督检查

**第五十一条** 矿产与能源大臣有权任命督察官，负责跟踪、研究和检查本法执行情况。

石油督察官有依照《刑事诉讼法》规定,审查本法所述违法行为的资质。

石油督察官资质认定手续及法律程序由矿产与能源大臣及司法大臣联合发布公告规定。

**第五十二条** 石油督察官有权要求相关职能部门的配合协助,共同打击本法所述违法行为。

**第五十三条** 在执法过程中,石油督察官须身着制服并 / 或佩戴徽章,携带执法许可。

石油督察官制服和徽章另行规定。

**第五十四条** 石油督察官有权对所有石油领域的作业活动进行督查,并依法采取措施。

**第五十五条** 石油督察官的执法权力、职能、任务及其他法律程序另行规定。

**第五十六条** 对石油督察官的措施有异议的,可自收到处罚通知当天起 30 个工作日内,向矿产与能源部提出申诉。

矿产与能源大臣应在收到申诉之日起 45 个工作日内,裁决申诉。

若申诉人不服矿产与能源达成的裁决,可在收到裁决后 30 日内依照法律程序向法院提出申诉。

# 第七章 处罚条款

**第五十七条** 违反本法行为的处罚措施包括撤销或中止本法所赋权利、损害赔偿、判处罚金、没收证物和实施监禁。

对石油领域违法行为处以撤销或中止本法所赋权利、弥补破坏影响、判处罚金的处罚为矿产与能源部职能。

本法规定判处罚金和撤销,或中止本法所赋权利的法律程序由矿产与能源大臣发布公告规定。

判处罚金、依照法院判决处罚金,或出售法院罚没证物所得均需上缴国库。

政府可对参与打击石油违法行为的官员,给予一定的奖励。

实施石油领域犯罪的公务员应依照现行法律处以行政处罚,本处罚未计算其他刑事处罚。

如本法所述,受矿产与能源大臣处罚决定直接影响的人员,有权自收到决定通知之日起 30 日内,按照法律程序向法院提出申诉。

《刑事诉讼法》第八编第一章（总则）独立章（总则）、第三章（强制执行）独立章（强制执行）所规定条款，适用罚金决定。

**第五十八条** 自然人未签署石油协议或石油协议被中止仍然进行石油勘探、开发或生产的，应处监禁 2 年至 5 年，并处罚金 1 亿~2.5 亿瑞尔。

法人未签署石油协议或石油协议被中止仍然进行石油勘探、开发或生产的，应由矿产与能源部处罚金 40 亿至 400 亿瑞尔。

**第五十九条** 自然人未获矿产与能源大臣许可仍然在上游活动框架内开展石油勘探的，由矿产与能源部处罚金 1000 万~5000 万瑞尔。

继续实施该违法行为的，处监禁 6 月至 2 年，并处罚金 2000 万~1 亿瑞尔。

法人未获矿产与能源大臣许可仍然在上游活动框架内开展石油勘探的，由矿产与能源部处罚金 1 亿~10 亿瑞尔。

**第六十条** 石油协议签署方未能满足本法第 20 条第 1 点和第 2 点所规定的义务，并因过失或故意造成环境破坏，由矿产与能源部处罚金 4 亿~20 亿瑞尔，并暂停或终止石油协议。

继续实施该违法行为的，由矿产与能源部处以双倍罚金。

**第六十一条** 石油协议签署方未能完成本法第 20 条第 3 点和第 4 点所规定的义务，并因过失或故意造成人员终身残疾或死亡，由矿产与能源部处罚金 4 亿至 20 亿瑞尔，并暂停或终止石油协议。

继续实施该违法行为的，由矿产与能源部处双倍罚金。

**第六十二条** 伪造石油财务报告的应按照《刑法》追究刑事责任。

未经矿产与能源部同意，传播或传递石油数据的，处监禁 1 月至 1 年，并处罚金 1000 万至 10 亿瑞尔。

故意呈交或提供误导性石油报告、数据、信息的，处监禁 1 年至 3 年，并处罚金 5000 万至 10 亿瑞尔。

**第六十三条** 石油协议签署方未按协议约定时间，或未能在收到矿产与能源大臣书面要求 90 日内，向矿产与能源部提交石油作业数据、信息和技术报告中的一项或全部，处罚金 5000 万至 10 亿瑞尔。

按照本条第 1 款接受处罚后，石油协议签署方自矿产与能源大臣规定期限起 30 日内，仍未提供石油数据、信息和技术报告的，处监禁 1 年至 3 年，自然人并处罚金 5000 万~1.5 亿瑞尔，法人并处罚金 1 亿~3 亿瑞尔。所有相关石油数据、信息、技术报告及相关技术物资全部充公。

石油协议签署方因本条第 2 款被处罚的，同时撤销其使用石油协定区域相关数据的权利。

**第六十四条** 未按本法第 41 条第 1 款获取执照仍从事下游活动的，由矿产与能源部处罚金 100 万~1 亿瑞尔。

未按本法第 41 条第 1 款获取许可证仍从事下游活动的，由矿产与能源部处罚金 200 万至 1000 万瑞尔。

**第六十五条** 未按本法第 48 条技术规定从事下游活动的，由矿产与能源部处罚金 100 万~5000 万瑞尔。

**第六十六条** 未按本法第 42 条的规定，在建设基础设施前未获矿产与能源部颁发的技术安全认证，但仍从事下游活动的，依照以下情形予以处罚：

1. 基础设施造价低于 8 亿瑞尔的，由矿产与能源部处罚金 400 万瑞尔，并暂停相关建设工程；

2. 基础设施造价超过 8 亿瑞尔的，由矿产与能源部处罚金 1000 万瑞尔，并暂停相关建设工程。

继续实施该违法行为的，由矿产与能源部处双倍罚金。

**第六十七条** 妨碍或阻拦石油监察部门正常监察工作的，处监禁 1 月至 1 年，并处罚金 100 万~5000 万瑞尔。参与妨碍工作的为公职人员，或者因职务或选举而获公权的公民，处监禁 2 年至 5 年，并处罚金 1 亿~2.5 亿瑞尔。

**第六十八条** 本章中的处罚规则不与《刑法》相冲突，且未虑及其他损害赔偿。

## 第八章　过渡条款

**第六十九条** 本法生效前尚在有效期内的石油协议，其中义务、责任、权利及相关利益等符合本法规定的可保持效力。违背本法规定的，须依据本法进行修订。

**第七十条** 依据本法第 41 条第 1 款的规定，缺少执照或许可证的自然人或法人，须在本法生效后 1 年内，完成所有申办执照或许可证手续。

## 第九章　最终条款

**第七十一条** 任何违背本法的条款视作无效。

**第七十二条** 本法立即颁布执行。

2019 年 7 月 12 日金边王宫

柬埔寨国王西哈莫尼（签字）

柬埔寨首相洪森（签字）

柬埔寨 矿产能源部大臣　瑞赛（签字）

常务副首相兼内阁办公厅大臣宾成（签字）

# 附件：术语词汇表

运输：指通过陆路、铁路、水路，以及主输油管、副输油管的石油和石油产品运输。

出口：指出口石油和石油产品的相关活动。

石油加工：指通过降温液化天然气，炼制、提纯、分离和混合工艺提升石油、石油产品和石化产品质量，但不包括石油生产工地的加工环节。

勘探：指地质学、岩石学、地球物理勘探、地球化学勘探、地形和工程地质学调查研究，以及钻取勘探井、评价井及其他以石油资源勘探为目的而使用装置设备的行为。

权益变更：指权利转让，或股份售卖，或商业联盟建立，或商业盟友、伙伴关系缔结，或利益或部分利益转让，或依据现行法律法规，签订其他商业协定。该商业协定约定转让的利益是石油协议中规定的利益。

石油协议：指为国家及社会经济获取更大利益而签署的石油产品分配协议，或为上游作业而签订的其他石油协议形式。

石油化工：指石化加工过程中产出的所有产品。

交接：指石油协议中规定的所有权交接。

油藏：指不同岩层中石油储藏的规模，和／或该岩层油水衔接的面积；指不同岩层中和／或油水共存层中聚集一定数量石油的圈闭。

装置：指用于石油作业的相关设备、工厂、运输管道和其他物资，不包括运油船或给养船。

协定区域：指石油协议中规定的开展作业的石油区块。根据石油协议规定的条件，协定区域可以按照开发面积补偿的不同阶段调整变化。

石油数据：指有关石油作业初始规模、加工完成、分析诠释的全部数据，包括地质学、地球物理勘探、地球化学勘探、地面及地下地图、样本、地质技术、油井、油井测试、工作分析结果、产品和工程数据，以及技术数据。

定价地点：指已在协议中明确的政府与石油协议签署相对方共同商讨、达成一致的地点。

石油资源：指在柬埔寨王国领土主权范围内，根据地质演变自然形成的石油，和/或抽取及加工生产的石油产品。其中包括专属经济区海床及海床下岩层，以及海底高原，还包括柬埔寨王国主权范围内的其他地区。

探储：指对石油储量进行初步地质勘探，但不具备开发和生产权利。

管理权变更：指石油协议相对方、获得执照或许可证的自然人或法人，通过组合、售卖股份，其他资产转让，单一销售或涉及一名或多名转让人至一名或多名受托人的一系列交易等方式，直接或间接变更管理权。

石油作业：指根据石油协议，在协定区域进行的石油勘探、开发及生产的各个过程。

石油：指原油，天然气，自然环境下固态、液态、气态形式的其他碳氢化合物，以及其他各类与碳氢化合物组合而成的化合物。

石油区块：指矿产与能源部划定的可进行石油勘探、开发及生产活动的明确区域。

生产：指石油生产，包括钻井、生产油井维护、注水、提高开采效率、加工、石油存储运输，以及在石油开采工地从事的所有与石油生产相关的活动。

石油产品：指经过一系列工艺加工而成的所有石油产品。

商业：指供应、分配、销售和进出口石油及石油产品，以及桶装、罐装燃气。

商业价值：指发现可供开发和生产的石油资源。

石油领域：指上下游活动，以及其他相关的重要活动。

商业潜力：指发现暂不可立即开发和投入生产的石油资源。当条件成熟时，这类资源将具备商业价值。

存储：指在地面上、地表下和深层地下、水面上、洞穴中，通过收集、储存和输送装置，对石油、石油产品及石化产品进行存储。

石油税：指国家在协议相对方生产的石油产品份额中抽取的份额比例。

石油开销：指按照协议规定，协议相对方在协定区域内进行石油加工处理时的花费。

开发：指在生产许可证书框架内，协议相对方进行的规划、建设、安装、钻井及其他相关开发活动。

协议相对方：指与柬埔寨王国政府签订石油协议的法人。

天然气：指从油井中产生出的气态碳氢化合物，如湿气、干气，以及提取液态碳氢化合物后的剩余气体。

# 日本过疏地区持续发展支援特别措施法<sup>*</sup>

令和三年法律第十九号

过疏地区有着稳定供给粮食、水和能源，防止自然灾害的发生，保护生物多样性和其他自然环境，传承多元文化，形成良好景观等多方面的功能。这些功能的发挥，使国民生活更加丰富，社会文化、生态环境的多样性也得以支撑。

此外，由于东京地区人口过度集中，大规模灾害和传染病等造成危害的风险性增大等问题日益严重。在这种情况下，为了谋求国家的均衡发展，过疏地区应当发挥的作用变得更为重要。

然而，在过疏地区，人口减少，少子化、老龄化的进程等与其他地区相比更为严峻的社会经济情势长期持续，地区社会人力资源保障，地区经济的振兴，信息化，交通的保障与改善，医疗体制的保障，教育环境的健全，乡村的维护与振兴，农田森林等的适当管理等成为紧迫的课题。

鉴于此种情况，必须尽最大的努力，通过增加近年移居过疏地区人数，研发创新技术以及利用信息通信技术等方法加速解决过疏地区的问题，使这些地区能够自力更生，在过疏地区形成可持续发展的地区社会并利用当地资源等进一步提高地区活力，这一点显得尤为重要。

为全面系统地推进过疏地区的持续发展措施，特制定本法。

## 第一章　总则

**（目的）**

**第一条**　本法规定，在伴随人口显著减少而导致地区社会活力下降、产能及生活环境的健全程度显著低于其他地区的地区，实施全面而有计划的策略，采取必要的特别措施。其目的是支援这些地区的持续发展，保障及培养人力资源，增加就业机会，提高居民待遇，缩小地区差距，从而有助于形成美丽而有独特风格的地区。

---

\* 译者：朱正怡，北京外国语大学法学院助教。

（过疏地区）

**第二条** 本法所称的"过疏地区"是指属于下列情形之一的市町村（地方税收入以外的政令规定的收入超过政令规定的金额的市町村除外）的区域。

一、1.属于下列任何一项并且依《地方交付税法》（昭和二十五年法律第二百十一号）第 14 条规定计算的市町村的基本财政收入除以依同法第 11 条规定计算的该市町村的基本财政需求所得的数字（除第 17 条第 9 款外，以下简称"财政实力指数"），从平成二十九年至令和元年的各年度，合计有三分之一的数值在 0.51 以下。但是在第 a 项、第 b 项或者第 c 项的情况下，据全国人口普查结果从平成二十七年的市町村人口中减去平成二年该市町村人口所得的人口，除以该市町村同年的人口所得到的数值小于 0.1。

a. 根据全国人口普查结果从昭和五十年的市町村人口中减去平成二十七年该市町村人口所得的人口，除以昭和五十年该市町村人口所得的数值（以下在本款中简称"四十年间人口减少率"）大于 0.28。

b. 四十年间人口减少率大于 0.23，根据全国人口普查的结果，平成二十七年市町村人口中 65 岁以上的人口数，除以同年该市町村的人口数所得到的数值大于 0.35。

c. 四十年间人口减少率大于 0.23，根据全国人口普查的结果，平成二十七年市町村人口中 15 岁以上 30 岁以下的人口数，除以同年该市町村的人口数所得到的数值小于 0.11。

2. 根据全国人口普查的结果，从平成二年市町村人口中减去平成二十七年该市町村人口所得到的人口数除以平成二年该市町村人口所得到的数值大于 0.21。

二、1. 四十年间人口减少率大于 0.23，并且财政实力指数从平成二十九年至令和元年的各年度，合计有三分之一的数值在 0.4 以下。但是根据全国人口普查的结果，从平成二十七年人口中减去平成二年该市町村人口所得到的人口数除以同年该市町村人口所得到的数值小于 0.1。

2. 由主管大臣公示属于过疏地区的市町村（以下简称"过疏地区的市町村"）。

（在特定时期与合并市町村相关的部分人口过疏）

**第三条** 特定时期合并市町村（平成十一年四月一日至令和三年三月三十一日的期间内，通过市町村的合并（以 2 个以上的市町村的全部或部分区域作为市町村，或者将市町村的全部或部分区域编入其他市町村导致市町村数减少的，下同）设立，或者将其他市町村的全部或部分区域编入形成的其他市町村中（前条第 1 款、第 41 条第 1 款或第 42 条规定适应区域的市町村以外的市町村。本条以及第六章中与此相同），财政实力指数从平成二十九年起至令和元年各年度，合计三分之一的数值小于 0.64 的（地方税收入以外的政令规定的收入超过政令规定的金额的市町村除外），特定时期与合并市町村相关（平成十一年三月三十一日存在的市町村，是指同年四月一日至令和三年三月三十一日之间，因市町村合并，其区域的全部或部分在特定时期内成为合并市町村区域的一部分的市町村。本条及第41条第2款相同）的区域（平成十一年四月一日至令和三年三月三十一日期间市町村合并日（有两个以上的时间，指其中最早的日期）前一天的市町村的区域。下款以及第41条第2款简称"特定时期与合并市町村相关的区域"）中，符合以下各项之一的区域视为过疏地区，适用本法规定。但是，属于本条第1款、第2款或者第3款的情况下，仅限于根据全国人口普查的结果特定时期与合并市町村相关的区域平成二十七年的人口减去该区域平成二年的人口所得到的人口数，除以该区域同年人口数得到的数值小于0.1的区域。

1. 一根据全国人口普查的结果特定时期与合并市町村相关的区域昭和五十年的人口减去该区域平成二十七年的人口所得到的人口数，除以该区域昭和五十年的人口数得到的数值（在本款以及下款中称为特定时期与合并市町村相关的四十年间人口减少率）大于0.28。

2. 特定时期与合并市町村相关的四十年间人口减少率大于0.23，根据全国人口普查的结果特定期间与合并市町村相关区域平成二十七年的人口中65岁以上的人口数，除以该区域同年人口数得到的数值大于0.35。

3. 特定时期与合并市町村相关的四十年间人口减少率大于0.23，根据全国人口普查的结果特定时期与合并市町村相关区域平成二十七年的人口中15岁以上30岁以下的人口数，除以该区域同年人口数得到的数值小于0.11。

4. 根据全国人口普查的结果特定时期与合并市町村相关区域平成二年的人口减去该区域平成二十七年的人口数，除以该区域平成二年人口数得到的数值大于0.21。

5. 对于特定时期合并市町村，财政实力指数从平成二十九年至令和元年各年度数值，合计三分之一的数值小于0.4（地方税收入以外的政令规定的收入超过政令规定的金额的市町村除外）的，特定时期合并市町村相关的区域中，特定时期合并市町村相关的四十年间人口减少率大于0.23的区域视为过疏地区，适用本法规定。但是，仅限于根据全国人口普查的结果特定时期合并市町村相关区域平成二十七年人口数减去该区域平成二年的人口数，除以该区域同年人口数得到的数值小于0.1的区域。

6. 与适用前两款规定有关的必要事项，由政令规定。

**（过疏地区的持续发展对策的目标）**

**第四条** 过疏地区的持续发展对策，为达成第1条的目的，必须尊重该地区的努力创新,并按照下列目标推进措施的实施。

1. 通过移民和定居促进地区间的交流,培养成为地区社会中坚力量的人才,确保和培养多样化的人力资源。

2. 通过促进企业的落地,健全产业基础,实现农林渔业经营的现代化,振兴信息通信产业,培育中小企业,促进创业,开发旅游等,实现产业振兴,同时扩充稳定的就业机会。

3. 通过健全通信设施和利用信息通信技术,促进过疏地区的信息化。

4. 通过健全道路和其他交通设施以及确保居民的日常交通,确保和改善过疏地区和其他地区的交通功能。

5. 通过健全生活环境,确保育儿环境,改善增进老年人的健康福利,确保医疗和振兴教育,从而谋求居民生活的安定及福利的提高。

6. 通过健全核心定居点和培育适当规模的定居点,促进地区社会的重组。

7. 通过开发美丽风景,振兴本土文化,推进当地可再生能源的利用,从而形成富有个性化的地区社会。

**(国家责任)**

**第五条** 为了达成第 1 条的目的,国家应就前款规定的事项,在政策上综合采取必要措施。

**(都道府县责任)**

**第六条** 为了达成第 1 条的目的,都道府县应努力就第 4 条所列事项,在过疏地区以外的广大地区采取措施,协调各市町村之间的联络,提供人力、技术以及其他必要的援助。

# 第二章　过疏地区持续发展计划

**(过疏地区持续发展方针)**

**第七条** 1. 为促进该都道府县过疏地区的持续发展,都道府县需制定过疏地区持续发展方针(以下简称"持续发展方针")。

2. 持续发展方针应大致确定以下事项:

(1)过疏地区持续发展相关的基本事项。

(2)以下是为过疏地区持续发展而应采取措施的相关事项:

a. 过疏地区的移居定居、促进地区间交流以及人才培养相关的事项。

b. 过疏地区农业、林业、水产业、工商业、信息通信业以及其他产业的振兴以及旅游业开发的相关事项。

c. 过疏地区信息化相关事项。

d. 过疏地区与其他地区以及过疏地区内连接的交通设施的健全,以及居民日常出行的交通方式的确保相关事项。

e. 过疏地区生活环境的健全相关事项。

f. 过疏地区育儿环境的确保及老年人健康和福利的提高与增进相关事项。

g. 过疏地区医疗的确保相关事项。

h. 过疏地区教育的振兴相关事项。

i. 过疏地区乡村的发展相关事项。

j. 过疏地区地区文化的振兴相关事项。

k. 过疏地区可再生能源利用的推进相关事项。

3. 在制定持续发展方针时,都道府县必须考虑将过疏地区纳入广泛的经济和社会生活领域发展体系。

4. 都道府县在制定可持续发展方针时,应事先与主管大臣协商并征得其同意。在这种情况下,主管决定同意时应与相关行政机关的长官进行协商。

5. 都道府县制定持续发展方针时,应当予以公布。

6. 过疏地区的市町村如未制定持续发展方针,可以要求都道府县制定持续发展政策。

7. 依据前项规定提起要求的,都道府县政府应当及时制定持续发展方针。

**（过疏地区持续发展市町村计划）**

**第八条** 1. 根据持续发展方针,过疏地区的市町村应经该市町村议会投票后,制定过疏地区持续发展市町村计划（以下简称"市町村计划"）。

2. 市町村计划应大致确定下列事项:

（1）地区持续发展基本方针相关事项。

（2）地区持续发展相关目标。

（3）计划期间。

（4）以下是为地区持续发展而应采取措施的有关事项:

a. 过疏地区的移居定居、促进地区间交流以及人才培养相关的事项。

b. 过疏地区农业、林业、水产业、工商业、信息通信业以及其他产业的振兴以及旅游业开发的相关事项。

c. 过疏地区信息化相关事项。

d. 过疏地区与其他地区以及过疏地区内连接的交通设施的健全,以及居民日常出行的交通方式的确保相关事项。

　　e.过疏地区生活环境的健全相关事项。

　　f.过疏地区育儿环境的确保及老年人健康和福利的提高与增进相关事项。

　　g.过疏地区医疗的确保相关事项。

　　h.过疏地区教育的振兴相关事项。

　　i.过疏地区乡村的发展相关事项。

　　j.过疏地区地区文化的振兴相关事项。

　　k.过疏地区可再生能源利用的推进相关事项。

　　（5）评估市町村计划执行情况的相关事项。

　　（6）除前款所述事项外,市町村认为与地区持续发展相关的必要事项。

　　3.市町村计划中关于前款第（4）项所列事项,需记载包括依据过疏地区的特点促进农业、林业、水产业、工商业、信息通信业、旅游观光业以及其他产业的振兴的相关事项（本条及第27条简称"产业振兴促进事项"）。

　　4.产业振兴促进事项应当规定如下事项:

　　（1）促进产业振兴的区域（以下简称"产业振兴促进区域"）。

　　（2）产业振兴区域中应振兴的行业。

　　（3）为促进前项行业振兴应开展的事业内容相关的事项。

　　5.在市町村计划中记载第2款第（4）项所列事项时,应努力记载与其他市町村的合作相关事项。

　　6.市町村计划应与其他法令规定的地区振兴相关的计划保持一致,并应符合规定广泛的经济社会生活发展规划和对市町村公共设施等全面而有计划进行管理的相关计划。

　　7.过疏地区的市町村在制定市町村计划时,对于应列入该市町村计划中第2款第（4）项规定的事项（包含产业振兴促进事项）,必须事先与都道府县协商。

　　8.过疏地区的市町村在制定市町村计划时,应立即公布并提交给主管大臣。

　　9.依照前款规定提交市町村计划的,主管大臣应当立即将内容通知行政机关的长官。在这种情况下,有关行政机关的长官可就该市町村计划向主管大臣提出意见。

　　10.第1款及第3款的规定适用于市町村计划的变更。

　　**（过疏地区持续发展都道府县计划）**

　　**第九条**　1.为了过疏地区的持续发展,都道府县应在持续发展方针的基础上,制定过疏地区持续发展都道府县计划。

　　2.都道府县计划作为都道府县与过疏地区的市町村合作措施的计划,应大致确定下列事项：

（1）过疏地区持续发展基本方针相关事项；

（2）过疏地区持续发展相关目标；

（3）计划期间；

（4）与前条第2款第（4）项所列事项相关的事项；

（5）评估都道府县执行情况的相关事项；

（6）除前项所述事项外，都道府县认为与过疏地区持续发展相关的必要事项。

3. 在都道府县计划中列入前款第（4）项所列事项时，应当努力说明在过疏地区以外的广大地区采取的措施、市町村间联络协调及人力和技术援助以及其他必要的援助。

4. 都道府县在制定都道府县计划时，应当予以公布并提交主管大臣。

5. 都道府县计划提出前条第9款规定时，前款及同条第9款规定适用于都道府县计划的变更。

（相关行政机关长官的协助）

第十条　主管大臣在需要执行市町村计划或都道府县计划时，可要求相关行政机关长官向相关地方公共团体提供咨询和其他协助。

（调查）

第十一条　为了过疏地区的持续发展，主管大臣如认为有必要，可对相关地方公共团体进行调查。

# 第三章　过疏地区持续发展支援的财政特别措施

（国家负担或补助比例的特殊规定）

第十二条　1. 在基于市町村计划开展的事业中，国家负担或补助与附表所列项目所需费用之比（以下简称"国家负担比例"），无论与项目有关的法律法规的规定如何，均应按附表执行。但是，其他法律法规规定国家负担比例超过同表所列比例的，不在此限。

2. 国家在基于市町村计划开展的事业中，在提供政令指定的补助金以支付附表所列费用的情况下，根据政令的规定，如适用前款规定费用时，补助金的数额应考虑按照国家承担或补助的比例进行计算。

（国家补助等）

第十三条　1. 为了支援过疏地区的持续发展，国家如认为有特殊需要，可根据政令规定，在预算范围内，对基于市町村计划或都道府县计划开展事业所需的经费进行补助。

2. 国家根据《义务教育学校等设施费用国库负担相关法律》（昭和三十三年法律第

八十一号）第12条第1项的规定向地方公共团体发放补助金时，作为该地方公共团体根据同条第2款的规定制定的设施维护计划中所记载的改建等事业（同法第11条第1款规定的改建等事业），公立小学、中学或义务教育学校根据市町村计划并入公立小学、中学或义务教育学校所需的教职工住房的建设（包括购置或其他类似方法取得）的相关事业，应核定不低于该项事业所需经费的10分之5.5的补助金。

**（为过疏地区持续发展而发行的地方债券）**

**第十四条** 1. 基于市町村计划开展与当地产业有关的事业或观光、娱乐相关的事业，对于政令规定事业的出资以及以下所列设施维护该市町村所必需的经费，不属于《地方财政法》（昭和二十三年法律第一百零九号）第5条各项所列经费的，过疏地区的市町村可以以地方债券作为财政资源。

（1）为确保交通或振兴产业而规定的市町村道路（包括融雪设施和其他道路的附属）、农田道路、森林道路以及渔港关联道路；

（2）渔港及港湾；

（3）政令规定的有利于振兴当地产业的设施；

（4）市町村用于发展中小企业、引进企业或促进创业，供个人、法人或其他团体使用的工厂及办公室；

（5）观光或娱乐相关设施；

（6）电信相关设施；

（7）用于确保居民交通或促进地区间交流的铁路设施、铁路车辆、轨道设施、轨道车辆中供总务省令规定的经营者经营之用的部分；

（8）污水处理设施；

（9）一般废弃物处理设施；

（10）火葬场；

（11）公民馆和其他会议设施；

（12）消防设施；

（13）托儿所和儿童馆；

（14）经认证的幼儿园（根据《推进学龄前儿童教育、保育相关法律》（平成十八年法律第七十七号）第3条第1款或第3款规定认证的设施和幼保连携型认定的幼儿园（同法第2条第7款规定的幼保连携型认定的幼儿园。附表儿童福利设施部分，下同）；

（15）改善或增进老年人健康及福利的设施；

（16）增进残疾人或残疾儿童福利的设施；

（17）诊疗设施（包括巡回诊疗车、巡回诊疗船、患者运输车及患者运输艇）；

（18）公立小学、中学、义务教育学校及市町村设立的幼儿园、高等学校、中等教育学校及特别支援学校；

（19）市町村设立的职业学校及各种学校；

（20）图书馆；

（21）为健全居住点政令规定的用地及住宅；

（22）地区文化振兴设施；

（23）为利用太阳能、生物质热能和其他可再生能源政令规定的设施；

（24）除前面各项所列外，政令规定的设施。

2. 除前款规定外，为确保居民日常出行的交通，确保地区医疗，维持和活化定居点，以及建立一个能够让居民在未来安全、安心生活的地区社会，过疏地区的市町村在实施认为有必要特别将地方债券作为财政资源而在市町村计划中规定的事项（包括根据《地方自治法》（昭和二十二年第六十七号法律）第 241 条的规定，为实施该事业而设立的基金储备（下款简称"过疏地区持续发展特别事业"）时，该市町村所必需的经费（不包括出资及设施维护所需的经费）不属于《地方财政法》第 5 条各项所列经费的，考虑到人口、面积、财政状况和其他条件，只要在总务省令规定的核定范围内，即可将地方债券作为财政资源。

3. 针对基于《市町村计划》第 1 款规定的出资、设施的维护或过疏地区持续发展特别事业的实施，作为提供过疏地区的市町村所必须经费的资金而发行的地方债券（以该地方债券为财政资源而设置的设施相关的事业经营所产生的收入，可以用于偿还该地方债券本息的除外），根据《地方交付税法》的规定，总务大臣指定的本息偿还相关的经费，应计入用于该市町村发放的地方交付税额的核定的基本财政需求金额。

**（资金的确保等）**

**第十五条**　国家应努力确保必要的资金和其他援助以执行基于市町村计划或都道府县计划而开展的事业的实施。

# 第四章　过疏地区持续发展支援的其他特别措施

**（主干道路的维护）**

**第十六条**　1. 对于过疏地区主要的市町村道路及市町村管理的主要的农田道路、森林道路以及渔港关联道路（包括过疏地区和其他地区相连接的主要的市町村道路及市町村管理的主要的农田道路、森林道路以及渔港关联道路），由政令规定的相关行政机关的长官指定的道路（本条简称"主干道路"）新建及改建的，无论其他法令规定如何，都道府县都可根据都道府县计划执行。

2. 依据前款规定进行市町村道路新建或改建的情况下，都道府县根据政令的规定代替该市町村道路的道路管理者（《道路法》昭和二十七年法律第一百八十号第18条第1项规定的道路管理者）行使职权。

3. 依据第1款的规定都道府县开展主干道路的新建及改建相关事业所需的经费（本条简称"主干道路维修事业"），由该都道府县负担。

4. 虽有前款规定，由开展主干道路维护事业的都道府县负担主干道路维护事业所需经费的全部或部分，而不是该主干道路维护事业相关的主干道路所在的市町村。

5. 市町村应负担的前项经费的数额，应在听取该市町村意见的基础上，经同款都道府县议会表决后决定。

6. 关于国家负担或补贴的主干道路维护事业所需的经费，主干道路视为都道府县的或都道府县管理的农田道路、森林道路以及渔港关联道路。

7. 依据第3款的规定负担主干道路维护事业所需经费的都道府县属于《落后地区开发公共事业相关的国家负担补贴特例相关的法律》（昭和三十六年法律第一百十二号，本条及次条第9款简称《负担特例法》）第2条第1款规定的适用团体的情况下，主干道路维护事业（不包括对于北海道及奄美群岛区域内的主干道路维护事业的经费，国家负担比例与通常国家在这些地区以外的地区对相对应事业的负担比例不同的情况）视为同条第2款规定的指定开发事业，并适用于《负担特例法》的规定。

8. 对于北海道及奄美群岛区域内的主干道路维护事业的经费，国家负担比例与通常国家在这些地区以外的地区对相对应事业的负担比例不同的情况下，根据第3款的规定负担该主干道路维护事业所需经费的都道府县属于《负担特例法》第2条第1款规定的适用团体的情况下，国家对于第1款所列的国家负担比例超出第2款所列的国家负担比例的情况下，相对于根据第1款所列的国家负担比例核定的数额，第1款所列的国家负担比例未超出第2款所列的国家负担比例的情况下，相对于根据第2款所列的国家负担比例核定的数额，应分别负担补贴。

（1）对于北海道及奄美群岛区域以外的区域中主干道路维护事业相当的事业经费国家通常的负担比例作为国家对于这些区域主干道路维护事业经费的负担比例，该比例作为根据《负担特例法》第3条第1款及第2款规定核定的国家负担比例；

（2）对于北海道及奄美群岛区域内主干道路维护事业相关的经费国家的负担比例。

**（公共地下水干线管渠等的维护）**

**第十七条** 1. 过疏地区中市町村管理的公共地下水道中，有必要进行广泛安装的，国土交通大臣指定的干线管渠、终端处理厂以及水泵设施（本条简称"干线管渠"）等的安装，仅由过疏地区的市町村实施却有困难的，可不依照《下水道法》（昭和三十三年法律第七十九号）第 3 条第 1 款的规定，基于都道府县计划，由都道府县实施。

2. 前款中的指定，应基于公共下水道管理者（《下水道法》第 4 条第 1 款规定的公共下水道管理者），向市町村的申请进行施行。

3. 都道府县在根据第 1 款规定安装公共下水道的干线管渠时，应当依据政令的规定，代替该公共下水道的公共下水道管理者行使职权。

4. 都道府县在根据第 1 条规定安装公共下水道的干线管渠时，在适用《下水道法》第 22 条第 1 款的规定时，该都道府县视为公共下水道管理者。

5. 根据第 1 条规定都道府县安装公共下水道的干线管渠相关事业（本条简称"公共下水道干线管渠等维护事业"）所需的经费，由该都道府县承担。

6. 尽管有前款规定，实施公共下水道干线管渠等维护事业的都道府县，可使作为该公共下水道干线管渠等维护事业相关的公共下水道管理者的市町村承担该公共下水道干线管渠等维护事业所需的全部或部分经费。

7. 前款规定市町村需承担的经费数额，应在听取该市町村的意见后，由都道府县议会表决后确定。

8. 涉及公共下水道干线管渠等维护事业所需经费相关的国家补助及资金融通时，该公共下水道干线管渠等维护事业相关的公共下水道应视为由都道府县设置的公共下水道。

9. 由依据《负担特例法》第 2 条第 1 款的规定核定的同款规定的财政实力指数在 0.46 以下的都道府县实施的公共下水道干线管渠等维护事业所需经费的国家的补助比例，依从《负担特例法》第 3 条及第 4 条的规定。但是，《负担特例法》第 3 条中的"适用团体"为《过疏地区持续发展支援特别措施法》（令和三年法律第十九号）第 17 条第 9 款规定的都道府县。

**（老年人福利的增进）**

**第十八条** 1. 为增进过疏地区老年人的福利待遇，都道府县可在市町村计划的基础上开展相关事业，提供《老年人福利法》（昭和三十八年法律第一百三十三号）第 5 条之 2 第 3 款规定的优惠，并对为老年人居住之用而建造维护所需的费用进行部分补贴。

2. 国家可在预算范围之内，对都道府县依据前款规定补助的费用进行部分补贴。

3. 为增进过疏地区老年人的福利待遇，国家可在都道府县基于都道府县计划实施本条第 1 款规定的设施维护时，在预算范围之内，对该建造维护所需的费用进行部分补贴。

4. 为确保和改善过疏地区的护理服务，国家及地方公共团体应适当考虑《老年人福利法》第 5 条第 2 款第（1）项规定的老年人住宅生活支援事业相关的护理服务的提供、护理服务从业人员的确保、护理设施的维护、提供的护理服务的内容的充实。

第十九条　为增进过疏地区老年人的福利待遇，在过疏地区的市町村基于市町村计划建设为实现老年人的自主活动的增长和福利的增进的机会设施时，国家可在预算范围内，对该建设所需的费用进行部分补贴。

**（医疗保障）**

第二十条　为保障过疏地区的医疗，都道府县基于都道府县计划，必须在无医疗地区开展下列事项。

1. 诊疗所的设置。

2. 患者运输车（包含患者运输艇）的配备。

3. 定期的巡回诊疗。

4. 保健师提供保健指导等活动。

5. 医疗机构的合作体制的健全。

6.（1）其他无医疗地区的医疗保障必要的事项。

（2）都道府县在实施前款规定的事项时，如认为有特别需要，可要求医院或诊疗所的开设者或管理者针对下列事项提供协助。

①派遣医生或牙医；

②巡回诊疗车（包括巡回诊疗艇）提供巡回诊疗。

（3）国家及都道府县必须努力确保在过疏地区内的无医疗地区从业的医生或牙科医生或辅助的看护师，以及该无医疗地区的医疗保障（包括对派遣从事该诊疗活动的医生及牙科医生的医院的补贴）。

（4）都道府县承担第 1 款及第 2 款规定的事业实施所需要的费用。

（5）国家对于前款的费用中的事项，根据政令的规定，给予二分之一的补助。但是，如果其他法令规定了超过二分之一的国家负担比例，则不适用此项。

（6）为保障过疏地区的医疗，在过疏地区的市町村基于市町村计划实施各项规定的事业时，国家及都道府县应适当考虑确保该事项的顺利实施。

（7）都道府县在制定《医疗法》（昭和二十三年法律第二百零五号）第 34 条第 4 款第（1）项规定的医疗计划时，鉴于过疏地区医疗的特殊情况，应适当考虑确保过疏地区的医生、确保病床等必要的医疗保障。

（8）除上述规定外，国家及地方公共团体应适当考虑，在过疏地区确保必要的医生、定期巡回诊疗、健全医疗机构的协作体制等以实现医疗的完备。

**（株式会社日本政策金融公库等的资金借贷）**

**第二十一条** 对于过疏地区农业（含畜牧业）、林业或渔业的经营者或相关组织的法人，这些经营者或法人为了农林渔业的经营改善或振兴，提出依据农林水产省政令制定的计划中符合农林水产省政令规定的标准的，都道府县认定的实施必要的资金借贷，株式会社日本政策金融公库或冲绳振兴开发金融公库应当提供。

**（冲绳振兴开发金融公库的资金借贷）**

**第二十二条** 冲绳振兴开发金融公库应适当考虑，根据市町村计划中定居点健全事项有关的计划，为顺利实行过疏地区的市町村的居民建造或购买住宅或获得建造购买住宅用的土地或租赁权而提供必要的资金借贷。

**（资产折旧的特例）**

**第二十三条** 作为市町村计划记载的产业振兴促进区域内依该市町村计划规定应当振兴的行业的制造业、信息服务业，及农业、林业、水产物等产品销售业（产业振兴促进区域内生产农业、林业、水产品或将产品作为原料或材料进行制造、加工或烹饪，在店铺中主要向其他地区的人销售的事业，下文相同），或购置供旅馆业（不包含寄宿业务，下条相同）所用的设备等［收购、制造或建造，包括通过建筑物及其附属设施的翻新（扩建、翻新、修缮或改造）而收购或建造，下文相同］的情况下，构成设备的机械、装置及建筑物及其附属物，可以根据《税收特别措施法》（昭和三十二年法律第二十六号）的规定，进行特别折旧。

**（免征地方税或税收不均等措施）**

**第二十四条** 根据《地方税法》（昭和二十五年第二百二十六号）第6条的规定，地方公共团体在计划市町村中规定的产业振兴促进区域内依该市町村计划应当振兴的行业的制造业、信息服务业等，农业、林业、水产品等销业或购置旅馆业所用的设备等，对其企业的营业税，对与事业有关的建筑物或作为其场地的土地的不动产购置税，或者对该事业所涉及的机械、装置与该业务有关的建筑物或作为该场地的土地的固定资产税免征的情况下，或在产业振兴促进区域内从事畜牧业或水产业的个人，未对其征收营业税的情况下，对于这两种情况，在征收与地方税有关的不均税时，如果认为这些措施符合总务省令规定的情况，则根据《地方交付税法》第14条的规定，该地方公共团体各年度的基本财政收入额，可不依同条规定，根据总务省令的规定，该地方公共团体各年度的减收额

（就这些措施的营业税或固定资产税而言，仅限于这些措施实施的第一年之后的三个财政年度；对于个人从事畜牧业和水产业而言，指总务省令规定的期间年度）中，应从依同一条规定的该地方公共团体各年度（本措施是在总务省令规定的日期之后进行的，为该年的下一年）的基本财政收入额中扣除。

# 第五章　过疏地区持续发展支援的考虑

**（促进移居和定居，培养人力资源及确保有关各方之间的协力合作）**

第二十五条　为利用该地区的独特性以实现过疏地区的持续发展，确保多样化人才的移居和定居，国家及地方公共团体应适当考虑培养将在地区社会中发挥主导作用的人力资源和不分年龄性别的多样化居民、特定非营利法人［根据《特定非营利活动促进法》（平成十年法律第七号）第2条第2款规定的特定非营利法人］及确保企业与其他相关方之间的密切协力合作。

**（农业、林业、水产业及其他产业的振兴）**

第二十六条　1. 国家及地方公共团体应适当考虑强化生产基础、开发当地特产、增进货物流通与消费、防治虫害及推进与观光业的协作，以符合过疏地区的特性实现农业、林业、水产业的振兴。

2. 除前款规定外，国家及地方公共团体应适当考虑提高生产力、确保及培养有助于产业振兴的人力资源、支持创业者、引进先进技术以及促进产业间的联系，以符合过疏地区的特性实现产业的振兴。

**（向中小企业提供信息等）**

第二十七条　在市町村计划中记载的产业振兴促进区域中的中小企业［《中小企业基本法》（昭和三十八年法律第一百五十四号）第2条第1款规定的中小企业］在基于该市町村计划中的产业振兴促进事项开展事业时，国家及地方公共团体应适当考虑向这些中小企业提供必要的信息和其他必要措施。

**（振兴观光旅游业和促进交流）**

第二十八条　鉴于过疏地区具有丰富的自然环境和文化产地等旅游资源，为加深公众对过疏地区的了解和关注，促进过疏地区的发展，国家及地方公共团体应适当考虑振兴过疏地区的观光旅游业及促进过疏地区内的交流和过疏地区与国内国外地区之间的交流。

**（就业的促进）**

第二十九条　为促进过疏地区的居民及移居到过疏地区的居民进行就业，国家及地方公共团体应适当考虑扩充良好的就业机会并采取措施提高实践性的就业能力。

（信息流通的无障碍化）

第三十条　为缩小过疏地区信息通信技术的利用机会与其他地区的差距，提高居民生活的便利性，振兴产业，促进地区公共交通的便捷和再构建，确保物流，健全医疗及教育设施，国家及地方公共团体应适当考虑促进信息流通的无障碍化，加强先进的信息网络通信体系及为当地居民提供学习利用信息通信技术的机会。

（确保地区客运服务的持续提供）

第三十一条　为确保过疏地区居民的独立生活和社会生活，提高便利性，促进过疏地区内的交流及过疏地区和其他地区间的交流，国家及地方公共团体应适当考虑确保地区客运服务的持续提供。

（生活环境的健全）

第三十二条　为促进过疏地区的定居，国家及地方公共团体应适当考虑加强措施确保住宅及用水的安全，污水及废弃物的处理和其他舒适的生活环境。

（接受保育服务居民的负担减轻）

第三十三条　为缩小过疏地区接受保育服务、护理服务及保健医疗服务的条件与其他地区的差距，国家及地方公共团体应适当考虑减轻过疏地区居民因接受上述服务而产生的负担。

（教育的加强）

第三十四条　1. 鉴于过疏地区的特殊情况，国家及地方公共团体应适当考虑公立学校的教师［《公立义务教育学校的学级编制及教师人数相关标准法》（昭和三十年法律第一百一十六号）第2条第3款规定的教师及《公立高等学校的适当配置及教师人数相关标准法》（昭和三十六年法律第一百八十八号）第2条第1款规定的教师］的人数的计算和安置。

2. 为减轻在过疏地区居住儿童的入学负担，国家及地方公共团体应适当考虑对入学的支持。

3. 为促进儿童的身心健康成长，国家及地方公共团体应适当考虑确保在过疏地区外居住的儿童接受具有丰富自然环境、传统文化等过疏地区特性的教育。

4. 为使过疏地区居住的儿童能使用信息通信等技术，国家及地方公共团体应适当考虑促进相关教育和学习。

5. 除前述规定外，国家及地方公共团体应根据过疏地区教育的特殊情况，努力加强学校教育和社会教育，并加强措施振兴符合当地特点的终身学习。

（地区文化的振兴等）

第三十五条 国家及地方公共团体应适当考虑努力采取适当措施，保护和传承过疏地区的多样文化，培育相关人才，以振兴地区文化。

（可再生能源利用的推进）

第三十六条 鉴于在过疏地区，利用其自然特性而生产的能源对于确保与经济社会环境相适应的能源的稳定供给及实现减轻供能环境负荷而言至关重要，同时利用土地、水、生物质能和其他地区存在资源而生产的可再生能源的利用有助于对地区经济的发展，国家及地方公共团体应适当考虑推进可再生能源的利用。

（自然环境的保全和恢复）

第三十七条 为实现过疏地区自然环境的保全和再生，国家及地方公共团体应适当考虑采取相应措施。

（《农田法》的相关处置）

第三十八条 国家行政机关的长官及都道府县的知事，为将过疏地区内的土地用于市町村计划规定的用途，依据《农田法》（昭和二十七年法律第二百二十九号）和其他法律的规定进行处置时，为促进地区的持续发展，应适当考虑迅速执行相关处置。

（国有森林的利用）

第三十九条 为促进市町村计划的实施，国家应适当考虑利用国有森林。

（监管审查）

第四十条 过疏地区的市町村在就国家实施的监管审查提案意见征集提出提案时，为促进过疏地区的持续发展，鉴于过疏地区自然经济社会条件和对地区社会的影响，国家应适当考虑相关提案。

# 第六章 其余细则

（旧过疏自立促进地区的市町村相关的特例）

第四十一条 1. 基于令和三年三月三十一日《旧过疏地区自立促进特别措施法》（平成十二年法律第十五号，第3条及附则中简称《旧过疏自立促进法》）的规定，该区域的市町村（本章及附则中简称"旧过疏自立促进地区的市町村"）为过疏地区的，属于下列各项之一，且财政实力指数从平成二十九年至令和元年的各年度，合计有数值有三分之一小于0.51（地方税收入以外的政令规定的收入超过政令规定的金额的市町村除外）的区域，不包括第2条第1款规定的适用情况，适用本法规定，将其视为过疏地区。但是，仅限于根据全国人口普查的结果，市町村平成二十七年的人口减去该市町村平成二年的人口数,除以该市町村同年人口数得到的数值小于 0.1 的市町村区域。

（1）根据全国人口普查的结果,市町村昭和三十五年的人口减去该市町村平成二十七年的人口数,除以该市町村昭和三十五年的人口数得到的数值（本款简称"五十五年间人口减少率"）大于 0.4。

（2）五十五年间人口减少率大于 0.3,且根据全国人口普查的结果,市町村平成二十七年人口中 65 岁以上的人口数,除以该市町村同年人口数得到的数值大于 0.35。

（3）五十五年间人口减少率大于 0.3,且根据全国人口普查的结果,市町村平成二十七年人口中 15 岁以上 30 岁以下的人口数,除以该市町村同年人口数得到的数值小于 0.11。

2. 旧过疏自立促进地区的市町村中的特定时期合并市町村,财政实力指数从平成二十九年至令和元年各年度,合计有三分之一的数值在 0.64 以下的（地方税收入以外的政令规定的收入超过政令规定的金额的市町村除外）,特定时期与合并市町村有关的区域,在适用第 3 条第 1 款或第 2 款规定以外的区域中,符合下列各项之一的区域,适用本法规定,将其视为过疏地区。但是,仅限于根据全国人口普查的结果,特定时期与合并市町村有关的区域平成二十七年人口减去该区域平成二年人口数,除以该区域同年人口数得到的数字小于 0.1 的区域。

（1）根据全国人口普查的结果,特定时期合并市町村有关的区域的昭和三十五年的人口减去该区域平成二十七年的人口数,除以该区域昭和三十五年的人口数得到的数值（本项简称"特定时期合并市町村相关区域的五十五年间人口减少率"）大于 0.4 的。

（2）特定时期合并市町村相关区域的五十五年间人口减少率大于 0.3,根据全国人口普查的结果特定时期合并市町村相关区域平成二十七年的人口中 65 岁以上的人口除以该区域同年人口数得到的数值大于 0.35 的。

（3）特定时期合并市町村相关区域的五十五年间人口减少率大于 0.3,根据全国人口普查的结果特定期间合并市町村相关区域平成二十七年的人口中 15 岁以上 30 岁以下的人口数除以该区域同年人口数得到的数值小于 0.11 的。

3. 前述的规定适用于令和三年三十一日《旧过疏自立促进法》第 33 条第 2 款的规定所适用的市町村中的特定时期合并市町村,财政实力指数从平成二十九年至令和元年各年度,合计有三分之一的数值在 0.64 以下（地方税收入以外的政令规定的收入超过政令规定的金额的市町村除外）区域基于同一款的规定,对其视为过疏地区。

4. 关于适用前两款规定的必要事项,由政令规定。

**第四十二条** 旧过疏自立促进地区的市町村中,对于从平成十一年四月一日至令和三年三月三十一日期间通过市町村合并设立的,或将其他市町村区域全部或部分区域合并为市町村的,除适用第2条第1款或前条第1款规定的情况下,该符合总务省令规定标准的市町村区域应视为过疏地区,适用本法规定。

**(过疏地区的市町村以外的市町村区域的适用)**

**第四十三条** 1.根据本法的规定(前条规定除外),在依令和二年的全国人口普查结果的人口年龄结构公布的情况下,适用于过疏地区市町村以外的市町村区域。

| | 第17条第9款 | 有小数点后五位的情况,则四舍五入 |
|---|---|---|
| 第2条<br>第1款<br>第1项 | 平成二十九年至令和元年 | 根据令和二年全国人口普查结果的人口年龄结构公布的日期在这三年内的 |
| | 数值为0.51 | 数值(有小数点后两位的情况,则舍去。本款及下条简称"平均财政实力指数")是通过将所有市町村的平均财政实力指数相加得到的数值除以所有市町村的数量而得到的数值(有小数点后两位的情况,则舍去) |
| | 平成二十七年 | 令和二年 |
| | 平成二年 | 平成七年 |
| | 昭和五十年 | 昭和五十五年 |
| | (简称"四十年间人口减少率")为0.28 | (有小数点后两位的情况,是通过计算该数值后四位之后,四舍五入得出的。以下简称"四十年间人口减少率")根据全国人口普查的结果市町村令和二年的人口减去该市町村昭和五十五年的人口得到的数值为负数的市町村(简称"四十年间人口减少市町村")的四十年间人口减少率合计得到的比率除以四十年间人口减少的市町村数量得到的比率(有小数点后两位的情况,则舍去,以下本项及次条简称"基准四十年间人口减少率") |
| | 0.23 | 基准四十年间人口减少率减去0.05得到的比率 |
| | 数值为0.35 | 数值(有小数点后三位的情况,则四舍五入,以下简称"老年人比率")为四十年间人口减少市町村的老年人比率合计得到的比率除以四十年间人口减少市町村的数量得到的比率[有小数点后两位的情况则舍去,次条第1款第(3)项简称"基准老年人比率"] |
| | 数值为0.11 | 数值(有小数点后三位的情况,则四舍五入,以下简称"青少年比率")为四十年间人口减少市町村的青少年比率合计得到的比率除以四十年间人口减少市町村的数量得到的比率(有小数点后两位的情况则舍去) |

| | | |
|---|---|---|
| | 数值为 0.21 | 数值为（有小数点后两位的情况，是通过计算该数值后四位之后，四舍五入得出的，简称"二十五年间人口减少率"）根据全国人口普查的结果市町村令和二年的人口减去该市町村平成七年的人口得到的数值为负数的市町村（简称"二十五年间人口减少市町村"）的二十五年间人口减少率合计得到的比率除以二十五年间人口减少的市町村数量得到的比率（有小数点后两位的情况，则舍去，为"基准二十五年间人口减少率"） |
| 第 2 条第 1 款第（2）项 | 0.23 | 基准四十年间人口减少率减去 0.05 得到的比率 |
| | 财政实力指数从平成二十九年至令和元年各年度，合计有三分之一的数值为 0.4 | 平均财政实力指数为全部町村的平均财政实力指数合计得到的数值除以全部町村的数量得到的数值（有小数点后两位的情况，则舍去） |
| | 平成二十七年 | 令和二年 |
| | 平成二年 | 平成七年 |
| 第 3 条第 1 款 | 财政实力指数从平成二十九年度至令和元年各年度，合计有三分之一的数值为 0.64 | 平均财政实力指数为全部市的平均财政实力指数合计得到的数值除以全部市的数量得到的数值（有小数点后两位的情况，则舍去） |
| | 平成二十七年 | 令和二年 |
| | 平成二年 | 平成七年 |
| | 昭和五十年 | 昭和五十五年 |
| | 0.28 | 基准四十年间人口减少率 |
| | 0.23 | 基准四十年间人口减少率减去 0.05 得到的比率 |
| | 0.35 | 基准老年人比率 |
| | 0.11 | 基准青少年比率 |
| | 0.21 | 基准二十五年间人口减少率 |
| 第 3 条第 2 款 | 财政实力指数从平成二十九年度至令和元年各年度，合计有三分之一的数值为 0.4 | 平均财政实力指数为全部町村的平均财政实力指数合计得到的数值除以全部町村的数量得到的数值（有小数点后两位的情况，则舍去） |
| | 0.23 | 基准四十年间人口减少率减去 0.05 得到的比率 |
| | 平成二十七年 | 令和二年 |
| | 平成二年 | 平成七年 |

2. 根据本法的规定（前条规定除外），依据前项的全国人口普查之后进行的全国人口普查结果的人口年龄结构公布的情况，适用于过疏地区市町村以外的市町村区域。

| 第 2 条<br>第 1 款<br>第（1）项 | 第 17 条第 9 款 | 有小数点后五位的情况，则四舍五入 |
| --- | --- | --- |
| | 平成二十九年至令和元年 | 根据第 43 条第 2 款规定的全国人口普查结果的人口年龄结构公布的日期在这三年内的 |
| | 数值为 0.51 | 数值（有小数点后两位的情况，则舍去，本款及下条简称"平均财政实力指数"）是通过将所有市町村的平均财政实力指数相加得到的数值除以所有市町村的数量而得到的数值（有小数点后两位的情况，则舍去） |
| | 平成二十七年的人口 | 第 43 条第 2 款规定的全国人口普查实施之年（以下本款及次条中简称"调查年"）的人口 |
| | 平成二年 | 从调查年起算二十五年以前最近的全国人口普查实施之年 |
| | 昭和五十年 | 从调查年起算四十年以前最近的全国人口普查实施之年 |
| | 平成二十七年的人口 | 调查年的人口 |
| | （以下本项简称"四十年间人口减少率"）为 0.28 | （有小数点后两位的情况，是通过计算该数值后四位之后，四舍五入得出的，本项简称"四十年间人口减少率"）根据全国人口普查的结果市町村调查年的人口减去该市町村调查年起算四十年前最近全国人口普查实施之年的人口得到的数值为负数的市町村（本项简称"四十年间人口减少市町村"）的四十年间人口减少率合计得到的比率除以四十年间人口减少的市町村数量得到的比率（有小数点后两位的情况，则舍去，本项及次条简称"基准四十年间人口减少率"） |
| | 0.23 | 基准四十年间人口减少率减去 0.05 得到的比率 |
| | 平成二十七年的人口 | 调查年的人口 |
| | 数值为 0.35 | 数值（有小数点后三位的情况，则四舍五入，以下简称"老年人比率"）为四十年间人口减少市町村的老年人比率合计得到的比率除以四十年间人口减少市町村的数量得到的比率（有小数点后两位的情况则舍去，简称"基准老年人比率"） |
| | 数值为 0.11 | 数值（有小数点后三位的情况，则四舍五入，以下简称"青少年比率"）为四十年间人口减少市町村的青少年比率合计得到的比率除以四十年间人口减少市町村的数量得到的比率（有小数点后两位的情况则舍去） |

| | | |
|---|---|---|
| | 数值为 0.21 | 数值为（有小数点后两位的情况，是通过计算该数值后四位之后，四舍五入得出的，本项简称"二十五年间人口减少率"）根据全国人口普查的结果市町村调查年的人口减去调查年起算二十五年以前最近的全国人口普查实施之年的人口得到的数值为负数的市町村（简称"二十五年间人口减少市町村"）的二十五年间人口减少率合计得到的比率除以二十五年间人口减少的市町村数量得到的比率（有小数点后两位的情况，则舍去，为"基准二十五年间人口减少率"） |
| 第 2 条第 1 款第（2）项 | 0.23 | 基准四十年间人口减少率减去 0.05 得到的比率 |
| | 财政实力指数从平成二十九年至令和元年各年度，合计有三分之一的数值为 0.4 | 平均财政实力指数为全部町村的平均财政实力指数合计得到的数值除以全部町村的数量得到的数值（有小数点后两位的情况，则舍去） |
| | 平成二十七年 | 调查年 |
| | 平成二年 | 调查年起算二十五年以前最近的全国人口普查实施之年 |
| 第 3 条第 1 款 | 财政实力指数从平成二十九年度至令和元年各年度，合计有三分之一的数值为 0.64 | 平均财政实力指数为全部市的平均财政实力指数合计得到的数值除以全部市的数量得到的数值（有小数点后两位的情况，则舍去） |
| | 平成二十七年 | 调查年 |
| | 平成二年 | 调查年起算二十五年以前最近的全国人口普查实施之年 |
| | 昭和五十年 | 调查年起算四十年以前最近的全国人口普查实施之年 |
| | 0.28 | 基准四十年间人口减少率 |
| | 0.23 | 基准四十年间人口减少率减去 0.05 得到的比率 |
| | 0.35 | 基准老年人比率 |
| | 0.11 | 基准青少年比率 |
| | 0.21 | 基准二十五年间人口减少率 |
| 第 3 条第 2 款 | 财政实力指数从平成二十九年度至令和元年各年度，合计有三分之一的数值为 0.4 | 平均财政实力指数为全部町村的平均财政实力指数合计得到的数值除以全部町村的数量得到的数值（有小数点后两位的情况，则舍去） |
| | 0.23 | 基准四十年间人口减少率减去 0.05 得到的比率 |
| | 平成二十七年 | 调查年 |
| | 平成二年 | 调查年起算二十五年以前最近的全国人口普查实施之年 |

（市町村的废止、合并、分立等特例）

第四十四条　1. 令和三年四月一日至依据前条第 1 款的规定而替换适用的第 2 条规定的公式之日的前一天的期间内因废止、合并、分立或地界变更而新设置的或地界变更的市町村，适用于同条第 1 款及第 3 条第 1 款、第 2 款的规定。在这种情况下，若该市町村不是特定期间合并市町村，依同条第 1 款及第 2 款的规定，将该市町村视为特定期间合并市町村。

2. 尽管有第 2 条第 1 款及第 3 条第 1 款、第 2 款的规定，依据前款的规定而替换适用的第 2 条规定的公式之日起至依据前条第 2 款规定而替换适用的第 2 条规定的公示之日的前一天的期间内因废止、合并、分立或地界变更而新设置的或地界变更的市町村，适用依据前条第 1 款规定而替换适用的第 2 条第 1 款及第 3 条第 1 款、第 2 款的规定。在这种情况下，若该市町村不是特定期间合并市町村，依同条第 1 款及第 2 款的规定，将该市町村视为特定期间合并市町村。

3. 尽管有第 2 条第 1 款及第 3 条第 1 款、第 2 款的规定，依据前条第 2 款规定而替换适用的第 2 条规定的公式之日以后因废止、合并、分立或地界变更而新设置的或地界变更的市町村，适用依据同款规定而替换适用的第 2 条第 1 款及第 3 条第 1 款、第 2 款的规定。在这种情况下，若该市町村不是特定期间合并市町村，依同条第 1 款及第 2 款的规定，将该市町村视为特定期间合并市町村。

4. 合并市町村（令和三年四月一日以后通过市町村的合并设立，或者将其他市町村的全部或部分区域编入形成的，过疏地区的市町村除外，本条以及附则第 8 条与此相同）中与合并市町村相关的区域（包含因市町村合并，该区域全部或部分成为合并市町村区域的一部分的市町村，本条相同）包含过疏地区的市町村［包含该市町村的合并施行之日的前一日依据第 3 条第 1 款或第 2 款（包含这些规定依据前条规定替换适用的情况）、第 41 条第 2 款（包含适用同条第 3 款的情况）或适用本款规定的市町村］，该合并市町村中合并市町村的区域中该市町村的合并施行之日的前一日的过疏地区的区域［适用第 3 条第 1 款或第 2 款（包含这些规定依据前条规定替换适用的情况）规定的区域除外］视为过疏地区，适用本法。在这种情况下，必要的事项由政令进行规定。

5. 令和三年四月一日以后实施的因废止、分立、合并或地界变更而新设立的或地界变更的市町村，不适用于第 41 条及第 42 条的规定。

（主管大臣等）

第四十五条　1. 第 2 条第 2 款中的主管大臣指总务大臣、农林水产大臣及国土交通大臣。

2. 第 7 条第 4 款、第 8 条第 8 款（包含适用同条第 10 款的情况）及第 9 款（包含适用同条第 10 款及第 9 条第 5 款的情况）、第 9 条第 4 款（包含适用同条第 5 款的情况）、第 10 条及第 11 条中的主管大臣指总务大臣、农林水产大臣及国土交通大臣、文部科学大臣、劳动大臣、经济产业大臣及环境大臣。

3. 本法中的主务省令指总务省令、农林水产省令及国土交通令。

**（政令的委任）**

**第四十六条** 依据第 2 条第 1 款、第 3 条第 1 款及第 2 款、第 41 条第 1 款至第 3 款规定的数值的计算，市町村的废止分立合并或地界变更的情况下为适用法律规定而必要的事项、第 43 条适用本法规定的必要事项、冲绳县的市町村适用第 41 条规定的情况下的必要事项以及施行本法相关的其他必要事项，由政令规定。

# 附则 抄

**（施行日期）**

**第一条** 本法自令和三年四月一日起施行。

**（国家负担等相关规定的适用）**

**第二条** 第 18 条（包含附表，附则第 5 条规定相同）、第 13 条、第 16 条第 6 款至第 8 款、第 17 条第 8 款至第 9 款、第 18 条第 2 款及第 3 款、第 19 条及第 20 条第 5 款的规定，适用令和三年的预算相关的国家负担或补助（基于令和二年以前的国库债务负担行为令和三年以后应支出的国家负担或补助除外），令和二年以前基于国库债务负担行为令和三年以后应支出的国家负担及补助及令和二年以前支出预算相关的国家负担及补助结转至令和三年以后的，除附则第 4 条第 1 款及第 2 款规定之外，依从先例。

**（本法的失效）**

**第三条** 本法自令和十三年三月三十一日后失去效力。

**（《旧过疏自立促进法》失效的过渡措施）**

**第四条** 1. 基于《旧过疏自立促进法》第 6 条规定的市町村计划或基于《旧过疏自立促进法》第 7 条规定的都道府县计划事业相关的国家负担或补贴中，基于令和二年之前的国库债务负担行为，令和三年以后应当支出的以及令和二年以前与支出预算相关的，在令和三年后结转的情况，《旧过疏自立促进法》第 10 条（包含附表）、第 11 条、第 16 条第 5 款、第 18 条第 2 款及第 3 款、第 19 条的规定，在《旧过疏自立促进法》失效后，仍然有效。

2. 旧过疏自立促进地区的市町村区域或根据令和三年三月三十一日《旧过疏自立促

进法》第33条第2款的规定被视为过疏地区的区域内,《旧过疏自立促进法》第14条第1款规定的主干道路的新建及改建相关的事业及《旧过疏自立促进法》第15条第1款规定的公共下水道的干线管渠安装相关的事业,在令和三年三月三十一日未完工的,《旧过疏自立法》第14条和第15条的规定在令和九年三月三十一日前的期间内仍然有效。

3. 地方公共团体,旧过疏自立促进区域的市町村区域或根据令和三年三月三十一日《旧过疏自立促进法》第33条第2款的规定被视为过疏地区的区域内,制造业、《旧过疏自立促进法》第30条规定的农林水产品等销售业或供旅馆业所用设备在令和三月三十一日以前的新建或增设相关的营业税、不动产购置税或固定资产税免征的情况下,或者在征收与地方税有关的不均税的情况下,旧过疏自立促进区域的市町村区域或根据令和三年三月三十一日同款的规定被视为过疏地区的区域内经营畜牧业或水产业个人相关的营业税在令和三年三十一日以前课税免除或征收不均税的情况下,根据《地方交付税法》第14条的规定该地方公共团体的基本财政收入额的核算,《旧过疏自立促进法》第31条的规定在《旧过疏自立促进法》失效后,仍然有效。

4. 平成二年四月一日至平成十二年三月三十一日期间根据《株式会社日本政策金融公库法》(平成十九年法律第五十七号)附则第42条第2项的规定废止前的《农林渔业金融公库法》(昭和二十七年法律第三百五十五号)规定的与农林渔业金融公库签订的资金借贷协议相关的贷款,和根据《旧过疏地区活性化特别措施法》(平成二年法律第十五号)第23条规定的资金相关的事项,《旧过疏自立促进法》附则第15条的规定在《旧过疏自立促进法》失效之后,仍然有效。

**(特定市町村的法律适用)**

**第五条** 旧过疏自立促进地区的市町村中过疏地区的市町村以外的区域,不包含第3条(包含根据第43的规定替换适用的情况,次条及附则第7条下同)或第41条第2款(包含同条第3款适用的情况,次条下同)的规定适用的区域,令和三年至令和八年的期间内[特定市町村的财政实力指数从平成二十九年至令和元年各年度,合计有三分之一的数值小于0.4的(以下简称"特定市町村"),仅限在令和三年至令和九年期间内],根据政令的规定,适用第12条至第14条、第16条、第17条、第23条及第24条的规定。在这种情况下,第12条、第13条及第24条规定适用相关的令和九年(若为特别特定市町村则令和十六年)以后必要的过渡措施,由政令规定。

**第六条** 1. 旧过疏自立促进地区的市町村中过疏地区的市町村以外的区域,包含适用第3条或第41条第2款规定的区域,该规定适用区域以外的区域应视为特定市町村的区域,适用前条规定。

2. 根据前款的规定视为特定市町村区域的区域，包含该区域的市町村财政实力指数从平成二十九年至令和元年各年度，合计有三分之一的数值小于 0.4 的应被视为特别特定市町村的区域，适用前条规定。

3. 前两款情况下相关的必要事项，由政令规定。

第七条　1. 令和三年三月三十一日《旧过疏自立促进法》第 33 条第 2 款的规定适用的市町村中过疏地区的市町村以外的区域，基于同款的规定过疏地区的区域，包含第 3 条或第 41 条第 2 款（限于适用同条第 3 款的情况，本项相同）的规定适用区域以外的区域，基于《旧过疏自立促进法》第 33 条第 2 款的规定，过疏地区的区域中第 3 条或第 41 条第 2 款的规定适用区域以外的区域视为特定市町村的区域，适用附则第 5 条的规定。

2. 根据前款的规定被视为特定市町村区域的区域中，包含该区域的市町村财政实力指数从平成二十九年至令和元年各年度，合计有三分之一的数值小于 0.4 的应被视为特别特定市町村的区域，适用附则第 5 条的规定。

3. 前两款情况下相关的必要事项，由政令规定。

第八条　1. 合并市町村中合并市町村相关的区域包含特定市町村（包含在实施该市町村合并之日的前一日适用附则第 6 条起的任意规定的市町村），该合并市町村区域中实施合并市町村之日的前一日该特定市町村的区域应被视为特定市町村的区域，适用附则第 5 条的规定。

2. 合并市町村中合并市町村相关的区域包含特别特定市町村（包含实施该市町村合并之日的前一日适用附则第 6 条第 2 款、前条第 2 款或本款任意规定的市町村），该合并市町村区域中实施合并市町村之日的前一日该特别特定市町村的区域应被视为特别特定市町村的区域，适用附则第 5 条的规定。

3. 前两款情况下相关的必要事项，由政令规定。

**附表**（第 12 条相关）

| | 事业类别 | 国家的负担补贴 |
|---|---|---|
| 教育设施 | 需要合并《义务教育学校设施费的国库负担法》第 2 条规定的义务教育学校中公立的小学、中学或义务教育学校来达到适当的规模，或新建或扩建公立小学、中学或义务教育学校的校园或室内运动场（包含收购或其他类似方法取得） | 十分之五点五 |

续表

| | 事业类别 | 国家的负担补贴 |
|---|---|---|
| 儿童福利设施 | 《儿童福利法》（昭和二十二年法律第一百六十四号）第 7 条第 1 款规定的儿童福利设施中保育所或幼保连携型认定的幼儿园的设备的新建、修理、改造、扩张及维护 | 二分之一至十分之五点五（国家或地方公共团体以外的主体开设的保育所或幼保连携型认定的幼儿园为三分之二） |
| 消防设施 | 《消防设施强化促进法》（昭和二十八年法律第八十七号）第 3 条规定的供消防所用的机械器具及设备的购置及安装 | 十分之五点五 |

# 塞浦路斯共和国竞争保护法<sup>*</sup>

## 前　言

为规范和保护共和国内的自由竞争以及适用"关于实施条约第 81 条和第 82 条制定的竞争规则的第 1/2003 号理事会条例"①，并最新随着 2006 年 9 月 25 日该条例的修改以及进一步不时地修改的补充，议会实施以下立法：

## 第一部分　一般规定

**第一条**

本法可以被引用为 2008 年和 2014 年竞争保护法。

**第二条**

在本法中，在语境有其他特别规定外：

"限制竞争行为与主导地位咨询委员会"是指基于第 1/2003 号理事会条例第 14 条设立的咨询委员会。

"协议"是指至少两方企业或者企业协会间作出的任何安排，而其中一方自愿承担责任而限制自己对另一方采取行动的自由。

"TFEU 第 101 条"是指《欧盟运作条约》第 101 条。

"TFEU 第 102 条"是指《欧盟运作条约》第 102 条。

"企业协会"是指任何具有或不具有法人资格的公司、合伙企业、协会、社团、机构或团体，它们代表自主企业的贸易利益，并为促进这些利益作出决定或签订合同。

"主席"是指：

（a）委员会主席和

---

\*　译者：施霆锋，北京外国语大学法学院助教。

①　Council Regulation（EC）No. 1/2003 of 16 December 2002 on the implementation of the rules on competition laid down in Articles 81 and 82 of the Treaty.

（b）就第9条、第10条、第11条、第12条、第13条、第16条和第53条以外的条文而言，代替主席的委员会成员；

"合谋"是指以任何正式的或非正式的、书面的或口头的、具有法律效力或不具有法律效力的形式，两个或多个企业或企业协会的协议或两个或多个企业的协同行为或一个企业协会的决定，但不包括以下协议或协同行为：

（a）控股和附属公司，如果：

（i）它们构成一个单一的经济实体，子公司在其中没有真正的自由来规定自己的行为方式，并且；

（ii）该协议或一致行动仅与控股公司和子公司之间的活动分配有关。

（b）两个或两个以上的子公司提供它们构成一个控股公司下的单一的经济实体。

"委员会"是指根据第8章建立的竞争保护委员会。

"竞争机构"是指成员国负责竞争保护的机构以及根据1/2003号理事会条例第35条指定的机构。

"协同行为"是指企业之间的协调行为，这些企业在达成协议阶段的情况下，故意通过建立合作行为的方法来替代竞争风险。

"法庭"是指具有相应管辖权的法庭。

"支配地位"，对于企业而言，包括其享有的一定经济实力，该实力可以使得其在相关市场中阻止持续性的有效竞争，并且使其行事在相当程度上脱离竞争者和消费者，并且最终脱离消费者。

"欧盟竞争法"是指TFEU第101条和第109条以及其的次级法律。

"商品"是指任何可以用货币评价并能够作为商业交易标的的东西。

"成员国"是指欧盟成员国。

"部"是指能源、商务、工业和旅游部。

"产品"是指任何商品或服务。

"1/2003号条例"是指理事会于2002年12月16日《关于执行经理事会条约》第81条和第82条规定的竞争规则的1/2003理事会条例，该条例最新通过2006年9月25日第1419/2006号条例进行修订以及其不时修订或替代而产生的法律文件。

"共和国"是指塞浦路斯共和国。

"秘书处"是指第19章第1条规定的委员会秘书处。

"服务"是指为了利润或报酬而承担和履行任何种类的义务，不包括货物的生产和供应；包括专业服务，但不包括根据雇佣合同向雇主提供的服务。

"国家"是指国家、市镇或民事教区。

"国家垄断"是指为增加国家利润,因国家授予的排他性权利而在市场上占有垄断地位的企业。

"TFEU"是指《欧盟运作条约》。

"交易"是指任何种类的金融活动,并包括商品贸易和服务交易。

"企业"包括从事经济活动的所有实体,不论其法律地位和筹资方式如何。

# 第二部分　对合谋以及限制竞争行为的控制与禁止

### 第三条

(1)根据第4条和第5条的规定,禁止企业之间的所有协议、企业协会的所有决定以及任何以防止、限制或扭曲共和国内竞争为目的或效果的协同做法,尤其是那些:

(a)直接或间接确定买卖价格或任何其他交易条件;

(b)限制或控制生产、市场、技术开发或投资;

(c)在地理上或其他方面共享市场或供应源;

(d)对同等交易适用不同的条款,从而使某些企业处于竞争劣势;

(e)使合同的订立以其他当事人接受附加义务为条件,而这些附加义务在性质上或根据商业惯例与合同标的无关。

(2)根据第4条和第5条的规定,本条第(1)款规定中提及的协议、决定和协同行为自始无效,无须委员会事先作出相关决定。

### 第四条

(1)任何属于第3条第(1)款范围内的协议、决定和协同行为,如果符合以下要求,则应是允许和有效的,无须委员会事先作出相关决定:

(a)有助于改善商品的生产或分销,或促进技术或经济进步,同时让消费者公平分享由此产生的利益;

(b)没有对有关企业施加对实现这些目标而言非必不可少的限制;以及

(c)没有赋予此类企业消除对相关产品的大部分竞争的可能性。

(2)如援引上述条款,根据本条第(1)款的规定,合谋允许和有效的举证责任应由相关企业或企业协会承担。

(3)委员会可以决定本条第(1)款中的任何协议、决定或协同行为,不符合上述条款规定的条件。只要此类委员会决定仍然有效,相关协议、决定或协同行为应根据第3条被认定为禁止和无效。

第五条

（1）部长会议可根据委员会的合理意见发布命令，并在共和国官方公报上公布，宣布第3条不适用于某些类型的合谋。

（2）对于适用本法规定而非欧盟竞争法规定的合谋，只要根据本条第（1）款作出的命令没有矛盾的规定，应当比照适用根据 TFEU 第 101 条第 3 款制定的欧盟条例的规定；在这种情况下，根据欧盟法规，合谋被认为是允许和有效的，该法规在欧盟竞争法的背景下对同一类别的合谋进行了规范。

（3）（a）根据本条第（1）款作出的命令，合谋不属于本法第3条范围的举证责任应由相关企业或企业协会承担，并援引命令。

（b）根据本条第（2）款提及的欧盟条例，某一类合谋是允许和有效的举证责任应由援引相关欧盟条例的企业或企业协会承担。

（4）（a）委员会可决定援引根据本条第（1）款作出的命令所涉及的合谋，不属于本法第3条不适用的合谋类别。只要委员会的此类决定仍然有效，相关共谋就属于本法第3条的范围，并应受到该条的禁止和无效。

（b）委员会可以决定，根据本条第（2）款援引欧盟法规的合谋不属于在欧盟竞争法下的欧盟法规规定的合谋类型。只要委员会的决定仍然有效，相关合谋就属于本法第3条的范围，并应受到该条的禁止和无效。

（5）根据本条第（1）款作出的命令应自其在共和国官方公报上公布之日起生效，除非另有规定。

第六条

（1）任何由一个或多个企业实施的，在国内市场或相关产品的大部分国内市场的滥用支配地位行为，应当被禁止，特别是该行为导致或可能导致：

（a）在如此的情况下，直接或间接确定不公平的购买或销售价格或任何其他不公平的交易条件；

（b）出于对消费者的偏见，限制生产、分销或技术发展；

（c）对同等交易适用不同的条件，从而使某些企业处于竞争劣势；

（d）使合同的订立以其他当事人接受附加义务为条件，而这些附加义务在性质上或根据商业惯例与合同标的无关。

（2）应禁止一个或多个企业滥用经济依赖关系的行为，经济依赖关系为如果一个企业与该企业或这些企业相比，该企业是客户、供应商、生产商、代表、分销商或贸易伙伴，即使就特定种类的产品或服务而言，其没有等效的替代解决方案。

这种滥用经济依赖关系的行为，尤其可能包括施加不公平的交易条件、应用区别对待或长期贸易关系的突然和无原因的中断。

**第七条**

（1）本法的规定不适用于：

（a）有关工资、工作时长和工作条件的协议；

（b）受托经营具有一般经济利益的服务或具有税收产出的垄断性质的企业，只要这些条款的适用在法律上或实际上妨碍了政府分配给他们的特定任务的执行。

（2）就本条第（1）款第（b）项而言，当没有处置上述企业的金融或者技术方式时，推定本法条款的适用妨碍了这些企业在法律上或事实上履行特定任务，这符合本法规定，并允许这些企业执行国家赋予这些企业的特定任务。

（3）根据本条第（1）款的规定，协议或企业不属于本法范围的举证责任应由相关企业或企业协会承担。

（4）委员会可以决定，根据对本条第（1）款的援引，协议或承诺不满足上述条款规定的条件。只要委员会的此类决定仍然有效，相关协议或承诺就属于本法的范围。

# 第三部分　保护竞争委员会

**第八条**

兹设立一个独立的委员会，称为"保护竞争委员会"，该委员会的组成、运作、职能、权力和职责由本法或根据本法确定。

**第九条**

（1）委员会由5名成员组成，由主席和其他4名成员组成，他们由部长理事会根据部长提议任命。部长理事会应根据本条第（7）款的规定任命4名委员会替补成员。

（2）（a）部长理事会应根据部长的提议任命委员会主席，该主席应高尚正直，具有法律专业知识和经验并能够促进本法宗旨的实施。

（b）部长理事会应任命由部长提名的其他4名委员会成员，他们应具有法律、经济、竞争、会计、贸易或产业方面的专业知识和经验，能够促进本法宗旨的实施。

（c）委员会主席和其他4名成员应根据全职雇佣合同任职。

（3）委员会主席、委员会其他4名成员或替补成员在依法行使委员会的权限、权力和职责时，不得有任何可能影响其判断公正性的财产或其他利益。

（4）委员会主席和其他4名成员的任期为5年，只能连任一次，并须符合本条第（2）款的规定。

（5）（a）如果委员会主席或其他成员的职位在其任期届满前出现空缺，部长理事会应根据部长的提议，根据本条第（2）款的条文，任命1名新的主席或其他成员，履行完剩余任期（视情形而定）。根据本款任命的委员会主席或其他成员的任期应可连任两次，但在第一次任命时，主席或其他成员的任期应少于两年零六个月。

（b）委员会主席或委员会其他成员的任何空缺不应影响委员会的法律组成及其职权、权力和职责的履行。

（c）（i）如果委员会成员的职位，除主席外，在其任期届满前出现空缺，直至根据本款第（a）项指定新成员，该替补成员根据本条第（7）款代替其职位空缺的成员参加委员会。

（ii）如果主席的职位在其任期届满前出现空缺，直至根据本款第（a）项任命新主席之前，委员会应继续根据本条第（7）款的条文与其他成员一起运作。

（6）其中：

（a）主席因任何原因暂时不能履行职责；或

（b）主席职位空缺，直至任命新主席为止。

主席应由从参加会议的成员中选出的委员会成员代替。在票数相等的情况下，年长的成员担任主席。

（7）（a）部长理事会应根据部长的提议，任命除主席外，在法律、经济、竞争、会计、贸易或产业方面具有专业知识和经验的，有能力促进本法宗旨的实施的人员作为委员会每位成员的替代成员。替补成员应代替委员会成员行使职责：

（i）当委员会成员因任何原因暂时受到阻碍时；或

（ii）在本款第（d）项的情况下。

（b）委员会替补成员的任期为5年，可以连任。

（c）委员会在其会议（下称"本次会议"）中处理的事项已在上一次会议中处理过，并且在本次会议上：

（i）未参加上一次会议的委员会替补成员，根据本款第（a）项或第（5）款第（c）项（i）与会；或

（ii）未参加上一次会议的委员会成员正在参加，无论该替代成员是否代表他参加，上一次会议已经进行的程序和讨论不得重复，而委员会关于事项的任何决定的有效性不受影响，替补成员获知会议记录及上一次会议的其余资料应在本次会议记录中注明。

（d）如果根据第（a）项（i）或（ii），委员会的替补成员正在参加讨论某事项的委员会会议，委员会可决定该替补成员应继续在委员会应处理同一事项的任何或所有后续会议

中更换已被替换的委员会成员。

（8）委员会主席、其他成员或替代成员的任命存在缺陷，不应影响委员会的合法组成及其能力、权力和职责的履行。

**第十条**

（1）部长会议可根据其决定确定委员会主席、委员会其他成员及其替代成员的工作条件、薪酬和其他福利。

（2）在委员成员或替代成员的任期内，部长会议不得不利地修改工作条件、报酬和根据本条第（1）款确定的其他福利，而对其有利的可以改变。

**第十一条**

委员会主席和其他4名成员应适用部长会议确定的公职人员的工作时间。

**第十二条**

委员会主席和其他4名成员不得从事任何额外专业或职业，或从事任何商业性质的业务，或接受除职责外的任何类型的工作的报酬，除非得到部长会议的许可。

**第十三条**

（1）委员会主席、其他成员或替代成员的职位应空缺：

（a）任期届满；或

（b）在他死亡的情况下；或

（c）在他根据本条第（2）款辞职的情况下；或

（d）在行使职权受到阻碍超过6个月的情况下；或

（e）在根据本条第（3）款经委员会宣布免职的情况下。

（2）委员会主席、其他成员或替代成员可向部长会议提交书面辞呈；上述辞职不得撤回，但无须事先获得部长会议的批准，立即生效。

（3）（a）如果出现下列任何一种情况，部长会议可以罢免委员会主席、其他成员或替代成员：

（i）如果他已根据共和国现行法律被宣布破产，或已针对他作出任命公司代理人的命令，或如果他已与其债权人达成和解；

（ii）如果他已根据共和国现行法律被宣布为精神错乱或精神上无行为能力；

（iii）如果他因涉及不诚实或道德败坏的刑事犯罪而被定罪；

（iv）如果他因身体无能或疾病而无法履行职责；

（v）如果他维持或获得了可能影响其判断公正性的财物或其他利益，并且他没有提出辞职；

（vi）如果他滥用职权以致其任期的延续有损于公共利益；

（vii）根据委员会的建议，如果他无故放弃履行职责，尤其是无故缺席委员会连续 3 届会议。

（b）部长会议在根据本款第（a）项将任何人免职之前，应给予该人申辩的机会。

在这种情况下，应适用 1999 年《行政法通则》第 43 条第（3）款、第（4）款和第（6）款。

**第十四条**

主席应主持委员会，根据第 15 条召集会议，并签署会议记录和任何其他重要文件。

**第十五条**

（1）主席应在认为有必要时召集委员会召开会议，但他必须尽快召开会议，无论如何，如果至少 3 名委员书面要求召开会议，至少应当在 7 天内召开会议，他们还应同时指明要讨论的事项。

（2）会议通知应以书面形式发出，并应在会议指定日期前至少 24 小时发送给委员会成员；作为例外，在特殊情况下，通知可以在委员之间来回传递来召开会议。

（3）议程应由主席拟定，并应与会议通知一并传达。作为例外，如果委员会如此决定，在特殊和合理的情况下，委员会主席和委员会的另一名成员可以提出议程之外的事项进行讨论。

**第十六条**

（1）根据第 9 条第（5）款第（c）项、第（6）款和第（7）款的规定，委员会只有在至少 3 名成员出席的情况下才能合法开会。

（2）委员会的决定应以多数票通过，在票数相等的情况下，主持成员应投决定性的一票。

**第十七条**

（1）只要委员会在适当的初步调查后发现存在违反本法第 3 条和 / 或第 6 条和 / 或 TFEU 第 101 条和 / 或 TFEU 第 102 条规定的可能性，委员会应决定启动侵权调查程序。

（2）委员会应准备一份书面声明，以告知企业或企业协会对他们不利的反对意见。上述反对声明应送达他们或上述企业或企业协会正式授权的人，以根据第 45 条的规定传唤他们到委员会的任何方式。

（3）当提交给委员会的现有信息发生变化或出现新信息时，委员会可以着手修改对有关企业或企业协会提出的任何反对意见，并准备和传达对企业的修改后的反对声明或有关企业的协会。

（4）在委员会审理侵权行为或调查根据本法提出的投诉的程序期间，或本法和 / 或

根据本法制定的法规规定的任何其他程序期间,以下人员应允许在场:

（a）应委员会的邀请:

（i）亲自、通过授权律师或亲自和授权律师提出投诉的人;

（ii）参与诉讼程序或/和向委员会提出投诉的人;

（iii）委员会可酌情,在调查侵权或/和投诉中提供帮助的任何人。

（b）提供服务的任何工作人员。

上述规定也应适用于委员会就违反本法第3条和/或第6条以及 TFEU 第101条和/或 TFEU 第102条而发起的依职权调查。

进一步规定,本条第（a）款所述人员应在委员会会议开始前退出以作出决定。

（5）根据具体情况,对上述被传唤人设定合理的时限,可以合理延长。

（6）委员会应给予在场人员一切可能的机会,就提出的不利于他们的反对意见提交书面意见,并为此设定合理的时限,该时限可合理延长。委员会不必考虑在规定时限届满后提交的书面意见:

参加会议的人,在提交书面意见后,应清楚地表明任何机密信息和/或商业秘密。

（7）如果向其送达反对声明的企业或企业协会在规定的时限内遗漏和/或拒绝就对其提出的反对意见提交任何书面意见,委员会可着手处理反对声明中包含的涉嫌侵权的问题。

（8）上述被传唤的人有权在他们提交的与其案件有关的书面意见的范围内,要求在委员会的口头程序中提出他们的论点,而委员会可以批准或拒绝这样的要求。委员会可以通过其决定,为在其面前的口头诉讼中被传唤的人提出论据设定一个时限。

（9）对于委员会,应适用以下规则:

（a）委员会没有义务向被投诉或依职权调查所针对的企业或企业协会传达委员会就案件形成的整个档案;但是,根据第33条的规定,除了构成商业秘密的文件外,它有义务向其传达其打算据以作出决定的所有档案文件;或者,如果企业或企业协会已经可以获得这些文件,则必须以书面形式向企业表明这些文件,以便在适当的时候通知该企业或企业协会委员会将作为证据而使用的所有文件。

（b）根据本款第（a）项的规定,委员会不得基于未传达或指示给被投诉或依职权调查所针对的企业或企业协会的文件而作出决定。

（c）在委员会的诉讼过程中,如果委员会打算根据一份文件作出决定,该文件没有向投诉或依职权调查所针对的企业或企业协会传达或表明,根据本款第（a）项的规定,委员会有义务将上述文件传达给上述企业或企业协会,并给予其合理的时间来审查上述文件。

（d）根据本法和 1999 年行政法总则的规定，委员会工作的内部规则应由委员会自行确定。

### 第十八条

（1）根据本法第 33 条的规定，委员会的决定应有正当理由，应传达给有关的每个企业或企业协会，并应在共和国官方公报上公布。

（2）委员会的决定应自其通知之日起生效，有缺陷的通知或公布不应影响决定的有效性。

## 第四部分  保护竞争委员会的秘书处

### 第十九条

（1）委员会的秘书机构应具有本法或根据本法确定的人员、运作和能力。

（2）秘书机构的工作人员应是公务员，并应按照《公务员法》的规定任命，包括秘书长。秘书长应指定 1 名公务处工作人员担任委员会秘书。

（3）在本法生效之日，属于 1989 年至 2000 年（第 2 号）《竞争保护法》第 15A（1）条规定的公务员，应自上述日期起，本条第（1）款规定的人员，其公务条件、资历、任命或晋升或其退休福利不受影响。

（4）秘书处的工作人员应被允许出席委员会的会议和／或程序，包括委员会的磋商，以作出决定，并通知和／或表达他们就委托给他们的问题向委员会发表意见，而他们的出席不应影响委员会决定的有效性。

（5）除本条第（6）款另有规定外，秘书长应为行政首长，并对公务活动负责。

（6）主席应为《公务员法》所指的主管当局，他通常通过公务处处长行事。

（7）委员会秘书应出席委员会的会议和／或程序并保存会议记录。

### 第二十条

公务员的能力应为：

（a）执行委员会的秘书工作；

（b）保存本法第 22 条所指的登记册；

（c）收集和审查委员会根据本法行使职权、权力和职责所必需的信息；

（d）向委员会提出投诉并向委员会提出建议；

（e）根据本法进行必要的通信和发布；

（f）为委员会提供一切可能的便利，以履行其权限、权力和职责。

**第二十一条**

如果在委员会调查可能违反本法第 3 条和 / 或第 6 条和 / 或 TFEU 第 101 条和 / 或 TFEU 第 102 条的案件的过程中或最终结果中，无论是依投诉还是依职权，和 / 或根据第 32A 条确定的经济部门或协议类型进行调查，确定或有合理怀疑可能违反与消费者保护有关的法律，委员会应通过服务部以书面形式通知部长，这是此时最佳的手段。

**第二十二条**

（1）秘书处应负责保存委员会的投诉和依职权调查登记册，其中应记录根据第 35 条的规定提交的所有投诉和委员会的所有依职权调查。

（2）秘书处应负责保存关于合谋或行为的裁决登记册，其中应登记：

（a）委员会就本法第 3 条和 / 或第 6 条和 / 或 TFEU 第 101 条和 / 或 TFEU 第 102 条规定作出的决定。

（b）最高法院就同一事项作出的决定。

（3）根据本节保存的登记簿应是公开的，但有义务保护企业和 / 或根据第 35 条的规定提出投诉的人的商业秘密和 / 或机密信息。

# 第五部分　委员会的权限和竞争法的适用

**第二十三条**

（1）根据第 1/2003 号条例（EC）第 5 条，委员会应组成共和国竞争管理局，以执行 TFEU 第 101 条和 / 或 TFEU 第 102 条。

（2）根据第 1/2003 号条例的规定，委员会应具有以下权限：

（a）主动本法或根据投诉对违反本法第 3 条和 / 或第 6 条的行为进行调查和决定；

（b）决定本法第 3 条第（1）款的非法合谋是否满足本法第 4 条第（1）款规定的条件；

（c）决定援引本法第 5 条第（1）款的命令所针对的合谋是否属于该命令宣布第 3 条不适用的合谋类别；

（d）决定根据本法第 5 条第（2）款援引欧盟法规的合谋是否属于欧盟竞争背景下欧盟法规规定的合谋类别法律；

（e）决定合谋或承诺是否符合本法第 7 条第（1）款规定的条件；

（f）根据投诉主动或根据第 1/2003 号条例的其他规定，对违反 TFEU 第 101 条和 / 或 TFEU 第 102 条的行为进行调查和裁决；

（g）根据 TFEU 第 101 条第 3 款的定义或根据欧盟二级立法适用第 101 条第 3 款的规定适用某类合谋类型，决定合谋是否属于 TFEU 第 101 条第 1 款规定的允许且有效的；

（h）按照本法和／或根据本法制定的法规的规定，处以行政罚款和行政处罚；

（i）决定在本法第 28 条规定的情况下采取临时措施；

（j）适用第 1/2003 号条例第 29 条，当地域市场是塞浦路斯市场时，撤销适用欧盟委员会针对特定合谋发布的豁免法规的利益；

（k）发布与相关利益方的信息是在委员会的职权内；

（l）就其职权范围内的问题向任何公共实体提交意见：

前提是所提交的意见对委员会随后的决定不具有约束力，也不影响委员会该决定的有效性；

（m）决定根据本法第 25 条作出承诺；

（n）根据本法第三十条之 A 进行陈述；

（o）根据本法第三十二条之 A 对特定经济部门或特定类型的协议进行调查；

（p）根据本法第二十三条之 A，通过决定确定优先审查违反本法第 3 条和／或第 6 条和／或 TFEU 第 101 条和／或 TFEU 第 102 条案件的标准，并审查基于这些优先标准的案件；

（q）本法或根据本法制定的法规授予的任何其他权限。

（3）尽管有任何其他法律的规定或二级立法，但在不损害欧盟法律或旨在使二级立法与其他欧盟法律协调的情况下，委员会可以：

（a）直接就与根据本法行使其职权和权力以及执行其职责或为此对秘书处人员进行培训有关的问题获得服务；以及

（b）出于上述原因，按照其确定的程序签订服务合同。

**第二十三条之 A**

（1）委员会通过共和国官方公报公布的一项决定，通知应考虑的标准，以确定对违反法律和／或条款第 3 条和／或第 6 条和／或条款的案件的审查优先级 TFEU 第 101 条和／或 TFEU 第 102 条。

（2）委员会根据本条第（1）款作出的决定，应在公众咨询后发布，同时考虑公共利益、对竞争和／或消费者的可能影响以及本法第 41 条规定的时效期限。

（3）委员会可在其认为必要时修改其根据本条第（1）款的规定发布的决定，但无论如何，这应当在决定公布后 3 年内。

**第二十三条之 B**

（1）委员会可与在共和国特定经济部门与实施控制的监管机构或其他机构合作，并应他们的要求提供协助。

（2）委员会在行使本法第 23 条规定的权力时，可以请求上述监管机构或其他机构的协助。

（3）委员会可以与其他国家竞争主管部门签订合作备忘录。

第二十四条

对于企业或企业协会违反本法第 3 条和 / 或第 6 条和 / 或 TFEU 第 101 条和 / 或 TFEU 第 102 条，委员会可以根据其决定采取以下措施：

（a）根据侵权的严重程度和持续时间，处以行政罚款：

（i）不超过企业总营业额的 10%；或

（ii）不超过作为侵权企业协会成员的每家企业总营业额的百分之十。

营业额与上一财政年度相对应的情况：

如果该企业或企业协会愿意合作和 / 或提供此类协助或证明，以协助委员会证明侵权，委员会可根据本法第 46 条的标准和条件免除和 / 或减少本应对企业或企业协会处以的行政罚款金额。

（b）强制有关企业或企业协会在规定期限内终止已查明的侵权行为，并避免今后再次发生侵权行为；如果侵权行为在委员会决定发布之前结束，委员会可以通过宣告性决定谴责侵权行为。

（c）根据已确定的侵权行为，施加任何行为和 / 或结构性条款和措施，这些条款和措施对于结束所述侵权行为是必要的。

（d）如果有关企业或企业协会不遵守委员会根据上述第（b）款和第（c）款作出的决定，委员会可处以上一财政年度内侵权持续期间的每一天的营业额，最高为日均平均值 5% 的行政罚款。

第二十五条

（1）如果委员会打算发布一项决定，要求终止违反本法第 3 条和 / 或第 6 条和 / 或 TFEU 第 101 条和 / 或 TFEU 第 102 条的行为，以及相关企业或企业协会提议作出承诺以解决委员会在其初步评估中的关切，委员会可通过决定使这些承诺对有关企业或企业协会具有约束力。委员会的决定可能会在指定期限内发布，并且必须得出结论认为不再有理由采取进一步行动。

（2）如果相关企业或企业协会不遵守其承诺遵守的承诺，并且根据本条第（1）款作出的决定被认为具有约束力，委员会可以处以行政处罚对上一财政年度的营业额处以最高 10% 的罚款。

第二十六条

委员会在行使本法第 23 条至第 25 条所规定的权限和权力时,其程序应具有审查和 / 或调查性质,委员会可以向有关各方提出问题、要求澄清和解释,为更好地执行本法规定命令举证、传唤证人和确定争议事项。

第二十七条

委员会可应要求或主动撤销或修改其根据本法第 24 条或第 25 条或第 28 条发布的决定:

(a)如果其决定所依据的重大真实事件发生了变化;

(b)委员会决定所规定的条款未得到遵守;

(c)如果该决定是由于委员会因提供不准确、虚假、不完整或误导性信息或隐瞒准确信息而被误导;

(d)如果相关企业或企业协会,忽略和 / 或拒绝遵守委员会在其决定中规定的措施。

第二十八条

(1)委员会可以命令采取临时措施,并施加认为必要的条款。此类措施,无论是强制性的还是禁止性的,都必须具有临时性和羁束性,其范围不得超过当时情况下绝对必要的范围。

(2)委员会应根据本节的规定,自行或应有关各方的申请采取行动,该申请可以单方面提交,也可以通过向所有相关企业或企业协会送达通知的方式提交,只要符合以下情况:

(a)提出了违反本法第 3 条和 / 或第 6 条和 / 或 TFEU 第 101 条和 / 或 TFEU 第 102 条的合理有力的初步证据;

(b)由于存在对竞争造成不可挽回损害的严重风险,因此属于紧急情况。

(3)利害关系人可以单方面提出申请,申请采取保全措施。仅当申请附有本法第 35 条所定义的投诉或在投诉之后,或在委员会因违反本法第 3 条和 / 或第 6 条和 / 或 TFEU 第 101 条和 / 或 TFEU 第 102 条而提出的诉讼期间,该申请才可被接受。只要在申请中规定了必要的临时措施,并且申请人应委员会的要求,被命令因临时措施的企业或企业协会可能造成的损害而支付担保,该申请就应被接受在没有发现侵权的情况下进行。

(4)委员会可以对相关企业或企业协会处以上一财政年度平均每日营业额的 5% 的行政罚款,在此期间它没有完全遵守委员会在本条中的临时措施的某项规定。

(5)如果相关企业或企业协会的行为违反根据本条第(1)款发布的决定,委员会可处以上一财政年度的营业额最高 5% 的行政罚款。

### 第二十九条

委员会应与委员会指定的委员会成员或服务工作人员一起参加第 1/2003 号条例中定义的限制性做法和主导地位咨询委员会的会议。

# 第六部分 委员会的调查权力

### 第三十条

（1）委员会可以通过向企业、企业协会或其他自然人或公共或私人实体发出书面请求，收集代表其和其他竞争管理机构行使本法规定的权限、权力和职责所必需的信息。

（2）发送请求时，委员会应详细说明所需信息、本法条款或第 1/2003 号条例的规定、请求的理由、确定的不少于 20 天的提供信息的合理时限以及在不遵守上述提供信息的义务的情况下可能受到的制裁。

（3）委员会向其提出请求的个人、企业或企业协会、公共或私人实体有义务在适当的时候，在固定的时限内，完整和准确地提供所需的信息：

前提是公共实体可以拒绝提供所要求的信息，以防违反旨在与欧盟法律协调的欧盟法律或二级立法的规定。

（4）收到请求的个人、企业、企业协会、公共或私人实体提供的答复和 / 或信息不完整、模棱两可或需要进一步澄清和 / 或调查，委员会可以向上述个人、企业、协会或企业、公共或私人实体要求重新提交，以获得所有所需的信息和 / 或必要的澄清和 / 或解释。在上述请求中，委员会应当指定提供此信息和 / 或澄清的时限，不得少于 7 天，以及在不遵守上述规定的情况下可能受到的制裁义务。

（5）如果根据本条第（2）款或第（4）款提交请求：

（a）安排处理法人事务管理或行政委员会或委员会的所有成员；

（b）法人的总经理或董事或常务董事；以及

（c）根据法律或公司章程有权代表不具有法人资格的公司或协会的人。

上述人员应有义务在规定的期限内代表有关个人、企业或企业协会完整准确地提供所需的所有信息。

（6）经正式授权的律师可以代表其客户提供所需的所有信息：

但根据本条第（1）款至第（5）款，有义务提供信息的自然人和法人应对全面及时地提供上述信息负全部责任。

（7）在特殊情况下：

（a）在规定的期限内遗漏所需资料；或／和

（b）故意或疏忽提供虚假、不完整、不准确或误导性信息。

委员会可对企业、企业协会、自然人或法人或私人实体处以不超过其上一财政年度营业额 1% 的行政罚款。

（8）如果未在规定的时限内提供所需信息，委员会可以对企业、企业协会、自然人或法人或私人实体额外处以最高 5% 上一财政年度内侵权持续期间的每一天的平均每日营业额。

（9）在行使本节规定的职能时向委员会提供的信息只能用于需要信息的目的，但证明对欧盟竞争的应用有必要的情况除外法律。

（10）收到请求的个人、企业或企业协会、公共或私人实体，在提供所请求的信息的同时，指出文件、声明和它认为包含机密信息和／或任何商业秘密材料证明其意见的正当性，并在委员会规定的期限内提供单独的非机密版本以通知其意见：

如果个人、企业或企业协会或私人实体未行使本款赋予的权利，委员会可认为相关文件、声明和其他材料不包含机密数据和／或机密信息。

**第三十条之 A**

（1）委员会在行使本法规定的权限、权力和职责时，可以与获得同意的每个自然人或法人进行面谈，以就获取调查对象作出陈述。

（2）相关面谈可以通过一切可能的方式进行，委员会可以以任何形式记录其从受访者那里获得的陈述，但须相应地通知他们。

（3）在面谈开始前，委员会将面谈的法律依据和目的通知预期面谈者，提醒他其自愿性质，并告知面谈已被记录。

（4）采访录音的副本提供给被采访人，并且被采访人要签字以示同意。

**第三十一条**

（1）委员会在行使本法规定的权限、权力和职责时，可对企业或企业协会进行所有必要的检查，并为此目的：

（a）进入企业和企业协会的任何办公室、场所、土地和交通工具，以及任何其他商业场所，但住所除外；

（b）检查与业务相关的记录、账簿、账目和其他记录，无论它们存储在何种介质上；

（c）以任何形式获取记录、账簿、账目和任何其他商业活动文件的副本或摘录，无论它们存储在何种介质中，也不论它们保存在何处；

（d）在检查所需的期限和范围内密封任何营业场所和记录、账簿、账目和其他营业记录；

（e）要求企业或企业协会的任何代表或工作人员就与检查的主题和目的有关的事实或文件作出解释并记录答复。

（2）本条第（1）款规定的检查应由委员会的主管官员根据委员会的要求进行并行使相关权力。如果委员会认为有必要，上述官员应由其他官员陪同，即公职人员和/或更广泛的公共部门的官员，和/或委员会可能雇用的具有特殊知识的人员。

（3）委员会的请求应以书面形式提出，并应准确说明检查的主题和目的，确定检查的开始日期、委员会此项权力所依据的规定以及该企业或企业协会拒绝遵守委员会的要求而可能的制裁措施。

（4）检查应在未事先通知有关企业或企业协会的情况下进行，除非委员会认为通知将有助于调查。

（5）进行检查的企业或企业协会可以在检查期间咨询其律师，但法律并不要求其律师在场，以确保检查的有效性和/或为不遵守和/或有缺陷地遵守委员会的要求。

（6）委员会应酌情请求警方协助，以便能够根据本节的规定行使其权力。

（7）委员会可以对企业或企业协会处以最高为上一财政年度营业额1%的行政罚款，前提是它有意或疏忽地提供了所需的记录、账簿、账目或其他不完整或伪造的商业记录，或者企业或企业协会拒绝遵守委员会的检查要求。

（8）在相关企业或企业协会忽略根据本节规定的检查命令时，委员会可以对相关企业或企业协会额外处以行政罚款，最高可达上一财政年度平均每日营业额的5%。

（9）委员会在行使本节规定的权限时收到的信息只能用于允许检查的目的，但证明对欧盟竞争的应用有必要的情况除外法律。

（10）根据本条接受检查的每个企业或企业协会，以及根据第（1）款第（e）项被提出问题或被要求解释的每个人，都有义务在调查官合理要求的情况下，向调查官提供：

（a）任何便利；

（b）任何信息；以及

（c）任何关于其向调查人员提供的是真实性的声明。

而调查人员可以要求和接受此类便利、信息和声明。

（11）以下人员将追究刑事责任：

（a）拒绝或不履行本条第（10）款对他施加的义务；要么

（b）隐瞒、销毁或伪造与业务相关的信息、记录、账簿、账户或其他记录，而这些信息、记录、账簿、账户或其他记录是根据本法进行检查的对象，或向委员会或其调查人员提供虚假、不完整、不准确的信息或误导性信息、声明、记录、账簿、账户或与业务相关的其他记录，或拒绝或遗漏向委员会或其调查人员提供与业务相关的信息、声明、记录、账簿、账户或其他记录，并处以不超过 1 年的监禁或不超过 85000 欧元的罚款，或两者兼施。

（12）在根据本条第（11）款起诉犯罪的情况下：

（a）关于拒绝或不履行根据本条第（10）款施加的义务，如果被告证明他有合理的理由拒绝或不履行该等义务，则可作为被告的辩护理由；

（b）就提供虚假、不完整、不准确或误导性的资料、声明、账簿、账目或其他业务记录而言，被告人如能证明其提供了该信息、声明、记录、账簿账户或其他业务记录，且不知道其为虚假、不完整、不准确或具有误导性，即可作为抗辩理由。

**第三十二条**

（1）不得对除本法第 31 条规定的场所或住宅以外的任何处所、土地和交通工具进行检查，除非有正当理由的司法令。

（2）委员会可以向法院申请签发搜查令，命令进行检查，只要有合理理由怀疑该地方存在与业务相关的记录、账目、账簿、其他记录或细节与案件的调查有关。

（3）法院应发出令状，允许委员会比照行使本法第 31 条第 1 款第（a）项、第（b）项、第（c）项、第（d）项和第（e）项所述的权力，对住宅或任何其他处所、土地和交通工具进行检查。如果法院信纳根据本条第（2）款提交的申请是有事实依据的，则发出上述逮捕令。

（4）提交和审理申请的程序应受最高法院制定的法院规则的约束，但在制定该规则之前，申请应得到授权官员的宣誓书的支持。

（5）每份搜查令均应由签发该搜查令的法官亲自签发，并附有签发日期和时间，以及法官声明他已满足签发该搜查令的必要性。

（6）本法第 31 条第（2）款、第（4）款、第（5）款、第（6）款、第（9）款和第（10）款也比照适用于根据本条进行的检查。

**第三十二条之 A**

（1）根据本法第 30 条、第三十条之 A 和第 31 条的规定，当贸易趋势、价格刚性或其他情况让人怀疑共和国的竞争可能受到限制或扭曲时，委员会可在该国的特定部门进行调查经济或特定类型的多个部门的协议。

（2）委员会可以要求提供适用本法第 3 条和 / 或第 6 条和 / 或 TFEU 第 101 条和 / 或 TFEU 第 102 条所需的信息，并为此进行任何检查。委员会尤其可以要求企业或企业协会向其传达任何协议、决定或协同行为的信息。

（3）委员会可就其对特定经济部门或若干部门特定类型协议的调查结果发表报告。

（4）在调查可能违反本法第3条和／或第6条和／或TFEU第101条和／或TFEU第102条的情况下，委员会可以使用调查产生的证据。

**第三十三条**

（1）委员会主席、其他委员及替补委员、在委员会监督下工作的人员、秘书处职员及其他因职务或执行公务的公职人员获取有关商业机密和机密信息的信息，有责任保密，并且有义务不传达和／或公开此类信息，除非证明有必要：

（a）证明违反了本法第3条和／或第6条和／或TFEU第101条和／或TFEU第102条；

（b）执行本法的规定。

（2）其他自然人或者法人在适用本法时，按照本法规定的程序获得该信息的，也应当承担同样的保密义务。

（3）在不影响本法第38条规定的情况下，如果公职人员违反本条规定的保密义务，将构成严重的违纪行为，可根据相关纪律规定予以处罚。

（4）本法中的任何规定均不得阻止为适用欧盟竞争法而传播和／或发布信息。

# 第七部分　信息交流和侵权投诉

**第三十四条**

（1）商业、工业和旅游部竞争和消费者保护局的官员有责任立即向委员会通报他们因职务或工作中了解到的任何可能违反本法的行为履行公务行为。

（2）本条第（1）款规定的交流应被视为《公务员法》所指的正当履行公务，而疏忽则构成违纪行为，应按有关纪律规定予以处罚。

**第三十五条**

（1）任何对此有合法利益的自然人或法人，有权就违反本法第3条和／或第6条和／或TFEU第101条和／或TFEU第102条规定的行为提出投诉。

（2）如果一个人能够证明他已经遭受重大经济损失或存在遭受重大经济损失的风险，他将遭受重大经济损失，或者他因为侵权而在竞争中处于不利的地位或面临因为侵权而在竞争中处于不利地位的风险。

（3）投诉应以书面形式向委员会提出，并应由投诉人或法律顾问或投诉人的授权代表签署。所述投诉应包括本法附件中提及的所有信息，以便委员会能够调查提出的投诉。如果投诉不包括附件中的所有信息，委员会仍然可以接受它，如果它认为提交的信息对于调查提出的投诉是满足条件的。

但如果投诉涉及根据本法规定不属于委员会职权范围的作为、不作为或其他行为，委员会应相应地通知提出投诉的人。

此外，如果投诉涉及不属于委员会优先事项的作为、不作为或行为，根据本法第二十三条之 A 的规定，委员会将相应地通知提交投诉的人。

（4）在提出投诉后，委员会应指示服务部门对投诉中提到的涉嫌侵权行为进行初步调查。

（5）如果在对服务部门进行初步调查后，委员会确定提出的投诉不属于本法的适用范围和 / 或没有合理理由怀疑涉嫌违反本法第 3 条和 / 或第 6 条和 / 或 TFEU 第 101 条和 / 或 TFEU 第 102 条，根据收到的信息，委员会应发布相关决定。

（6）如果委员会在服务部门进行了适当的初步调查后确定投诉中提到的侵权形式证据成立，则应适用本法第 17 条。

# 第八部分　刑事条款

### 第三十六条

任何人不遵守或违反委员会根据本法第 23 条至第 25 条作出的决定，将构成刑事犯罪，可处以不超过 2 年的监禁或不超过 4 万欧元的罚款，或两者兼罚。

### 第三十七条

任何人不遵守或违反委员会根据本法第 28 条发布的命令采取临时措施的决定，将构成刑事犯罪，可处以不超过 2 年的监禁或不超过 34 万欧元的罚款，或两者兼罚。

### 第三十八条

任何人违反本法第 33 条规定的保密义务，将构成刑事犯罪，可处以不超过 1 年的监禁或不超过 3500 欧元的罚款，或并处两种处罚。

### 第三十九条

（1）依照本法和 / 或根据本法制定的规定，法人实施刑事犯罪的，除法人本身外，以下人员还应当承担刑事责任：

（a）安排法人事务的管理或行政委员会或委员会的所有成员；以及

（b）法人的总经理或董事或常务董事。

并且可以针对该法人以及针对上述所有人或任何人对该罪行提出起诉。

（2）如果法人的作为或不作为违反法律，根据本法和 / 或根据其制定的法规的规定，委员会对该行为或不作为处以行政罚款，并支付完上述行政罚款后，除法人本身外，还有本条第（1）款第（a）项、第（b）项所指人员应承担责任。

# 第九部分　损害赔偿、行政罚款诉讼

**第四十条**

（1）因企业或企业协会违反本法第 3 条和 / 或第 6 条和 / 或 TFEU 第 101 条和 / 或 TFEU 第 102 条的作为或不作为而遭受损失和 / 或经济损失的任何人提起的损害赔偿诉讼，委员会或其他竞争管理机构或欧盟委员会的不可撤销决定应当确定所述侵权应构成对其上下文真实性的可反驳推定。

（2）根据本条第（1）款遭受任何损害的人有权向法院申请发出禁令，以阻止继续违反本法第 3 条和 / 或第 6 条和 / 或 TFEU 第 101 条和 / 或 TFEU 第 102 条行为的发生。

**第四十一条**

（1）委员会应被剥夺对违反本法和 / 或欧盟竞争法规定的行为处以行政罚款的权力，除非它在以下时效期内行使权力：

（a）根据本法第 30 条、第 31 条和第三十二条之 A 的规定，在 3 年内违反有关要求提供信息或进行检查的规定。

（b）在所有其他侵权情况的 5 年内。

（2）时间从侵权行为发生之日开始计算，而在继续或重复侵权的情况下，时间从侵权行为停止之日开始计算。

（3）委员会任何旨在进行初步调查或审查可能违反本法的行为都应中断时效期限，这些行为主要包括：

（a）根据第 17 条第（1）款代表委员会启动审查程序；

（b）委员会根据第 30 条第（1）款提供信息的书面请求；

（c）委员会根据本法第 31 条发出的检查书面命令；

（d）委员会根据第三十二条之 A 第（2）款发出的检查书面命令。

（4）时效期应在每次中断后重新开始。

（5）只要委员会的决定是处于最高法院正在进行的程序之下，行政罚款的时效期限应暂停。

**第四十二条**

（1）对违反本法和 / 或 TFEU 第 101 条和 / 或 TFEU 第 102 条规定的行政罚款由委员会在进行适当调查并考虑严重性后，在考虑个案的侵权持续时间作出合理的决定。

（2）在处以行政罚款之前，委员会应告知该企业或企业协会或受影响的人其打算处以行政罚款的意图，告知该企业或企业协会或个人其打算处以罚款的原因。 以这种方式行事,并授予上述企业或企业协会或个人在严格限制的 30 天内提出异议的权利。

**第四十三条**

如果不支付委员会根据本法规定的行政罚款,委员会应采取司法措施,按照对共和国的民事债务收取滞纳金。

**第四十四条**

(1)当企业协会因会员的营业额被处以行政罚款且协会没有偿付能力时,协会有义务要求其会员缴纳行政罚款。

(2)如果未在委员会规定的期限内向协会缴纳此类捐款,委员会可要求其代表为协会相关决策机构成员的任何企业或企业协会直接缴纳行政罚款。

(3)在委员会根据本条第(2)款要求支付之后,如果有必要确保全额支付行政罚款,它可以要求在市场上活跃的企业协会的任何成员支付发生侵权的罚款的余额。

(4)委员会不得根据本条第(2)款和第(3)款要求企业支付费用,这些企业表明它们没有执行企业协会的侵权决定,或者在委员会开始调查此案之前,不知道该决定的存在或已经积极远离侵权行为。

(5)每个企业的财务责任,就其作为成员的企业协会支付的行政罚款,不得超过该企业根据本条第(1)款规定的总营业额的 10%,也不得违反本法第 3 条和 / 或第 6 条和 / 或 TFEU 第 101 条和 / 或 TFEU 第 102 条的每项行为以及本法第 24 条对侵权行为的规定。

**第四十五条**

本法规定的企业或企业协会或任何其他人在委员会面前的通知应:

(a)通过向企业的主要营业地、企业协会或被传唤的人发送双重挂号信;

(b)通过传真或任何其他电子方式到企业的主要营业地、企业协会或被传唤的人;或

(c)亲自交付给企业、企业协会或被传唤的董事、官员或授权人,无论他在何处被发现。

# 第十部分　杂项条款

**第四十六条**

(1)部长会议可制定条例,在共和国官方公报上公布,以规定本法要求或可能规定的任何事项。

(2)在不影响本条第(1)款的一般性的情况下,其中提及的法规可规定:

(a)与申请发出根据本法第 22 条保存的登记册的经核证摘录有关的事项;

(b)在根据本法对侵权行为进行调查期间向委员会提交的程序;

（c）确定依照本法对违法行为处以行政罚款、免除和／或减轻行政罚款的方式。

（3）根据本节制定的法规可对刑事犯罪处以最高 85000 欧元的罚款和不超过 85000 欧元的行政罚款。

（4）根据本法制定的条例自在共和国官方公报上公布之日起生效，除非另有规定。

（5）根据本节制定法规不构成适用本法的先决条件，而在为确定特定事项制定法规之前，委员会可以通过其决定对所述事项进行规范，除非存在关于刑事犯罪的规定。

### 第四十七条

最高法院可制定法院规则，在共和国官方公报上公布，以适用以下规定：

（a）本法第 32 条和第 40 条；以及

（b）第 1/2003 号条例，特别是其中的第 15 条和第 16 条。

### 第四十八条

委员会应准备并向部长和众议院提交一份关于其活动的年度报告。

### 第四十九条

遵守本法和根据本法制定的条例，委员会主席、其他 4 名成员和替补成员、秘书处工作人员和在委员会监督下的工作人员，不得对根据本法和／或根据本法制定的规定以及善意行使其职责、权限或权力的行为，有任何作为或不作为的负面行为，包括所说的任何事情、发表的任何意见，或准备的任何报告或其他文件的责任。

### 第五十条

当本法或根据本法制定的法规或命令没有特别规定时，法院或委员会（视具体情况而定）应比照适用欧盟竞争法的相关规定。

### 第五十一条

（1）部长可以根据委员会的合理意见，通过在共和国官方公报上发布的命令，修改或替换本法附件和根据该法制定的任何法规附件。

（2）部长可以通过在共和国官方公报上公布的命令，规定委员会对委员会或其服务所提供的服务征收的费用。

（3）除非另有规定，否则根据本节作出的命令应自其在共和国官方公报上公布之日起生效。

# 委内瑞拉玻利瓦尔共和国不公平国际贸易惯例法[*]

## 第一章 一般规定

**第一条** 本法规定了旨在预防和阻止在倾销条件下进口的商品或在生产、制造、储存、运输或出口方面得到补贴的商品，或在原材料或投入方面得到补贴的商品对国内生产产生不利影响的政策、准则和措施，在所有这些情况下，《卡塔赫纳协定》关于倾销或补贴产生的扭曲竞争的规定都不适用。

**第二条** 本法适用以下定义：

1. 委员会：由本法设立的反倾销和补贴委员会。

2. 反倾销税：在临时或确定的基础上征收的特别税，以抵消倾销进口的损害性影响。

3. 反补贴税：在临时或确定的基础上设立的特别税，以抵消直接或间接给予商品制造、生产、储存、运输或出口的任何补贴，包括给予其原材料或投入的补贴。

4. 倾销：以低于正常价值的价格在本国境内引进商品进行销售或消费。

5. 倾销幅度：正常价值超过出口价格的幅度。

6. 其他相关利益者。

a. 被调查商品的国外生产者或出口商。

b. 这些货物的进口商。

c. 大多数成员是上述或类似商品的生产者、出口者或进口者的商会或协会。

d. 出口国或原产国的政府（视情况而定）。

e. 委内瑞拉的类似商品的生产商。

f. 被调查产品的工业用户。

g. 在商品通常以零售方式销售的情况下的消费者组织。

h. 委员会认为其主体权利或合法、个人和直接利益可能受到倾销或补贴决定或其结果影响的其他自然人或法人。

---

[*] 译者：薛琪滢，北京外国语大学法学院助教。

7. 出口国：被倾销或补贴的商品直接运往委内瑞拉的国家。

8. 原产国：被倾销或被补贴商品的原产国。

9. 出口价格：根据本法第 6 条的规定确定的价格。

10. 倾销商品：出口价格低于其正常价值的商品。

11. 类似产品：与被倾销或补贴的产品相同或为其替代品的产品，或其特性和用途与被倾销或补贴的产品非常相似的另一种产品。

12. 技术秘书处：委员会的技术秘书处。

13. 补贴：由外国政府或公共或混合机构设立的任何财政捐款、溢价、援助、赠款、补贴或溢价，或任何形式的收入或价格支持，通过这种方式给予某些企业或生产部门在其他企业或生产部门之外的好处。

14. 正常价值：就本法而言，正常价值应指为被指控的倾销商品实际支付的可比价格或在正常贸易过程中支付的价格，而该商品的目的是在出口国或原产国消费，视情况而定。

15. 销售：就本法而言，融资租赁和销售或融资租赁的承诺都视为销售合同。

16. 相关人员：

a. 相互之间有血缘关系的自然人，最高为四等亲或二等亲，以及配偶。

b. 两个法人的联合管理人，无论其性质如何。

c. 任何法人的合伙人或关联人。

d. 雇主和他的雇员。

e. 直接或间接指导同一个人，或受同一个人指导的人。

f. 其中一人直接或间接控制另一人的两人；其中一人直接或间接拥有、持有或控制至少 50% 的具有投票权的股份、权利或参与配额的数人。

g. 其中一人直接或间接拥有、持有或控制另一人至少 50% 的投票权股份、权利或参与配额的两个人。

h. 本法规定的其他人。

单独一款：本法确定允许关联人和补偿协议个性化的特征。

**第三条**　如果一种商品对委内瑞拉的出口价格低于类似商品的正常价值，则应视为倾销。

**第四条**　任何在进口时或在进口过程中被倾销的产品，或获得补贴的产品，只要对本国同类产品的生产造成或有可能造成实质性损害，就可以根据情况缴纳反倾销或反补贴税。

单独一款：任何商品都不得同时被征收反倾销和反补贴税，以补救因倾销和补贴造成的同一情形。

# 第二章 倾销

## 第一节 正常价值

**第五条** 正常价值应在出口国计算。然而，如果货物只是通过出口国转运，或在出口国没有可比的正常价值，则应在被指控的倾销货物的原产国确定正常价值。

如果由于没有国内市场、国家定价或其他原因，无法在出口国或原产国确定被指控的倾销商品的正常价值，委员会可根据本法为此规定的程序计算正常价值。

## 第二节 出口价格

**第六条** 出口价格应是为出口到委内瑞拉的货物实际支付或应付的价格，扣除实际给予的、与有关销售直接相关的税收、折扣和回扣。

当委员会认为，由于有关货物的出口商和进口商之间存在协会、协议或补偿安排，出口价格不能代表市场时，可由委员会按照本法规定的规则计算。

## 第三节 价格比较

**第七条** 为了确定倾销的存在和倾销幅度，应在正常价值和出口价格之间进行公平比较。这种比较应在同一贸易水平上进行，通常是在出厂水平上进行，将尽可能接近的日期考虑进去，并对货物的物理特性、进口费用和间接税，在不同贸易水平、不同数量或不同条件下的销售所产生的销售费用的差异进行委员会认为适当的调整。

**第一款** 反倾销调查的任何一方都可以请求调整，相应地，在此情况下，其有责任证明其请求的合理性。

**第二款** 依本法应确定对正常价值或出口价格（视情况而定）的调整，以确保公平比较。

**第八条** 在价格比较中，当价格存在差异时，委员会应采用以下准则：

1. 正常价值应在加权平均基础上确定；

2. 在使用加权平均数会严重影响调查结果的情况下，出口价格应逐一与正常价值进行比较；

3. 在涉及大量交易的情况下，可以采用抽样技术，如使用出现频率最高或被认为最有代表性的价格。

# 第三章  补贴

**第九条**  就本法而言,以下各项视为补贴:

1. 政府对公司或生产给予直接补贴,使其依赖于出口业绩。

2. 外汇优惠计划或涉及给予出口优惠的类似做法。

3. 由当局提供或规定较低的出口运输和运费,比适用于国内运输的运费更优惠。

4. 政府或公共机构直接或间接提供进口或国内货物或服务,用于生产将出口或在国内市场销售的货物,其条件比适用于供应类似货物或服务的条件更优惠,如果这种条件比在世界市场上提供给其出口商的商业条件更优惠。

5. 专门根据出口情况对工业和商业企业支付或应支付的直接税或社会保险费给予全部或部分豁免、减免或延期。

6. 在计算直接税的基数时,给予与出口或出口成果直接相关的特别扣减,其扣减额度高于用于国内消费的产品。

7. 对出口商品的生产和销售征收的间接税,超过在国内市场上销售的类似商品的生产和销售所征收的税,予以免除或减免。

8. 对用于生产拟出口货物的货物或服务的逐级间接税的免除、减免或延期,大于对市场上销售的类似货物征收的同类税款的免除、减免或延期,当受这种措施制约的税款是以适当的折扣对实际纳入拟出口货物中的货物征收,则不应被视为补贴。

9. 针对货物进口费用的减免税或退税,其数额超过其本身的增值税,进口货物应与出口货物合并征税,并应因双重征税造成的浪费给予适当折扣。但在特殊情况下,如果进口业务和相应的出口业务都是在合理期限内进行的,通常不超过两年,公司可以使用国内市场上与进口货物数量相等、质量和特性相同的货物,以替代后者并享受这一规定的待遇。

10. 政府或其控制下的专门机构建立出口信贷担保或保险计划、针对出口货物成本增加的保险或担保计划或针对汇率波动风险的计划,其保险费率显然不足以支付此类计划的长期运营成本和损失。

11. 政府或受其控制并在其授权下行事的专门机构向出口商提供信贷,其利率低于他们为获得所使用的资金而实际支付的利率,或低于他们为获得相同期限的资金而诉诸国际资本市场时必须支付的利率。以与出口信贷相同的信贷条件和货币,或支付出口商或金融机构为获得信贷而产生的全部或部分费用,只要它们被用来实现出口信贷条件的重大优势。

12. 委员会根据本法第 2 条第 13 项的规定确定的任何其他内容。

**第十条** 补贴金额应以货币单位或每单位进口补贴产品的从价百分比计算。

就本法而言,应从总补贴中扣除以下内容:

1. 为了有资格获得或受益于补贴而必然产生的任何费用;

2. 对出口到委内瑞拉的产品征收的税款、关税或其他费用,旨在抵消补贴。

任何要求进行上述扣减的人必须向委员会证明其理由是合理的。

# 第四章 损害

**第十一条** 应由委员会确定,由于进口倾销或补贴的货物,国内同类产品的生产是否受到实质性的损害或威胁,或这种生产的启动是否受到实质性的阻挠。

单独一款:在行使这一权力时,委员会应考虑在出口国或原产国(视情况而定)是否需要证明对委内瑞拉出口的损害、损害威胁或延误。如果不需要这种证明,可以推定存在或存在本条所指的损害或延误的威胁。

**第十二条** 在确定前条所述的损害时,应审查倾销或补贴进口的数量及其对国内市场同类产品价格的影响,以及这种进口对此类产品的国内商品的影响。

单独一款:在审查损害时,如果来自两个或更多国家的进口产品在启动有关反倾销或补贴程序的前一年内已成为反倾销或补贴调查的对象,则可将这些国家的进口产品累计起来,以评估其对国内生产的影响。

**第十三条** 只有在特定情况可能发展为实际损害的情况下,才应确定为损害威胁。因此,这种确定不应基于指控、猜测或渺茫的可能性。

**第十四条** 为确定存在损害或损害威胁,"国内生产"一词应被视为包括同类货物的所有国内生产者,或其总产量占国内同类产品全部总产量的主要部分的生产者。就此而言,与出口商有关的生产商或本身就是倾销或补贴商品的进口商,应当除外。

单独条款:在特殊情况下,委员会可以考虑将国内生产划分为两个或多个不同的市场。

1. 当某一产品的大部分在一个地区生产且在该地区销售时;

2. 当该地区对该商品的需求不能由在该国其他地区建立的生产者满足时。

在这些情况下,即使国内生产的很大一部分没有受到损害,也可以认为存在损害,但条件是以有关地区的销售或消费为目的的倾销或补贴产品相当集中,对该地区类似货物的全部或大部分生产造成损害。

# 第五章　反倾销和反补贴税

**第十五条**　如果发现倾销或补贴对国内同类产品的生产造成或有造成重大损害的威胁，或在对此类生产产生严重阻碍的一开始，委员会可根据情况征收反倾销或反补贴税。

**第十六条**　适用的反倾销或反补贴税在任何情况下都不得超过倾销幅度或补贴数额。如果委员会认为低于上述限额的反倾销或反补贴税足以消除损害或损害威胁，则可以征收低于上述限额的税。

**第十七条**　反倾销税和反补贴税可以是从价税、特定税或混合税，在委员会认为是最合适的情况下，可以按照货物开具发票的外币计算，其等值的玻利瓦尔必须是根据委内瑞拉中央银行法关于外币债务的规定计算出的。

**第十八条**　当对任何商品征收反倾销或反补贴税时，应在不歧视的基础上对来自所有被认定为倾销或补贴并造成损害的进口商品征收适当数额的税，但来自第五章规定的承诺来源的进口商品除外。

委员会应确定有关的一个或多个供应商。但是，如果涉及同一国家的几个供应商，而且不可能确定所有的供应商，委员会可以确定有关国家。如果涉及一个以上国家的几个供应商，委员会应确定所有涉及的供应商，如果不可能确定所有的供应商，则确定所有涉及的供应国。

**第十九条**　根据本法规定的条款，只要委员会初步认为存在倾销或给予补贴（视情况而定），并且有足够的证据证明存在损害，委员会就可以根据其掌握的要素，征收临时反倾销或反补贴税。委员会也可以作出必要的措施，改变已经征收的临时反倾销或反补贴税的数额，通过公布有关决定使有关各方了解新的情况。

**第二十条**　临时反倾销或反补贴税的征收应以委员会的决议为依据，其中包括征收的税额和种类、期限（不得超过法律规定的诉讼剩余期限）、有关商品、原产国或出口国以及生产商或出口商的名称。

**第二十一条**　反倾销和反补贴税应按照委员会决定中指出的周期进行审查，该周期不应少于1年。然而，在这一时期结束之前，如果委员会认为引起这些审查的原因已经不存在，则可以撤销上述审查。

**第二十二条**　如果出口商支付了临时或确定的反倾销或反补贴税，可以征收额外的关税来抵消出口商支付的金额。为此，任何有关方面可向委员会提交此类付款的证据，委员会在进行适当调查并听取有关方面的论证后，可征收这里提到的额外反倾销或反补贴税。

单独一款：如果被征收反倾销或反补贴税的商品对第一个独立买主的销售价格没有增加相当于该关税的金额，则应被视为出口商已经支付了反倾销或反补贴税，除非可以确定这种不涨价是由于进口商的成本或有关产品的利润减少所致。

# 第六章　承诺

**第二十三条**　如果被调查的同类产品的国内生产商和进口商达成承诺，修改价格，消除或限制使用补贴，或减少或消除倾销幅度和这种做法对国内生产的损害性影响，委员会可以在发布是否应征收关税的最终决定之前暂停或终止对倾销或补贴的调查。一旦这些承诺得到委员会的批准，委员会应下令在《委内瑞拉共和国官方公报》上公布这些承诺。

**第二十四条**　在接受承诺的情况下，如果委员会决定终止损害调查，或应占所涉贸易很大比例的出口商或出口国或原产国政府（视情况而定）的要求，应终止调查。如果确定不存在伤害，调查应明确终止，承诺应宣布无效。

**第二十五条**　委员会可通过技术秘书处要求承诺各方提供必要的信息，以核实对承诺的遵守情况；未能提供此类信息应被视为违反承诺。

**第二十六条**　如果委员会有合理的理由认为一项承诺被违反，它应在30个工作日内通知有关方面提交其陈述，之后它可以根据接受承诺时确定的事实适用反倾销或反补贴税。

# 第七章　主管部门

**第二十七条**　反倾销和补贴委员会是作为一个隶属于发展部的分散机构设立的，目的是根据安第斯法规，对不属于《卡塔赫纳协定》委员会管辖的倾销或补贴程序进行审理和裁决。

该委员会应设有一个技术秘书处，具有实质性和执行性职能。

委员会只能通过行政渠道的决定进行裁决，这些决定应在《委内瑞拉共和国官方公报》上公布，并根据《行政程序组织法》的规定，通知所有介入相关程序的相关方。

## 第一节　委员会及其职权

**第二十八条**　委员会由1名主席和4名委员及其各自的候补委员组成，他们由共和国总统在部长会议上任命。委员会的委员应是公认的正直的委内瑞拉人，在国际贸易或经济领域具有公认的知识，无论是作为学者、大学教授还是专业人员，在本法适用的领域和实体都有 5 年的经验。

单独条款：以下人员不得被任命为委员会的成员：

1. 被判定犯有侵犯财产、公众信仰或侵犯公共资产的罪行或轻罪的人；

2. 与共和国总统、公共工程部长或委员会任何成员有四等亲属关系或二等亲属关系的人，或他们中任何一人的配偶。

**第二十九条** 委员会主席的任期为 4 年，可连选连任。委员和候补委员的任期为两年，他们也可以连任。

委员会主席缺席时，由委员会任命的副主席代替，绝对缺席时，由共和国总统在部长会议上任命的人代替，完成剩余的任期。委员临时缺席时，应由其各自的候补委员代替。委员绝对缺席时，由共和国总统在部长会议上任命的人员代替其完成剩余的任期。

**第三十条** 委员会成员在其各自的任期内享有稳定的职位，据此，只有在下列情况下，共和国总统才可以通过适当的理由采取行动，将其免职：

1. 由于身体上的缺陷，使他们不能担任超过 6 个月的职务；

2. 因故意犯罪而被刑事定罪；

3. 由于不称职或经适当证实的不履行其职能，在听取委员会其他成员的意见后。

**第三十一条** 委员会主席不得履行任何其他公共或私人职能，但因其职务而被赋予的荣誉或学术职能除外。

**第三十二条** 委员会应定期或在主席的召集下召开会议。为使其审议有效，至少要有 4 名成员出席，决定应以绝对多数票作出。

如果委员会的任何成员无故连续两届会议缺席，应立即召集相应的候补委员。

**第三十三条** 委员会具有以下义务和职能：

1. 决定启动、暂停或终止对可能的倾销或补贴案件的调查；

2. 决定是否存在倾销或补贴及其造成的损害，并酌情征收临时或确定的反倾销或反补贴税；

3. 酌情接受本法第六章中提到的承诺；

4. 发布自己的内部条例；

5. 每 6 个月出版一份公告，其中包括前 6 个月所作的决定，并加上必要的注释以便更好地理解；

6. 所被赋予的其他职能。

**第三十四条** 在行使上一条所述的职能时，委员会及其技术秘书处应得到其他公共机构的协助，特别是：

1. 财政部、外交部和对外贸易研究所在调查中为确定是否存在倾销或补贴而进行的调查；

2. 农业和畜牧业部以及能源和矿业部在确定第四章所述的方面时，根据有关调查所涉及的货物的类型。

## 第二节 技术秘书处及其职权

**第三十五条** 技术秘书处是委员会的实务和执行机构，在等级上隶属于委员会。它由委员会主席运行，并配备有效行使其职能所需的官员。

**第一款** 技术秘书处的官员必须是委内瑞拉国民，在本法所涉及的事项上具有公认的能力和经验，并应遵守本法第28条规定的不可任职条款。

**第二款** 技术秘书处的官员和雇员应遵守由共和国总统在部长会议上颁布的《工作人员条例》的规定。《工作人员条例》应规定：

1. 人事管理制度，包括招聘、选拔和就业的程序和条件，职位分类、薪酬、稳定性、晋升、纪律措施、职责和退休，以及与该制度有关的其他事项。委员会主席应负责工作人员的管理，在此方面，应确保职位的设立和填补符合技术秘书处的实际业务需要。

2. 只有技术秘书处的官员和雇员个人才能获得与离职金、工龄、假期、年终特别奖金和社会保险有关的待遇。

**第三十六条** 技术秘书处应负责：

1. 接收制定的调查请求；

2. 根据本法的规定，确定存在倾销或补贴以及由此产生的损害的程序的实质性内容；

3. 协调相应的调查；

4. 执行必要的措施，使委员会的决定生效；

5. 与有关各方保持沟通；

6. 向上述委员会提交相关的技术研究报告；

7. 所被分配的其他权力。

# 第八章 程序

## 第一节 一般规定

**第三十七条** 任何在该国生产与被指控倾销或补贴的货物相同或相似的自然人或法人都可以向委员会技术秘书处提交启动相应调查的请求。

**第三十八条** 当委员会认为有证据表明存在这种做法时，也可以主动启动反倾销或补贴调查。

**第三十九条** 对不公平国际贸易行为启动调查的请求应包含以下要求：

1.《行政程序组织法》第 49 条规定的。

2. 有关的外国货物的名称、规格、特点、用途或目的地。

3. 在委内瑞拉生产的类似商品的名称、规格、特点、用途或目的地，以及其制造价格、市场价格和生产成本。

4. 所有可以证明所谓的倾销或补贴、损害以及两者之间的因果关系的事实和证据。

单独一款：与此同时，申请书中还应尽可能地包含被指控的倾销或补贴商品的生产商的名称和其他识别信息，向委内瑞拉出口此类商品的出口商的识别信息，关于此类出口及其增长潜力的统计数据，有关商品的出厂价格和向委内瑞拉出口的国家及第三国的市场价格，同类商品的国内生产商的识别信息，以及任何其他被认为对支持该请求有用的信息。

**第四十条** 委员会技术秘书处应在收到调查不公平国际贸易行为请求后的 5 个工作日内，分析所提交的文件，以确定该请求是否符合前条规定的要求。如果符合要求，它应立即将档案转给委员会。否则，在此后的 3 个工作日内，它应以书面形式通知申请人任何其申请与本法第 39 条所述内容有关的遗漏或不足之处。

单独一款：如果申请中出现遗漏或不足，技术秘书处应给予申请者 15 个工作日的时间来纠正所发现的遗漏或不足。如果申请人没有提供技术秘书处要求的文件，或者这些文件仍然不足，则申请将不被处理。技术秘书处应在（申请者）出示新文件后的 3 个工作日内作出决定，并立即将其决定通知申请人。

**第四十一条** 一旦技术秘书处发现该申请符合本法第 39 条的要求，应立即将该文件连同任何适当的补充文件和报告转交委员会。

委员会应在收到档案后的 10 个工作日内，决定是否展开调查。如果决定不展开调查，应就其决定给出充分的理由，并应立即将其告知申请人。

**第四十二条** 委员会通过决定的方式命令启动调查，该决定应确定货物、相关的进口商和出口商，原产国或出口国，以及本法第 39 条中提到的其他数据信息，并应确定任何被认为与这些目的有关的信息必须传达给技术秘书处。

单独一款：启动调查的决定应同时通知申请人和被指控的倾销或补贴货物的进口商。同样地，应在技术秘书处为此指定的两份全国发行量大的报纸上刊登载有上述决定摘要的海报。上述海报应提供关于本法第 45 条规定的提交诉状和证据的时限的信息。

**第四十三条** 反倾销或补贴调查通常应包含在启动此类调查之日前接续不少于 6 个

月的时间；在此类调查期间，技术秘书处应收集其认为必要的关于倾销或补贴以及由此产生或可能产生的损害的信息。为此，技术秘书处可在其认为适当时检查参与所审议交易的进口商、出口商或其他贸易商的账簿。

技术秘书处也可以在第三国进行调查，但要征得有关企业的同意，而且有关国家的政府不得反对，并应将进行这种调查的意图正式通知该政府。

**第四十四条** 申请人、参与调查的进口商和出口商以及其他有关各方应能获得受调查影响的任何一方提供给委员会或其技术秘书处的所有资料，但根据本法宣布为机密的资料除外。

**第四十五条** 上条所述人员可在调查开始后 60 个工作日内向技术秘书处提出书面论据。

在同一时间内，如果这些人提出要求，技术秘书处应为其提供见面的机会，以便对他们的论点进行对质和可能的反驳。在这样做时，技术秘书处应考虑到保障信息保密性的需要和各方的便利。任何人都没有义务参加这种会议，其缺席不损害案件调查。

单独一款：就本法而言，证据的形式和评估应遵循《民事诉讼法》的规定。

**第四十六条** 如果一方或第三国拒绝提供必要的信息，未能在技术秘书处规定的时限内提供信息，或以其他方式阻挠调查，技术秘书处可根据现有的信息作出初步或最终决定。如果委员会发现有提供虚假或误导性的信息，这些信息将被排除在外，并拒绝信息提供者提出的请求。

**第四十七条** 反倾销或反补贴调查的存在并不影响与调查所依据的商品相关的消费清关操作。

**第四十八条** 在反倾销或补贴调查过程中，如果提供信息的一方要求对信息进行保密处理，委员会和技术秘书处不应披露其收到的信息。为此，当事人应说明该信息属于机密的原因，并应附上非机密的摘要或说明不能摘要的原因。

单独一款：对保密请求的考虑依据是，披露信息将对竞争对手有重大好处，或将对信息提供者或第三方产生不利影响。

**第四十九条** 如果技术秘书处认为对所提供的信息进行保密处理的申请没有正当理由，则应将其作为档案的附件，但不影响申请人在其认为适当的情况下撤回申请的可能性。

**第五十条** 在与反倾销或补贴调查或其决定有关的任何性质的司法程序中，委员会应根据相应法官的要求，转交其掌握的机密信息；在这种情况下，为了尽可能地维护各方在不披露其商业秘密方面的合法利益，委员会应将所提供信息的机密性告知提出要求的法官,以便后者采取适当措施。

**第五十一条** 在调查结束后的 30 个工作日内,同时限于调查开始后的 1 年内,委员会应作出以下决定之一:

1. 终止反倾销或补贴调查,不征收关税和退还已征收的临时关税或解除可能已提供的任何担保。

2. 征收确定的关税和确定征收已征收的临时关税。在这种情况下,它应确定所征收关税的类型和数额。

**第五十二条** 当委员会终止对倾销或补贴的调查时,它应公布一个相应合理的决定。在此决定中,它应命令偿还所征收的任何临时关税或释放所提出的任何担保。

**第五十三条** 如果委员会决定征收最终的反倾销或反补贴税,它应公布包含以下内容的相应合理决定:

1. 有关外国货物的名称、规格、特点、关税类别、用途或目的地。

2. 上述货物的生产商及其在委内瑞拉的出口商的名称和其他识别数据。

3. 该货物在委内瑞拉的进口商的名称和其他识别数据。

4 上述货物的原产国或出口国。

5. 委内瑞拉同类产品的名称、规格、特点、关税分类、用途或目的地。

6. 委内瑞拉同类产品生产商的名称和其他适用的识别数据。

7. 如果存在倾销,倾销幅度,包括对用于计算的方法的描述。

8. 如果存在补贴,授予的补贴说明。

9. 说明对国内生产造成或可能造成的损害,或对这种生产造成的延误的估算。

10. 确定的反倾销或反补贴税的金额。

11. 如果有的话,将确定在多大程度上征收临时税。

单独一款:在不影响第 4 条单独一款规定的情况下,如果倾销和给予补贴以及相应的损害都被指控和证明,决定可以征税。在这种情况下,应征收较高的税。

**第五十四条** 海关部门应负责征收临时和最终的反倾销或反补贴税,并负责最终征收临时税。临时关税可以用现金支付,或由银行或保险公司担保,并令海关当局满意。如果以现金支付,有关资金应保存在一个特别账户中,以待委员会就其最终收取或偿还作出决定。

**第五十五条** 任何有利害关系的一方,如果提交证据证明情况发生变化,足以证明重开征收明确的反倾销或反补贴税的程序是合理的,可以向委员会请求重开该程序,条件是自调查结束后至少已过了 1 年。

委员会应在收到该请求后的 30 个工作日内，就该重审请求作出合理的决定。

如果委员会认为重新进行审查是适当的，应根据本章的规定启动调查。这种重新审查不应影响现行的措施。

**第五十六条** 如果进口商向委员会证明，所征收的反倾销或反补贴税超过了倾销幅度或实际存在的补贴数额，委员会应下令向进口商偿还所收到的超额款项。为此，进口商应向技术秘书处提交相应的申请，并附上其认为合适的所有文件。

委员会应通过其技术秘书处对案件进行调查和核实，并在提出请求后不超过 4 个月的时间内作出决定。

**第五十七条** 反倾销或反补贴税应仅在抵消倾销或补贴造成的损害所需的时间内继续有效，除非在此基础上，委员会通过合理的决定终止它们。反倾销或反补贴税和承诺应在其生效或最后修订之日起 5 年后失效。然而，如果任何利益方认为反倾销或反补贴税或承诺的到期将再次导致损害或威胁，它可以在措施到期前的 30 个工作日内向委员会提出书面陈述。委员会可在反倾销或反补贴关税或承诺到期前延长，延长仅限一次，延长期从原定到期日算起不超过 5 年。

**第五十八条** 在反倾销或反补贴税或承诺到期时，应在《委内瑞拉共和国官方公报》上发布通知，说明相关到期日期。

**第五十九条** 当委员会已经开启有关不公平国际贸易行为的程序并申报其调查申请，而委员会认为该申请明显没有根据或终止申报时，可对申请人处以最高 100 万博利瓦的罚款，但不影响对被投诉方可能适用的任何民事诉讼。

## 第二节 临时税

**第六十条** 从宣布调查开始，只要有证据可以确凿推定存在对国内生产造成损害的不公平国际贸易行为，委员会就可以根据第五章的规定，下令对被指控的倾销或补贴的货物征收临时反倾销或反补贴税。征收临时税应立即通知受该措施约束的货物进口商和海关当局。

单独一款：如果农产品的原产国制定了补贴，其形式、金额和效果可以根据该国的官方出版物和预算来确定，委员会应在收到相关文件后立即征收临时反补贴税，以抵消所制定的补贴幅度。

**第六十一条** 临时反倾销或反补贴税可以用现金支付，或由设在该国的银行或保险公司发行的保证金担保，并令委员会满意。

单独一款：在已经支付或以担保方式支付临时关税的情况下，征收临时关税不应阻碍征收被指控的倾销或补贴的货物的关税。

# 第九章　过渡性条款

**第六十二条**　本法在《委内瑞拉共和国官方公报》上公布连续 60 天后生效。